Walter Norden

Der vierte Kreuzzug im Rahmen der Beziehungen des Abendlandes zu Byzanz

Walter Norden

Der vierte Kreuzzug im Rahmen der Beziehungen des Abendlandes zu Byzanz

---

ISBN/EAN: 9783845744261
Erscheinungsjahr: 2012
Erscheinungsort: Bremen, Deutschland

www.unikum-verlag.de | office@unikum-verlag.de

Bei diesem Titel handelt es sich um den Nachdruck eines historischen, lange vergriffenen Buches. Da elektronische Druckvorlagen für diese Titel nicht existieren, musste auf alte Vorlagen zurückgegriffen werden. Hieraus zwangsläufig resultierende Qualitätsverluste bitten wir zu entschuldigen.

Walter Norden

Der vierte Kreuzzug im Rahmen der Beziehungen des Abendlandes zu Byzanz

Der Vierte Kreuzzug

im Rahmen der Beziehungen des Abendlandes zu Byzanz.

Von

Dr. Walter Norden.

Berlin 1898.

B. Behr's Verlag (E. Bock).

Vorwort.

Bei dem uns heute für den Vierten Kreuzzug zu Gebote stehenden Quellenmaterial, das zum ersten Mal vom Grafen Riant in ausgiebigster Weise herangezogen und seitdem nicht vermehrt worden ist, lassen sich in vielen Detailfragen keine sicheren Entscheidungen treffen.

Wohl aber glaube ich auf Grund dieser Quellen und zugleich durch eine Untersuchung der Vorgeschichte des Vierten Kreuzzugs ein Gesamtbild der Unternehmung des Abendlandes gegen das griechische Reich zeichnen zu können, ein Bild, das verschieden ist von den bisher entworfenen.

Die modernen Forscher kommen so ziemlich darin überein, dass sie die Wendung des Kreuzzugs gegen Constantinopel im wesentlichen als das Werk Einer Nation bezeichnen. Sie weichen von einander ab 1., darin, dass die einen dieser, die anderen jener Macht die Verantwortung zuschreiben, 2., darin, dass sie, je nachdem ihre Entscheidung ausfällt, eine verschiedenartige Einwirkung der betreffenden Macht annehmen.[1]

Diejenigen, welche in Venedig die treibende Kraft sehen, wie Mas Latrie, Hopf und Streit[2], oder in Philipp von

1. Ich führe im folgenden nur die Hauptvertreter einer jeden Ansicht an.

2. Mas Latrie: „Histoire de l'île de Chypre" (1861), Band I, p. 162 ff.; Hopf: „Geschichte Griechenlands im Mittelalter", Ersch — Gruber'sche Encyklopädie, Bd. 85, p. 184 ff., 188, 190; Streit: „Venedig und die Wendung des Vierten Kreuzzugs gegen Constantinopel", Programm des Gymn. zu Anklam 1877.

Schwaben, wie Winkelmann, Riant, Pears und Bouchet[1], glauben an eine Intrigue, sei es Venedigs oder Philipps; der Gelehrte, der den Vierten Kreuzzug als ein französisches Unternehmen kennzeichnet, Tessier, betrachtet seine Wendung gegen Constantinopel als eine zufällige Folge der Ankunft des griechischen Prätendenten Alexius im Abendlande, und er greift damit zurück auf die Forschungen von Wilken, La Farina und Wailly[2]. Die Intriguentheorie, nach der Venedig oder Philipp den Kreuzzug von seinem wahren Ziele abgelenkt und dadurch die Christenheit verraten haben soll, ist, wie ich im zweiten Teile meiner Abhandlung darlegen werde, völlig von der Hand zu weisen, die Zufallstheorie ist zu oberflächlich.

Von allgemeineren Gesichtspunkten, als denen des Zufalls oder der Intrigue ist der Vierte Kreuzzug ins Auge zu fassen, auf einer breiteren Basis als der Einer Nation muss der Forscher seinen Standort wählen: die historische Entwicklung von Jahrhunderten, die Lebensinteressen eines ganzen Kulturkreises müssen den Rahmen der Betrachtung bilden.

Der Vierte Kreuzzug stellt die Lösung des alten Konflikts zwischen dem Abendlande und Byzanz dar, wie er seit der Mitte des XI. Jahrhunderts akut geworden war. Was für

---

1. Winkelmann: Philipp von Schwaben, p. 524 ff.; Graf Riant in „Revue des Questions Historiques“, Bd. XVII, p. 321 ff., XVIII, p. 1 ff., XXIII, p. 71 ff.

Bouchet („La conquête de Geoffroy de Villehardouin“, Paris 1891, Bd. II) giebt lediglich Riantsche Ansichten wieder unter Einstreuung von Quellenstellen aus Ernoul und Clari; auch Pears („The fall of Constantinople etc.“, London 1885) schliesst sich im wesentlichen Riant an.

2. Tessier: „Quatrième croisade“, Paris 1884. (Eine Zusammenfassung seiner Ansicht giebt Cerone: „Il papa e i Venetiani nella quarta crociata“ im Archivio Veneto 1887, Bd. XXXVI, p. 57—70, 287—297); Wilken: „Geschichte der Kreuzzüge“, Bd. VI, p. 149—154; La Farina: „studi del secolo XIII“, Bastia 1857, Bd. I, studi 5 und 6; Wailly: „La conquête de Constantinople de Geoffroi de Villehardouin, Eclaircissements“, Paris 1874.

Lösungen hatte dieser Konflikt bisher finden sollen, welche Lösung wollte der Vierte Kreuzzug bieten, und welche hat er gebracht? Das sind die Fragen, die es zu beantworten gilt. —

Indem ich vorliegende Abhandlung, von der bereits Abschnitt II c. 1 und 2 gesondert gedruckt sind, und die als ganzes von der Philosophischen Facultät zu Berlin im Juli 1898 als Dissertation angenommen wurde, dem Druck übergebe, sage ich meinem hochverehrten Lehrer, Herrn Professor Dr. Scheffer-Boichorst, der mir die zur Lösung von Problemen aus der mittelalterlichen Geschichte nötige Schulung zu teil werden liess, mir die Anregung zu dieser Arbeit gab, und mich bei ihrer Durchführung jederzeit mit Rat und That unterstützte, meinen wärmsten Dank. Auch Herrn Professor Dr. Sternfeld bin ich für einzelne wertvolle, mit seinem Namen von mir notierte Gesichtspunkte zu Dank verpflichtet.

Berlin, im August 1898.

Inhaltsverzeichnis.

I. Abschnitt.

Der Vierte Kreuzzug im Rahmen der Beziehungen des Abendlandes zu Byzanz.

1. Die Vorgeschichte des Vierten Kreuzzugs; der Vorstoss der Abendländer gegen das byzantinische Reich von der Mitte des XI. bis Ende des XII. Jahrhunderts[1].

Solange die Griechen während des Mittelalters in Unteritalien herrschten, lebte die Erinnerung an die altbyzantinische Grösse. Diese Besitzungen waren ein Wahrzeichen der Siege eines Belisar und Narses, sie bildeten ein festes Fundament für die Ansprüche, die die Kaiser von Ostrom auf die Herrschaft über das ganze Abendland erhoben. Der

---

1. Es gilt im folgenden den inneren Zusammenhang der Wendung des Vierten Kreuzzugs gegen Constantinopel mit den früheren Vorstössen des Abendlandes gegen Byzanz aufzudecken.

Diese Aufgabe hat bisher weder in den allgemeinen Darstellungen der byzantinischen und Kreuzzugsgeschichte (Hopf l. c., Hertzberg: „Geschichte der Byzantiner und des osmanischen Reichs"; Kugler: „Geschichte der Kreuzzüge", die letzteren beiden Werke in der Onckenschen Sammlung), noch in den weiter ausgreifenden Spezialuntersuchungen genügend gelöst werden können, da das Bild, das hier von der Wendung des Kreuzzugs gegen Constantinopel entworfen wird, nirgends ein ganz zutreffendes ist.

Unter den Specialforschern ist Streit (l. c.) hervorzuheben, dessen Vorgeschichte des Vierten Kreuzzugs aber an Unklarheit und Unübersichtlichkeit leidet — Riant nennt sie ein „savant labyrinthe" — und ferner den durchgehenden Zusammenhang mit der Schilderung des Kreuzzugs selbst, die der Vf. giebt, vermissen lässt; Pears (l. c.) behandelt unter den Momenten, die das griechische Reich bis zum

Orient hatte nach dem Occident übergegriffen und behauptete sich dort.

Mit dem XI. Jahrhundert ermannte sich das Abendland, und seine Völker erhoben sich zu einem gewaltigen Vorstoss gen Osten, der nach anderthalb Jahrhunderten wechselvollen Ringens das griechische Reich zertrümmerte.

Dass dieses so lange standhielt, dankte es dem glänzenden Aufschwung, den es unter dem kräftigen Regiment der Kaiser aus dem Hause der Comnenen noch einmal nahm. Jene grossen Herrscher sind sogar noch während dieser Zeit bestrebt gewesen, den alten Anspruch der Kaiser von Byzanz auf die Beherrschung des Occidents durch Verhandlungen mit der römischen Curie durchzusetzen, ja Kaiser Manuel hat in der Mitte des XII. Jahrhunderts den grossartigen Plan gefasst, sich das Abendland mit Waffengewalt zu unterwerfen. Aber wie bei steigender Flut die rückläufige Welle nicht imstande ist, die nächste, stärker anprallende Woge in ihrem Laufe zu hemmen, sondern diese schäumt über sie hinweg und ergiesst sich weit über's Ufer hin, so vermochte auch Manuel nicht durch den Gegenstoss, den er führte, den Andrang der abendländischen Völker nach dem Osten, wie er seit dem XI. Jahrhundert begonnen hatte, auf die Dauer aufzuhalten, geschweige denn, dass er seine kaiserlichen Hoheitsrechte über sie hätte zur Geltung bringen können.

Eroberungslust, religiöser Eifer und Handelsgeist haben die Abendländer auf diese Bahn geführt. Wie diese Antriebe bald jeder für sich, bald in gegenseitiger Verknüpfung gewirkt haben, und welche Kombination schliesslich den Untergang des oströmischen Reichs herbeigeführt hat, soll im Folgenden untersucht werden.

Vierten Kreuzzug geschwächt haben, auch die Vorstösse abendländischer Mächte, aber in oberflächlicher, nicht immer zuverlässiger Weise, der Kreuzzug selbst ist für ihn ein durch deutsch-venetianische Intriguen von seinem Ziel abgelenkter Flibustierzug (p. 295).

a) Die Normannen.

Der Kampf begann naturgemäss mit der Vertreibung der Griechen aus ihren abendländischen Besitzungen.

Diese Aufgabe übernahmen die Normannen, die in einem Menschenalter ganz Unteritalien sich unterwarfen. Im Jahre 1071 fiel mit Bari das letzte Bollwerk der Griechen in ihre Hände, das Abendland gehörte nunmehr den Abendländern.

Doch die Eroberungslust der Normannen und der Ehrgeiz ihrer Führer drängten zu weiteren Thaten. Und die Natur selbst, die geographischen Interessen wiesen hier die Eroberungslust der Normannen in festumgrenzte Bahnen. Über's adriatische Meer zu fahren und sich auf der Balkanhalbinsel festzusetzen — das ist seit dem Vorgang der Römer noch immer das Ziel kühner Eroberer Unteritaliens gewesen[1]. Erst schien es, als ob die Besetzung Griechenlands, wie die Unteritaliens, schaarenweise vor sich gehen solle[2], dann aber fasste der gewaltige Herzog Robert Guiscard mit eiserner Faust die normannischen Kräfte zu einem gewaltigen Vorstoss gegen das Rhomäer-Reich zusammen: Dyrrhachium, das Centrum der griechischen Machtstellung an der Ostküste der Adria, wählte er zum Angriffsziel. Sein Streben war, von hieraus geradewegs auf Thessalonich, von da auf Constantinopel loszumarschieren und sich dort die Kaiserkrone der Byzantiner auf's Haupt zu setzen.

Dann herrschte er, wie vor ihm die byzantinischen Kaiser, vom Bosporus bis an's tyrrhenische Meer, die Via Egnatia, die die Balkanhalbinsel durchquerte, war in seinem Besitz[3]

1. Auf diese wichtige Seite der normannischen Eroberungszüge machte mich Herr Prof. Dr. Sternfeld aufmerksam, indem er mich auf die in seinem Buch „Ludwigs des Heiligen Kreuzzug nach Tunis 1270“ p. XXIII der Einleitung sich findenden Bemerkungen hinwies.

2. S. die von Lothar von Heinemann: „Geschichte der Normannen in Unteritalien und Sicilien“ p. 216 u. 302 besprochenen normannischen Unternehmungen.

3. Sternfeld a. a. O. betont ihre Bedeutung.

und konnte die grosse Verkehrsader seines Reiches werden, auf der die Produkte des Orients, die in Constantinopel zusammenströmten, dem Westen zugeführt wurden.

Von Dyrrhachium, dem Schlüssel zu dieser Strasse, aus, das er am Anfang des Jahres 1082 eroberte, drangen seine Heere, nunmehr unter Anführung seines Sohnes Boëmund, bis tief nach Epirus und Thessalien hinein vor. Hier aber kamen dessen Erfolge zum Stehen, im Jahre 1084 trieb ihn Kaiser Alexius I. wieder bis an die adriatische Küste zurück, und den Anstrengungen, die jetzt Robert Guiscard machte, die jonischen Inseln in seinen Besitz zu bringen, setzte sein Tod im Sommer 1085 ein Ziel. Da zwischen seinen Söhnen ein Hader um die Erbfolge ausbrach, wurde es Alexius leicht, die abgekommenen Lande sich zu unterwerfen[1].

Den ersten König des Normannenreiches in Unteritalien, Roger II., liessen die Lorbeern seines Oheims nicht ruhen[2]. Nachdem die französischen Kreuzfahrer eine gemeinsame Aktion gegen das byzantinische Reich abgelehnt hatten[3], brach er im Sommer des Jahres 1147 allein los. Mit der Eroberung Corfus und einem Plünderungszuge nach Mittelgriechenland vom korinthischen Golfe aus[4] war zwar diesmal die Offensivbewegung zu Ende. Im Jahre 1149 eroberte Manuel mit Hülfe der Venetianer Corfu wieder und griff nun seinerseits nach Italien über, ohne aber die Normannen dauernd bezwingen zu können. So kam 1158 mit Rogers Nachfolger, Wilhelm I., ein billiger Frieden zustande.

1. Zu Grunde liegt diesem Überblick über die Normannenzüge Hopf l. c., p. 141—144, 156 und 157, 160 u. 161, und Hertzberg (l. c.) p. 264—271, 293—299, 325—30. Für Robert Guiscards Zug kommt in erster Linie in Betracht Lothar v. Heinemanns eben citiertes Werk p. 299—339.

2. Der Zug Boëmunds findet seine Behandlung unter b. (p. 15 f).

3. s. unter b. (p. 18).

4. Ein bleibender Erfolg dieses Zuges war die Einführung der Seidenweberei in Sicilien durch gefangene griechische Arbeiter, die in dieser Kunst geübt waren. Hertzberg p. 294.

Der furchtbarste Stoss erfolgte im Jahre 1185 unter Wilhelm II., hundert Jahre nach Robert Guiscards Tode. Es gelang den Normannen, Thessalonich, die zweite Stadt des Reiches, zu erobern, bei Mosynopolis standen ihre Vorposten. Doch sobald der durch eine Revolution in Constantinopel zum Throne gelangte Kaiser Isaac Angelos in Alexius Branas einen tüchtigen Feldherrn an die Spitze des griechischen Heeres stellte, wandte sich das Kriegsglück. Bei Demetriza wurden die Normannen am 7. November 1185 vernichtend geschlagen, und in den nächsten Jahren gelangten alle ihre Eroberungen bis auf Kephalenia und Zakynthos wieder in die Hände der Griechen.

So „speite ein Jahrhundert hindurch zu wiederholten Malen der Inseldrache über die Mündungen des Aetna das Feuer seines Zorns“[1], drohten die Normannen den Byzantinern Verderben.

b) Die Kreuzfahrer.

Zur Normannengefahr gesellte sich früh die Kreuzzugsgefahr. Das Ziel der Kreuzzüge war ja das ferne Jerusalem, aber ihr Weg führte sie über Constantinopel, und bange Sorge erfüllte den Kaiser Alexius I. um sein Reich, als er gegen Ende des XI. Jahrhunderts die gewaltigen Pilgermassen aus dem Abendlande seiner Hauptstadt sich nahen sah[2]. Zwar war sie zunächst unbegründet: die Führer des Kreuzheeres leisteten ihm sogar den Lehnseid für ihre künftigen

1. Eustaths Leichenrede auf Kaiser Manuel (Migne Patr. Graeca, Bd. 135, p. 984): „Δρακίων δὲ ὁ νησιωτικὸς, ὃς καὶ ὑπὲρ κρατῆρας Αἰτναίους τὸ τοῦ θυμοῦ πῦρ ἐκφυσᾶν ἤθελε . . .“

2. Anna Comnena (ed. Bonn, Bd. II, p. 32): „καὶ γέγονε συγκίνησις, οἵαν οὐδέπω τις μέμνηται ἀνδρῶν τε καὶ γυναικῶν . . .“ (p. 28): „ἐδεδίει μὲν οὖν (nämlich Alexius) τὴν τούτων ἔφοδον γνωρίσας αὐτῶν τὸ ἀκατάσχετον τῆς ὁρμῆς.“

Besonders gross war die Angst vor Boemund (p. 32, 36), auch dies ohne Grund, cf. v. Sybel: „Geschichte des Ersten Kreuzzuges“, p. 270—273.

Eroberungen, den er von ihnen verlangte, und halfen ihm darauf einen Teil von Kleinasien wiedererobern[1].

Als dann aber nach der Begründung der Kreuzfahrerstaaten die Kämpfe zwischen Griechen und Abendländern in Syrien begannen[2], als es zwischen den abendländischen Flotten, die nach dem heiligen Lande fuhren, und den Garnisonen der griechischen Inseln, die die Durchfahrt dieser Flotten zu hindern suchten, zu den bedenklichsten Reibungen kam[3], als endlich die grossen Kreuzheere des Jahres 1101 durch griechische Tücke, wie man glaubte, elend zu Grunde gegangen waren[4]: da brach sich allmählich im Abendlande

---

1. Kugler (l. c.), p. 33—40.

2. Kugler, p. 63—71.

3. Mit einer pisanischen Flotte i. J. 1099. „Gesta triumph. per Pisanos facta“, Muratori SS. rer. Ital. VI, 99: „Proficiscendo Leucatam et Cephaloniam urbes fortissimas expugnantes exspoliaverunt, quoniam Jerosolymitanum iter impedire consueverunt“. Mit einer genuesischen Flotte kam es 1200 und 1201 zum Konflikt. vgl. Heyd: „Histoire du commerce du Levant au moyen âge“, Leipzig 1885/86, Bd. I., p. 190—192.

4. Eccehard schildert in seiner „Hierosolymitana“ (ed. Hagenmeyer, Tübingen 1877, p. 236 u. 237) die Stimmung der Kreuzfahrer des Jahres 1101 vor Constantinopel folgendermassen: „. . . subito murmur exoritur invisum, imperatorem Thurcorum potius quam christianorum parti favere, exploratisque, quae circa nos erant, frequentibus illos contra nos nuntiis animare . . . perfidus ille Alexius . . . se tanti facere dicit Francos, cum Thurcis pugnantes quanti canes se invicem mordentes . . . Quapropter omnes eum maledicebant et anathematizebant, omnes illum linguae non imperatorem sed traditorem appellantes.“

Ähnlich schilt Guibert von Nogent (Recueil des Historiens des Croisades, Hist. occidentaux, Bd. IV, p. 243) Alexius „perditissimus hominum“ und „proditor“ und schreibt ihm die Schuld an dem Untergang des Kreuzheeres zu. cf. Wilh. v. Tyrus, Buch X, c. 13.

Nach Ordericus Vitalis haben sogar die Aquitanier und Gascogner einen Angriff auf Constantinopel gemacht, um den treulosen Kaiser zu zwingen, ihnen Raimund von Toulouse als Führer durch Kleinasien mitzugeben, falls er nicht einwillige, ihn womöglich zu töten, denn — so lässt Ordericus Wilhelm von Aquitanien in seiner Rede sagen —: „innumera suis fidelium millia fraudulentiis peremit;

der Gedanke Bahn, dass dieses griechische Reich ein lästiges Hindernis für die Kreuzfahrten bilde, und dass die Griechen nicht minder arge Feinde des Kreuzes als die Ungläubigen seien. Selbst das Oberhaupt der Christenheit liess sich von der verräterischen Gesinnung des griechischen Kaisers überzeugen und führte bittere Beschwerde darüber bei den Baronen Frankreichs[1].

Besonders gefährlich wurden diese Tendenzen, als im Jahre 1104 Fürst Boëmund von Antiochien ins Abendland eilte und zum Kampfe gegen den Kaiser der Rhomäer aufrief.

Er hatte einst unter seinem Vater Robert Guiscard, dann als Herrscher von Antiochien die Griechen bekämpft; die stete Bedrohung seines syrischen Fürstentums durch die Byzantiner und normannische Traditionen machten ihn zum geschworenen Feinde des Rhomäerreichs. Er wurde jetzt der Interpret der griechenfeindlichen Stimmung des Abendlandes. Tausenden sprach er aus der Seele, wenn er, von einem päpstlichen Legaten unterstützt, aller Orten das Kreuz gegen die Griechen predigte. Wen nicht die Schilderung der Gefahr rührte, die den Kreuzfahrerstaaten von dem griechischen Kaiser drohte, und sie an der Entfaltung ihrer Kräfte gegen den Islam hinderte, dem liess die Sorge um das Gedeihen der Kreuzzüge des Abendlandes die Beseitigung des grössten Hemmnisses aller dieser Fahrten notwendig erscheinen.

So wurde es der Grundgedanke des Unternehmens, dass die beste Hülfe, die man dem heiligen Lande bringen könne, die Vernichtung des Rhomäerreichs sei: dann konnten die

---

ideoque gratum Deo ni fallor sacrificium exhibebit, qui vitam occupantis terram ad perniciem multorum arte quavis exemerit". ed. Migne Patr. lat., Bd. 188, p. 765).

1. Albert von Aachen (ed. Recueil des Hist. des crois., Hist. occ., Bd. IV, p. 585): Der Ankläger des Alexius bei Paschal II. war der Bischof von Barcelona.

Kreuzfahrer ungehindert und sicher vor Verrat ihres Weges ziehen, und, statt von Constantinopel aus befehdet zu werden, erhielten die Kreuzfahrerstaaten von dort die nachhaltigste Unterstützung[1].

---

1. Durch die Betonung dieser Wechselwirkung zwischen Boëmunds Politik und der Stimmung des Abendlandes glaube ich die Ausführungen Sternfelds in der Einleitung zu seinem p. 11 Anm. 1 citierten Werke p. XXVII ergänzen zu können. Er zuerst hat mit der Auffassung gebrochen, dass Boëmunds Unternehmung ein thörichter Abenteurerzug gewesen sei, indem er in dessen Plan, den griechischen Kaiser nicht von Antiochien aus anzugreifen, sondern ihn im Herzen seines Landes zu treffen, das Wiedererwachen der alten praktischen Politik Robert Guiscards erkennt. Mir kommt es darauf an zu zeigen, wie diese Politik Boëmunds zusammentraf mit jener Stimmung des Abendlandes, die eine Vernichtung des griechischen Reiches als das beste Mittel ansah, um dem heiligen Lande zu helfen. Und wenn man diese Wechselwirkung im Auge behält, wird man Sternfeld nicht ganz darin zustimmen, dass in Boëmunds Unternehmen und in den späteren Normannenzügen „den grossen Anstrengungen zur Befreiung des heiligen Landes eine gefährliche Konkurrenz erwachsen sei". Beide Unternehmungen standen nicht in so schroffem Gegensatz zu einander. Ja, Boëmunds Zug bedeutete überhaupt selbst eine Anstrengung zur Befreiung des heiligen Landes: jedenfalls war diese das Endziel (siehe die gleich folgenden Quellennachweise); die Unternehmung Rogers II. gegen Griechenland hat dann allerdings dem „Zweiten" Kreuzzug worauf ich oben noch komme, sehr geschadet, aber doch auch erst, nachdem vorher die Aussicht bestanden hatte, dass beide Unternehmungen in eins verschmolzen würden, mit der Devise: „Erfolg der Kreuzfahrt nur nach Vernichtung des griechischen Reiches", ein Plan, der dann nach dem Scheitern des „Zweiten" Kreuzzugs noch wieder ernstlich erwogen worden ist. Hier werden wir also sagen: in der Idee deckten sich wiederum die Interessen der Kreuzfahrer und Normannen, erst in der Ausführung wurde der normannische Zug in der That eine Konkurrenzunternehmung gegenüber dem Kreuzzug.

Die Hauptquellen sind: Fulco von Chartres (Recueil des Historiens des Croisades, Hist. Occ., Bd. III, p. 418): „Erat quidem imperator Constantinopolitanus Alexis nomine genti nostrae tunc valde maxime contrarius et Jherosolymam peregrinantibus vel fraude clandestina vel violentia manifesta tam per terram quam per mare perturbator et tyrannus. Quapropter Boamundus collecto . . . exercitu terram eius

Die gross angelegte Unternehmung scheiterte kläglich bei Dyrrhachium, und Boëmund musste Alexius für sein Fürstentum Antiochien den Lehnseid leisten. Aber dafür verpflichtete sich auch der Kaiser, zu bewirken, dass künftighin in seinem Reiche nirgends, sei es zu Wasser oder zu Lande, den Kreuzfahrern Schwierigkeiten bereitet würden. So war denn wenigstens auf diese Weise freie Bahn zum heiligen Grabe geschaffen[1].

Jedoch schon gleich auf der nächsten grossen Kreuzfahrt des Abendlandes tauchte wiederum der Gedanke einer Eroberung Constantinopels auf.

---

intravit civitates et oppida comprehendere nitens." Ähnlich Dandolo (Muratori SS. rer. It. Bd. XII. p. 261): „ad vindictam (so ist zu lesen statt „Venetam") peregrinorum, ut asserebat, qui ab Alexio Imperatore iniuriam passi fuerant". — Ordericus (l. c., p. 808) unterrichtet uns über die Kreuzpredigt Boëmunds (siehe p. 20,1), ebenso Anna Comnena (l. c., p. 132): „πολλὴν τὴν κατὰ τοῦ αὐτοκράτορος καταδρομὴν ἐποιεῖτο παγάνον ὀνομάζων αὐτὸν καὶ τῶν Χριστιανῶν πολέμιον". (p. 135): „παγάνον αὐτὸν . . . ἀνακηρύττων καὶ τοῖς παγάνοις ὅλῃ γνώμῃ ἐπαρήγοντα."

Suger dagegen (vita Ludovici in Bouquet, Recueil des Historiens de la France, Bd. XII, p. 18) spricht nur von dem „Hierosolymitanum iter", der „via sancti Sepulchri", wozu Boëmund in Chartres und Poitou im Sommer des Jahres 1106 ermahnt habe (an letzterem Orte war Suger selbst Ohrenzeuge). Die Bekämpfung des griechischen Reichs war eben nicht Selbstzweck, sondern dem höheren Zweck der Schirmung des heiligen Grabes untergeordnet. Suger ist es auch, der die Anwesenheit des Legaten erwähnt, der „ad invitandam et confortandam sancti sepulchri viam" Boëmund beigegeben sei.

1. Fulco von Chartres (l. c., p. 418): „Iuravit enim Boamundo imperator super reliquias pretiosissimas peregrinos . . . tam in terra quam in mari, quanto latius imperium eius extendebatur, ab illo die et deinceps se salvaturum et conservaturum, ne quis eorum diriperetur vel male tractaretur." Dandolo, chronicon (Muratori SS. rer. Ital., Bd. XII, p. 261): „. . . in pacis tractatu Boamundus relaxatis terris retrocedere, Alexius autem Peregrinis transeuntibus se favorabilem exhibere promittunt." Eine ähnliche Verpflichtung geht Alexius drei Jahre später den Pisanern gegenüber ein (im Vertrage von 1111: Documenti sulle relazioni delle città Toscane coll'Oriente, Florenz 1879, p. 53).

Wenn auch seit jenem Vertrage des Alexius mit Boëmund die Griechen nicht mehr durch Hinderung von Pilgerfahrten die Erbitterung der Abendländer wachgerufen hatten, so war doch der alte Hass aufs neue entfacht worden, als Kaiser Johannes in den Jahren 1137/8 und 1142/3 Raimund von Antiochien heftig bekämpfte[1].

Auch jetzt wieder wurde diese Stimmung den Griechen erst recht gefährlich durch normannischen Einfluss.

Als die Kunde von den Kreuzzugsrüstungen, die im Jahre 1146 in Frankreich stattfanden, nach Sicilien drang, trug König Roger II. Ludwig VII. ein Bündnis an: wäre dieses zustande gekommen, so hätte sich der Kreuzzug zunächst gegen das griechische Reich gewandt, er hätte einfach eine Wiederholung von Boëmunds Unternehmen dargestellt. Ludwig verhielt sich ablehnend, da mittlerweile durch des heiligen Bernhard Eifer Konrad III., der Verbündete des damaligen griechischen Kaisers Manuel, zur Teilnahme an der Kreuzfahrt bewogen worden war. So klafften der Kreuzzug und die normannische Unternehmung auseinander.

Trotzdem traute Manuel den friedlichen Absichten der Kreuzfahrer mit nichten, sondern konzentrierte seine Truppen zu ihrer Beaufsichtigung in Constantinopel, während zur selben Zeit die Normannen verheerend tief nach Griechenland hinein vordrangen. Und dass sein Misstrauen nur zu berechtigt war, zeigte sich, als eine grosse Partei im Lager der Franzosen vor Constantinopel, Bischof Gottfried von Langres an ihrer Spitze, Ludwig den Anschluss an Roger riet, damit beide Könige gemeinsam die Stadt eroberten. Massgebend war dabei wieder die Erkenntnis, dass, „solange griechische Kaiser in Constantinopel regierten, dem Kreuze

1. Kugler, l. c., p. 124—126: Diese Feindschaft der griechischen Kaiser gegen das Fürstentum Antiochien ist der Hauptgrund, der von den Kreuzfahrern im Lager Ludwigs VII. für den Angriff auf das griechische Reich angeführt wird. Odo de Diogilo: de Ludovici itinere, liber III (Migne, Patrol. latina, Bd. 185II, p. 1223).

stets Gefahr drohe, dass erst ihre Beseitigung die Befreiung des heiligen Grabes sichere“ [1], und das Bewusstsein, dass man dieses Ziel am besten erreichen werde durch eine gemeinsame Unternehmung mit den Normannen, den natürlichen Feinden der Griechen. Aber eine starke Gegenpartei und mit ihr Ludwig VII. wollten von einem solchen Angriff auf eine christliche Macht nichts wissen, und so wurde denn der Gedanke aufgegeben, zumal auch die von den Griechen ausgestreuten Gerüchte über grosse Siege, die die deutschen Kreuzfahrer unter König Konrad über die Ungläubigen erfochten hätten, zur Fortsetzung der Kreuzfahrt anlockten.

Auch nachdem der Kreuzzug der Jahre 1147/8 gescheitert war, schien sich die gefürchtete Combination noch vollziehen zu sollen, denn der neue Kreuzzug, der in Frankreich unter Sugers Einfluss vorbereitet wurde, beruhte völlig auf dem Gedanken eines Zusammengehens mit Roger von Sicilien, und einer gemeinsamen Bekämpfung der Griechen, weil man deren Tücke und Verrat vor allem das Missgeschick der letzten Kreuzfahrt zuschrieb und sich für die neue nur Erfolg versprach, wenn zuvor das griechische Reich, dieses gefährliche Hemmnis aller Fahrten zur Befreiung des heiligen Landes, beseitigt würde. Der Kreuzzug kam dann bekanntlich nicht zustande [2].

---

1. Odo de Diogilo, l. c.: „quo regnante cruci Christi et sepulchro nihil tutum, quo destructo nihil contrarium“.

2. Die Motive lernen wir besonders aus dem Brief Peters von Cluny an Roger von Sicilien kennen (Buch VI, No. 116, Migne Patr. lat. Bd. 189). Er spricht von der „pessima maudita et lamentabilis Graecorum et nequam regis eorum de peregrinis nostris, hoc est exercitu Dei viventis, facta proditio“. Er will gern sterben „si mortem tantorum tam nobilium, immo pene totius Galliae et Germaniae miserabili fraude exstinctum florem iustitia Dei per aliquem suorum dignaretur ulcisci“.

Vgl. über den Zweiten Kreuzzug von Sybels vortreffliche Studie (Kleine Hist. Schriften: Bd. I) und Giesebrecht („Gesch. der Deutschen Kaiserzeit“, Bd. IV, p. 256—296, 335—340).

Über der Grundidee dieser Kreuzzugsprojekte gegen das griechische Reich werden wir nun nicht vergessen, dass zugleich noch andere Momente die Kreuzfahrer gegen Byzanz in die Schranken getrieben haben. Das waren vor allem weltliche Gelüste, wie Beutegier und Hoffnung auf Landerwerb[1]. Wenn also Normannen und Kreuzfahrer sich in dem Gedanken einer Vernichtung des griechischen Reichs zusammenfanden, so standen nicht etwa jenen, die in erster Stelle weltliche Interessen vertraten, diese lediglich als Verfechter einer religiösen Idee gegenüber, sondern auch bei ihnen wirkten weltliche Beweggründe mit. Und dazu kam noch ein anderes reges Gefühl: der Eifer der rechtgläubigen Katholiken gegen die Schismatiker, die von Rom abtrünnig geworden waren. Da die Unionsverhandlungen, die die Comnenenkaiser mit der Curie pflogen, zu keinem Resultate führten, so bildeten dieser Hass und die Hoffnung, die Griechen durch Gewalt unter das Papsttum beugen zu können, ebenfalls einen mächtigen Hebel, der die Kreuzfahrer gegen Constantinopel in Bewegung setzte[2].

Aber alle diese Interessen waren dem höheren Zweck der Unterstützung des heiligen Landes untergeordnet, oder vielmehr sie ordneten sich ein in den Kreuzzugsplan: wurden sie durchgesetzt, so war damit zugleich das grösste Hindernis der Kreuzzüge beseitigt, und der Kampf gegen die Ungläubigen konnte mit ganz anderer Aussicht auf Erfolg begonnen werden.

---

1. Ordericus Vitalis (l. c. p. 808) erzählt von Boëmund, er sei in Chartres auf die Kanzel gestiegen „et ingenti catervae, quae convenerat, casus suos et res gestas enarravit, omnes armatos secum in imperium ascendere commonuit ac approbatis optionibus urbes et oppida ditissima promisit; unde multi vehementer accensi sunt et accepta cruce Domini omnia sua reliquerunt et quasi ad epula festinantes iter in Jerusalem arripuerunt“.

2. Odo de Diogilo (l. c. p. 1223) „Addebat etiam (episcopus Lingonensis), quod ipsa (urbs Constantinopolis) rem Christianitatis non habet sed nomen“ u. s. w.

Von keiner Wirksamkeit waren jene Momente bei dem Plan der Eroberung Constantinopels, wie ihn Friedrich Barbarossa während seines Kreuzzugs fasste. Hier wirkte die Kreuzzugsidee ganz für sich, auch unabhängig von der normannischen Politik: der grosse Normanneneinfall Wilhelms II. war bereits gescheitert, als der Kreuzzug stattfand. Lediglich die Feindseligkeit der Griechen, die Unmöglichkeit, den Kreuzzug zu einem gedeihlichen Ziele zu führen, liessen in Friedrich den Plan reifen, im Bunde mit den slavischen Völkern der Balkanhalbinsel, unterstützt durch die Seemacht der italienischen Städte, Constantinopel zu erobern. Sobald aber die Griechen freie Bahn gaben, eilte er dem heiligen Lande zu[1].

c) **Die Venetianer,** Pisaner und Genuesen

Halten wir hier, etwa im Jahre 1191, einen Augenblick inne. Welch' furchtbare Gefahren hatten doch dem griechischen Reiche seit einem Jahrhundert vom Abendlande her gedroht! Stets waren es Normannen und Kreuzfahrer gewesen, die Byzanz in Schrecken gesetzt hatten, bald jede dieser Mächte für sich — so hier Robert Guiscard und Wilhelm II., dort Friedrich Barbarossa — bald beide in engster Verknüpfung, so bei Boëmunds Einfall und zur Zeit des „zweiten" Kreuzzugs.

Aber allem Ansturm hatte das Rhomäerreich trotz der gleichzeitigen Kämpfe im Norden mit Petschenegen, Magyaren, Serben und Bulgaren und der Türkengefahr im Osten glücklich standgehalten. Nur einige Aussenposten waren verloren gegangen; so hatte während des letzten Normannenkrieges der Admiral Margaritone die Inseln Kephalenia und Zakynthos in Besitz genommen[2], auch die Eroberung Cyperns durch

1. Ansberti Hist. de expeditione Friderici Imp., Fontes rer. Austr., Abt. I, SSV, p. 1—90. Vgl. Kugler l. c. p. 212.

2. Hopf l. c. (p. 1,2) p. 181 u. 182. Dyrrhachium und Corfu gab er bald wieder auf.

Richard Löwenherz[1] mag hier Erwähnung finden, obwohl die Insel damals, im Jahre 1191, schon nicht mehr zum byzantinischen Reich gehörte, sondern sich unter einem griechischen Herrn selbständig gemacht hatte.

So hätte denn, abgesehen von diesen Erwerbungen, mehr als ein Jahrhundert des Stürmens und Drängens nach Osten keine dauernde Festsetzung der Abendländer auf griechischem Boden gezeitigt?

Zwar nicht auf direktem, aber auf indirektem Wege. Bei dem Verfall der byzantinischen Marine, wie er seit dem XI. Jahrhundert eingetreten war[2], hatten die griechischen Kaiser sich nur dadurch derjenigen abendländischen Mächte, die ihr Reich mit Vernichtung bedrohten, zu erwehren vermocht, dass sie sich um hohen Preis die Unterstützung einer anderen Macht des Abendlandes sicherten.

Diese Macht war die Republik Venedig. Sie hatte, da es in ihrem eigenen Interesse lag, eine Festsetzung der Normannen an der Ostküste der Adria zu verhindern, im Sommer des Jahres 1081 bei Robert Guiscards Angriff auf

1. Kugler l. c. p. 226 u. 227.

2. Die Beziehungen Venedigs zu Byzanz im XI. und XII. Jahrhundert werden erst recht verständlich durch eine Betrachtung über die byzantinische Marine, wie sie Carl Neumann in seiner soeben erschienenen Studie „Die byzantinische Marine, ihre Verfassung und ihr Verfall“ (Sybels HZ. NF., Bd. 45, Heft 1, p. 1—23) anstellt. Denn der Grund, weshalb die griechischen Kaiser die Hülfe der venetianischen Marine nötig hatten, war der Verfall ihrer eigenen. Während die griechische Flotte, so weist Neumann nach, bis in's XI. Jahrhundert die Osthälfte des Mittelmeers beherrschte, trat damals ihr Verfall ein, weil die eigentliche Flottenprovinz des griechischen Reichs, die Kibyrrhäotische (die Südwestecke Kleinasiens), auf die „der Marinedienst gewissermassen hypotheciert war“, ausserordentlich geschwächt wurde 1., durch die Angriffe der Türken und 2., wie die vom Hofe den anderen kleinasiatischen Provinzen gegenüber geübte Praxis vermuten lässt, durch die Vernichtung der militärischen Selbständigkeit der Provinz aus Furcht vor politischen Sonderbestrebungen von Prätendenten und kaiserlichen Usurpatoren.

das griechische Reich dem Hülferuf Alexius' I. Folge geleistet und ihre Flotte an der Seite der Byzantiner gegen die Normannen kämpfen lassen. Daraufhin war es im folgenden Jahre zu einem Vertrage zwischen dem Kaiser und der Republik gekommen: gegen die Verpflichtung, auch künftighin bei Bedrohung der griechischen Herrscher durch auswärtige Feinde ihnen beizustehen[1], erhielt Venedig das erste grosse

1. Carl Neumann hat in seiner scharfsinnigen Untersuchung „Ueber die urkundlichen Quellen zur Geschichte der byzantinisch-venetianischen Beziehungen vornehmlich im Zeitalter der Comnenen“ (Byzantinische Zeitschrift 1892, p. 366—378) zuerst darauf hingewiesen, dass von Anfang an den Privilegien, die die griechischen Kaiser Venedig erteilten, Verpflichtungen der Venetianer entsprochen haben müssen, dass wir diese Verpflichtungen, die nicht in die kaiserlichen Privilegien eingereiht waren — wie in dem Privileg Kaiser Isaacs aus dem Jahre 1187 — sondern in Spezialurkunden ausgestellt waren, nur nicht mehr besitzen. Neumann beweist diesen Satz — neben Heranziehung von Verträgen Byzanz' mit anderen Mächten aus dem Anfange des XII. Jahrhunderts — aus dem Privileg des Kaisers Johannes (1126), in dem sich eine unverkennbare Anspielung auf solche venetianischen Gegenverpflichtungen findet.

Nun haben wir aber sogar in dem ersten grossen Handelsprivileg, das Venedig erhielt, dem Alexius' I., ebenfalls eine solche Andeutung. Es heisst da am Schluss (Tafel und Thomas: Fontes rerum Austriacarum, Bd. XII, p. 123) „Verum tamen debent et Venetici e a q u e p e r f a c t a m s c r i p t o c o n v e n t i o n e m a l e g a t i s e o r u m p r o m i s s a s u n t, iure iurando Imperio meo firma servare incorrupta“. Aus früheren Stellen desselben Privilegs erfahren wir auch, worin das Versprechen der Hauptsache nach bestanden hat: es heisst da von den Venetianern: „m u l t a m b e n i v o l e n t i a m e t r e c t u m a n i m u m e r g a R o m a n i a m e t e r g a I m p e r i u m m e u m o s t e n d e r u n t e t t o t o a n i m o h e c s e r v a r e p r o m i t t u n t i n p e r p e t u u m e t p u g n a r e p r o R o m e o r u m s t a t u e t C h r i s t i a n i s p r o p a r t e v o l u n t e t p r o t e s t a n t u r“. Aehnlich heisst es dann später in der von Neumann angeführten Stelle aus Johannes' Privileg (Tafel und Thomas l. c. p. 182): „pollicentibus et rursum ex toto corde pro Romania pugnare et pro omni christiano ordine sub nostra existenti clementia“.

Auch in Manuels Privileg vom Jahre 1147 findet sich eine ähnliche Anspielung (Tafel und Thomas p. 123): „velut etiam Veneticis consueta sibi sacramenta sacra habentibus, servare ad Imperium meum et Romaniam fidem et servitium ipsis operibus puram, veram, rectam“.

Handelsprivileg, das ihren Bürgern ein Quartier in Constantinopel sicherte und ihnen die Häfen des griechischen Reiches zu freier Ein- und Ausfuhr öffnete, durch das recht eigentlich die Handelsherrschaft Venedigs dort begründet wurde[1].

Wie klug dieser Schritt des Alexius war, zeigte sich noch während des ersten Normannenkrieges, der in seinem letzten Stadium besonders durch die kräftige Hülfe, die Venedig damals leistete, zu Gunsten der Griechen entschieden wurde; und ebenso gelang die Abwehr von Boëmunds Unternehmen und von dem Einfall Rogers, der während des „zweiten“ Kreuzzugs stattfand, vor allem durch die thatkräftige Unterstützung der Venetianer[2].

Auch mit Pisa und Genua ist es im Laufe des XII. Jahrhunderts zu Verträgen gekommen. Indem die Republiken vor allem versprachen, den Bestand des griechischen Reiches nicht durch einen Angriff in Frage zu stellen, auch kein Bündnis mit dessen Feinden einzugehen, und ferner ihre in Romanien ansässigen Bürger zur Verteidigung des Territoriums, in dem sie wohnten, gegen feindliche Angriffe verpflichteten[3], erhielten sie ein Quartier in Constantinopel und Zollermässigungen.

---

1. Das Privileg von 992 (Tafel und Thomas l. c. p. 36—39) wollte dagegen nichts bedeuten. So rechnete auch Alexius III. in der Vorrede zu seinem Privileg von 1198 die eigentliche Handelsherrschaft der Venetianer vom Jahre 1082 ab (Tafel und Thomas p. 248): „Genus Veneticorum plurimum amicabile ac servile circa Romaniam per tempora iam multa et etiam a centum annis et plus connumeratis possidens inconvulse eam et indivisibile detinet“.

Auch C. Neumann: „die Markuskirche in Venedig“, Preuss. Jahrbuch 1892, p. 620, Anm., vertritt diese Ansicht.

2. Vgl. die betreffenden Abschnitte von Hopf l. c. und Hertzberg l. c. (p. 9,1): für die Hilfe Venedigs bei Boëmunds Einfall ist unsere Quelle Dandolo, l. c. (17,1) p. 261.

3. Diese Verpflichtungen, die sich zuerst in dem Privileg, das Alexius I. den Pisanern im Jahre 1111 erteilte, finden (Documenti sulle relazioni delle città Toscane coll' Oriente, Firenze 1879), wiederholen sich in allen späteren pisanischen und genuesischen Privilegien. Eine Verschärfung zeigen die Verträge mit Genua von 1170 und 1192, wo

Aber was wollten diese Handelsvorteile gegenüber den venetianischen Privilegien besagen? Das wesentliche war doch, dass es für den venetianischen Kaufmann ein griechisches Staatswesen sozusagen nicht mehr gab[1]. An die Stelle des Staats, in dem der Händler von dem Augenblick an, wo er dessen Grenzen überschritt, bis zu dem Zeitpunkt, wo er sie wieder verliess, von einem Heer von Beamten überwacht wurde, wo jedem seiner Handelsakte Abgaben und Gebühren entsprachen, war eine freie Handelssphäre für ihn getreten, in der er seine wirtschaftlichen Interessen völlig ungehindert durchsetzen konnte.

Dass Venedig eine solch' dominierende Stellung einnahm, die beiden anderen grossen italienischen Republiken sich mit einer soviel bescheideneren Lage begnügen mussten, war die Folge der Umstände, unter denen Venedig sein erstes Privileg erhalten hatte. Die bedrängte Lage des Rhomäerreichs machte eine sehr starke Hülfe notwendig: indem die Republik diese damals leistete und auch in Zukunft zu leisten versprach, erhielt sie Concessionen, die der Grösse der Verpflichtungen entsprachen. Pisa und Genua haben den Kaisern solche Dienste weder geleistet noch zugesagt: daher gab es auch keine so weitgehenden Vergünstigungen. Die pisanischen und genuesischen Kaufleute hatten sich nach wie vor der Kontrolle der griechischen Beamtenschaft zu unterziehen, ihre Abgaben hörten nicht auf, sondern wurden nur ermässigt.

---

nicht nur die genuesischen Kolonisten bestimmter Territorien in Romanien verpflichtet werden, falls diese angegriffen würden, den Feind abzuwehren, sondern im Fall einer Bedrohung des byzantinischen Reiches durch eine feindliche Flotte von 100 und mehr Schiffen sämtliche genuesischen Kolonisten in Romanien mit zu Felde ziehen sollen. (Miklosich et Muller: acta et diplomata graeca, Bd. III, p. 34.)

1. Ausser, wenn dieses Reich von Feinden bedroht wurde. Dann galt es, dasselbe mit den Waffen in der Hand zu schützen, weil mit seiner Existenz zugleich die venetianische Handelsherrschaft in Romanien in Frage gestellt wurde.

Dieser wirtschaftliche Vorstoss des Abendlandes, insbesondere der Venetianer, nach dem Ostreich hatte also zu einem dauernden Erfolge geführt.

Es war im Gegensatz zu dem Ansturm der Normannen und Kreuzfahrer ein friedlicher, von den Kaisern selbst durch Urkunden gewährleisteter Vorstoss. Zur Behauptung aber der so errungenen Position hat es wiederholt kriegerischer Mittel bedurft. Denn es kann nicht Wunder nehmen, dass manchen machtvollen Kaiser von Constantinopel diese Abdankung des Staats zu Gunsten der Wirtschaftsinteressen eines Handelsvolkes — so war das Verhältnis zu Venedig — mit grösstem Widerwillen erfüllte, dass sie bestrebt waren dieses lästige Joch abzuschütteln, besonders da der Übermut der Venetianer oft unerträglich wurde[1].

Aber Kaiser Johannes wurde, als er im Jahre 1125 mit der Bestätigung der Privilegien zögerte, daran erinnert, dass die wirtschaftliche Machtstellung Venedigs nur eine Folge der militärischen Abhängigkeit des Rhomäerreichs von der Republik war: die Venetianer begannen so lange die griechischen Inseln zu brandschatzen, bis der Kaiser nachgab und die alten Verträge bestätigte[2]. Und als Manuel, der in der Opposition, die Venedig seinen italienischen Plänen bereitete, noch einen besonderen Grund zur Feindschaft fand[3], im Jahre 1171 an Einem Tage alle in seinem Reiche befindlichen Venetianer verhaften liess, sandte die Republik abermals ihre Flotte ins ägäische Meer; da diese jedoch nichts ausrichtete, nahm sie zu einem anderen Pressionsmittel ihre Zuflucht: sie schloss im Jahre 1175 ein Bündnis mit den Erzfeinden der Griechen, den Normannen. Sofort lenkte Manuel ein: er bewilligte den Venetianern die alten Handelsvorteile und sagte ihnen eine Entschädigungssumme zu[4].

---

1. Cinnamus (ed. Bonn.), p. 281. Nicetas (ed. Bonn.), p. 223.
2. Heyd: Hist. du commerce du Levant, Bd. I, p. 195 u. 196.
3. S. p. 31 Anm. 2.
4. vgl. Heyd, l. c., p. 215—220.

Noch ganz anders als auf den Kaisern lastete der Druck der venetianischen Handelsherrschaft auf dem griechischen Volk, und bei dem Thronwechsel des Jahres 1182 machte sich der lange verhaltene Hass in einem Massenmorde, nun nicht nur der venetianischen, sondern sämtlicher in der Hauptstadt ansässigen abendländischen Kaufleute Luft. Unter Andronicus gab es fast keine Lateiner in Constantinopel, nur in den Provinzialstädten hatten sie noch ihre Quartiere[1]. Diesesmal bedurfte es keines Druckes seitens der Venetianer, um die alten Zustände herzustellen, sondern Kaiser Isaac Angelus, der 1185 den Thron bestieg, kam ihnen, als sie durch eine Gesandtschaft mit ihm in Verhandlung traten, bereitwillig entgegen, vornehmlich in der Erkenntnis, dass die byzantinische Marine ohne venetianische Hülfe nicht imstande sein werde, feindliche Angriffe abzuwehren[2]. Im Jahre 1187 willigte er in die Erneuerung des Vertrages auf der alten Grundlage: Bestätigung der venetianischen Handelsprivilegien gegen die Verpflichtung der Republik, den Kaisern im Falle einer Gefahr des griechischen Reichs ihre Streitkräfte zur Verfügung zu stellen[3].

---

1. Heyd, p. 222—224.

2. Heyd, p. 225.

3. Hier haben wir den vollständigen Vertrag vor uns, da die venetianischen Verpflichtungen in eine der Goldbullen, die Isaac im Februar 1187 Venedig erteilte, eingereiht sind. (Tafel u. Thomas, p. 195—201). Sie stellen wohl im wesentlichen eine Erneuerung der früher eingegangenen Verpflichtungen dar. Ein sicherer Beweis dafür lässt sich aus den Bullen Isaacs nicht erbringen, weil dieser sich so ausdrückt, als ob die früheren Privilegien immer Belohnungen für bereits geleistete Dienste gewesen seien, also der Thatbestand verschleiert wird, dass auch damals den Privilegien venetianische Gegenverpflichtungen entsprachen. Jedenfalls ist der Kern der Versprechungen, die die Republik im Jahre 1187 machte, derselbe, wie der der Alexius I. geleisteten: das „pugnare pro Romeorum statu.“ cf. p. 23 Anm. 1.

Die Gewährung der Handelsherrschaft in Romanien ist nicht das einzige Mittel gewesen, durch das Alexius I. die Venetianer an sich zu fesseln wusste[1]. Nicht lange Zeit nach dieser handelspolitischen Konzession hat er ihnen eine territoriale gemacht, indem er ihnen die Herrschaft über Kroatien und Dalmatien übertrug und dem Dogen Vitale Falieri die Annahme des Titels „Herzog von Dalmatien und Kroatien" gestattete[2]. In erster Linie handelte es sich dabei um das dalmatische Küstenland: der Kaiser erteilte so einem seit Anfang des Jahrhunderts bestehenden Verhältnis der Oberherrschaft, das Venedig dort ausübte, die endgültige Sanktion. Der Zweck dieser Verleihung war genau derselbe, wie der des Handelsprivilegs: durch die Begünstigung der Venetianer andere gefährlichere Mächte am Vordringen zu hindern. Einmal galt es eine Festsetzung der Normannen in diesen Gebieten, wie sie schon 1075 versucht worden war[3], zu verhüten, sodann aber hatten die Ungarn im Jahre 1091 Kroatien unterworfen und es stand nun auch von dieser Seite eine Bedrohung des griechischen Besitzes in Dalmatien bevor. Besonders unter dem Eindruck des letzteren Ereignisses wird Alexius I. sich zu jener Konzession verstanden haben[4]. Der

---

1. Eine eingehendere Behandlung der dalmatisch-kroatischen Verhältnisse empfahl mir Herr Prof. Dr. Sternfeld.

2. Dandolo, Muratori SS. rer. It. Bd. XII. p. 250: „Qui (Vitale Phaledro) Augusti hortatione .... Legatos Constantinopolim misit, ut Iurisdictiones Dalmatiae et Croatiae sibi ab incolis traditas obtineret, quas Constantinopolitano imperio pertinere noverat .... Euntes autem Legati ab Alexio alacriter visi Crusobolium Dalmatiae et Croatiae et Sedis Protosevastos obtinuerunt. Quibus postea reversis Dux suo addidit titulo: Dalmatiae atque Croatiae et Imperialis Protosevastos.

3. S. o. p. 11, Anm. 2.

4. Ich kann das Bedenken, das Walter Lenel: „Die Entstehung der Vorherrschaft Venedigs an der Adria" Strassburg 1897, p. 18 gegen die in Anm. 2 citierte Stelle aus Dandolo hat, nicht teilen. So sehr es angezeigt ist, jede Nachricht Dandolos gerade bei diesen adriatischen Beziehungen auf ihre Glaubwürdigkeit genau zu prüfen, wie Lenel in seiner Beilage „Zur Kritik Andrea Dandolos" p. 85 ff. nachweist, so

Erfolg ist allerdings ein geringer gewesen: Kroatien blieb in den Händen der Ungarn, und bald darauf bemächtigten sie sich auch des dalmatischen Küstenstriches; in wechselvollen Kämpfen, die im XII. Jahrhundert zwischen Venedig und Ungarn ausgefochten wurden, haben die Venetianer schliesslich nur Zara und einige Inseln zu behaupten vermocht, während der ganze Süden bei Ungarn verblieb[1].

Hatte die Eroberung Kroatiens durch die Magyaren keinen grossen Verlust für Byzanz bedeutet, da die Verbindung mit diesem Lande stets eine lockere gewesen war, sich zuletzt fast völlig gelöst hatte[2], so trat die Herrschaft Ungarns wie Venedigs in Dalmatien ziemlich unmittelbar an die Stelle der griechischen, war doch die Erinnerung an dessen Zugehörigkeit zum griechischen Reiche noch das ganze XI. Jahrhundert immer wieder aufgetaucht[3]; und so ist die venetianische Erwerbung eines Teils von Dalmatien als ein Glied in der Kette der dem Griechentum von den Abendländern abge-

---

scheint doch jene Nachricht durchaus den Verhältnissen zu entsprechen. 1091 hatten die Ungarn Kroatien erobert: damit war Dalmatien nun nicht nur von den Normannen, sondern auch von den Ungarn bedroht, d. h. von zwei gefährlichen Nachbarn Byzanzs. Um zu verhindern, dass es in deren Gewalt fiele, übertrug er die Herrschaft über Dalmatien und Kroatien Venedig: die Republik würde imstande sein, jenes zu schützen, dieses vielleicht den Ungarn abzunehmen; die Verstärkung der Seemacht Venedigs durch dalmatische Streitkräfte konnte dem griechischen Kaiser, wenn er seine Hülfe brauchte, nur angenehm sein. Schon Joh. Lucius „De regno Dalmatiae et Croatiae" (1666) bei Schwandtner SS. rer. Ung. Bd. III. p. 177 ist der Ansicht, die Verleihung sei erfolgt, „ut esset simul qui Dalmatas ab Ungaris defendere eorundemque unionem cum inimicis Northmannis impedire posset classemque Venetorum auxiliarem Dalmaticis viribus fulcitam in promtu haberet . . ." — Wir sehen den Dogen den neuen Titel zuerst in einer Urkunde aus dem Jahre 1094 führen. Dandolo l. c. p. 251 (Lenel p. 18, Anm. 2).

1. Lenel p. 20—26.

2. Hertzberg p. 289.

3. Lenel p. 14.

rungenen Positionen zu betrachten[1]; auch sie geschah, wie jene andere Erwerbung Venedigs, im Einverständnis mit Byzanz; der griechische Kaiser gab sie zu, um so die Ungarn von dort fernzuhalten.

d) Heinrich VI.[2]

Wie die byzantinischen Kaiser durch die territoriale Vergünstigung, die sie Venedig erteilten, dem Vordringen der Ungarn einen Damm setzten, so war es ihnen, wie wir oben sahen, durch die wirtschaftliche Machtstellung, die sie der Republik in ihrem Reiche einräumten und infolge der sich daran knüpfenden venetianischen Verpflichtungen gelungen, dasselbe durch die schwere Gefahr, mit der es die Normannen und Kreuzfahrer bedrohten, hindurchzuretten.

Noch einmal aber verfinsterte sich der Horizont im Westen, als Kaiser Heinrich VI. Erbe des Normannenstaates wurde. Dadurch kam ein neues treibendes Moment in die Offensivbewegung der Abendländer gen Osten hinein: der Anspruch der Kaiser des Occidents auf die Herrschaft über die ganze Christenheit. Zwar hatte er bei ihnen seit dem Jahre 800 bestanden, und andrerseits haben die griechischen Kaiser sich immer als die allein berechtigten Nachfolger der römischen Caesaren gefühlt. Aber bis zur Mitte des XII. Jahrh. dachte man im Westen gar nicht an eine Durchsetzung des Anspruchs, und Kaiser von Byzanz haben nur vorübergehend bei der römischen Kurie eine Anerkennung ihrer Prätensionen zu erlangen gesucht. Das Verhältnis der Reiche zu einander war

---

1. Auf diesen Nachweis kam es mir an. Die ungarische Invasion war hier nur deshalb zu behandeln, weil sie vornehmlich die venetianische Festsetzung in Dalmatien erklärt. Die Gesamtbeziehungen des ungarischen Reiches zu Byzanz gehören mehr in den Zusammenhang derjenigen der halbbarbarischen Donauvölker zum griechischen Reich; auf sie habe ich nicht weiter einzugehen.

2. Über die griechischen Pläne Heinrichs VI. vgl. besonders Streit, l. c. (p. 1,2), p. 23 u. 24. Unsere Hauptquelle ist Nicetas, p. 627 u. 628.

ein überwiegend freundschaftliches, es war seit dem Bündnis Heinrichs IV. mit Alexius bestimmt durch die Interessengemeinschaft beider Imperien gegenüber den Normannen[1].

Da war es zuerst der griechische Kaiser Manuel, der es sich zur Lebensaufgabe setzte, den Titel eines Beherrschers der Christenheit zur Wirklichkeit zu machen, so wie er es zur Zeit seines grossen Vorgängers Justinian gewesen war, der dieses Ziel durch Diplomatie, Intriguen und Waffengewalt zu erreichen suchte.

Friedrich Barbarossa hat sich dem grossartig angelegten Unternehmen gegenüber in der Defensive gehalten[2], und es ist ihm gelungen, seinen Besitzstand ungeschmälert zu behaupten, weniger zwar durch eigene Waffenerfolge, als durch die Thatsache, dass Manuel sich im Kampfe mit Normannen, Venetianern und Ungarn gewissermassen verblutete, d. h. lauter Mächten, die trotz ihres Gegensatzes zu Deutschland gezwungen waren, zur Abwehr der Griechengefahr sich mit Friedrich zu verbinden, die so „zu unfreiwilligen Verteidigern des abendländischen Kaisertums bestellt waren[2]."

So scheiterte Manuels Unternehmen. Es war eben ein Schwimmen gegen den Strom gewesen. Wie ganz anders als er vermochte doch der Kaiser des Abendlandes, der nun seinerseits zur Offensive griff, Heinrich VI., seinen imperialen Machtansprüchen Nachdruck zu verleihen, er, der als Erbe des normannischen Militärstaates und der normannischen Traditionen Vertreter derjenigen abendländischen Macht war, die dem Rhomäerreich bereits wiederholt ans Leben

---

1. Von Kap-Herr „Die abendländische Politik Kaiser Manuels" Strassburg 1881, Einleitung.

2. S. von Kap-Herrs eben citiertes grundlegendes Werk, auf das ich für alles Nähere verweise. Den Grund zur Feindschaft zwischen Venedig und Byzanz bildete vornehmlich die Festsetzung der Griechen in Ancona. p. 94—96. Vgl. übr. p. 26 meiner Abhandlung.

gegriffen hatte[1]. Und auch die Kreuzzugsidee machte ihn zum Feind der Kaiser von Byzanz: so war die treulose Politik der Griechen einer der schweren Vorwürfe, die er gegen Isaac und Alexius III. erhob, und drohend forderte er vom einen wie vom anderen neben Abtretung der Hälfte ihres Reichs, Heeresfolge ins heilige Land[2].

Alexius III. hat sich nun dadurch, dass er sich Heinrich zu einem hohen Tribut verpflichtete, zunächst von der Erfüllung jener Forderungen losgekauft, aber sicherlich wäre dieser auf sie zurückgekommen, ja er würde nicht eher geruht haben, als bis er sich selbst die Kaiserkrone von Constantinopel aufs Haupt gesetzt hätte[3], wäre er nicht in so jungen Jahren ins Grab gesunken.

---

1. Für wie wichtig der Besitz Siciliens zur Durchsetzung der imperialen Machtansprüche galt, beweisen die Worte, die in Innocenz' Brief an Alexius III. vom 16. Nov. 1202 (Buch V No. 122, ed Baluze p. 673): „Si enim idem Philippus obtinuisset imperium, multa tibi ex imperio suo gravamina provenissent, cum per terram ... Friderici, illustris regis Siciliae, nepotis sui, in imperium tuum insurgere de facili potuisset ..."

2. Nicetas, l. c. (p. 30,2), p. 628: „Προσαπῄτει δὲ ὡς εἰ κυρίων κύριος καθειστήκει καὶ βασιλεὺς ἀναδέδεικται βασιλέων, συνάρασθαι τοῖς κατὰ Παλαιστίνην ὁμογενέσιν ἐκείνῳ δι' ἀποστολῆς ναυμαχικῆς στρατιᾶς." Man wundere sich nicht, dass hier nicht auf den Plan der Eroberung Constantinopels, den Friedrich Barbarossa während seines Kreuzzuges fasste, Bezug genommen wird. Er war im Capitel „Kreuzfahrer" zu behandeln. Bei Heinrich waren die Kreuzzugsforderungen seinen imperialen Machtplänen untergeordnet; Friedrich wurde lediglich durch das Kreuzzugsinteresse veranlasst, eine Eroberung Constantinopels ins Auge zu fassen. Er gab den Plan auf, als der Widerstand, den die Griechen den Kreuzfahrern bereiteten, aufhörte. Vgl. p. 21.

3. Innocenz fährt in der Anm. 1 citierten Stelle fort: „Sicut Henricus olim imperator per Siciliam tuum proposuerat imperium occupare."

2. Der Vierte Kreuzzug.

a) Die veränderte Weltlage: das Eintreten des deutschen Königs, der Venetianer und Kreuzfahrer für den Prätendenten Alexius.

Der Tod Heinrichs VI. bezeichnet einen Wendepunkt in den Beziehungen des Abendlandes zu Byzanz.

Das sicilische Reich wurde, nachdem Heinrichs Witwe, Constanze, dort zur Regierung gelangt war, und ebenso nach ihrem Tode unter Innocenz' III. Regentschaft, von vielen Parteiungen zerklüftet: diese alte Operationsbasis gegen das griechische Reich war in ihren Grundfesten erschüttert.

Philipp von Schwaben aber konnte nicht wie sein Bruder Heinrich an einen Vernichtungskrieg gegen Byzanz denken, da er zunächst mit Otto von Braunschweig um den Besitz Deutschlands zu ringen hatte.

Auch der Kreuzzugsgeist, der bei der misstrauischen, oft feindlichen Haltung der Griechen gegenüber den Kreuzfahrern wiederholt Byzanz Verderben gedroht hatte, schien bei der neuen Unternehmung gegen die Ungläubigen, die damals vorbereitet wurde, keine Gefahr bringen zu sollen: nicht wie auf den bisherigen Zügen erhob sich ein grosser Teil des Abendlandes, sondern nach langem Bemühen des Papstes Innocenz' III. hatte lediglich ein Teil der Ritterschaft Frankreichs das Kreuz genommen, und er beschloss ausserdem, statt den Landweg über Constantinopel zu wählen, direkt über's Meer nach Aegypten zu segeln.

Und auch den Venetianern, die ja oft mit den Waffen in der Hand ihre Privilegien hatten erzwingen müssen, war damals durch die Bestätigung aller ihrer alten Handelsvorteile im Jahre 1198[1] jeder Grund zu solch' einem feindlichen Auftreten genommen. Und wenn zwar in den 90er Jahren des XII. Jahrhunderts die pisanischen und genuesischen Corsaren eine böse Plage für die griechischen Küstenlandschaften und

1. Tafel und Thomas, l. c. p. 246—278.

Inseln bildeten, so war die Haltung der Mutterstädte nichtsdestoweniger eine friedliche. Besonders wenn die Kaiser Repressalien gegen ihre in Constantinopel ansässigen Bürger anwandten, liessen sie sich gern zur Desavouierung dieser Seeräuber herbei[1]. Mit beiden wurde auch wegen neuer Verträge verhandelt[2].

Bei dieser Lage der Dinge im Abendlande schien dem Rhomäerreich von dort um die Wende des Jahrhunderts keine ernstliche Gefahr erwachsen zu sollen.

Und dennoch schaute der Herrscher, der damals auf dem Thron von Constantinopel sass, besorgten Blickes nach Westen. Mochte auch keine abendländische Macht das griechische Reich mit Vernichtung bedrohen, sein, Alexius' III., Anrecht auf die Herrschaft über dieses Reich war zu schwach begründet, als dass er nicht für ihren Bestand hätte fürchten müssen. Er war ein Usurpator und war nur durch die Blendung seines Bruders Isaac und die Einkerkerung von Isaacs Sohn Alexius zum Throne gelangt.

Das Bedrohliche war nun, dass Isaacs Tochter Irene die Gemahlin Philipps von Schwaben war: es war zu besorgen, dass dieser, sobald sich ihm Gelegenheit böte, für die beiden Eingekerkerten eintreten würde. In der That hat Alexius III. im Jahre 1198 Ähnliches gefürchtet, denn die Venetianer mussten sich in dem Vertrage, den sie damals nach dem Muster des Abkommens mit Isaac vom Jahre 1187 mit Alexius schlossen, ausdrücklich verpflichten, das griechische Reich auch gegen den deutschen König zu schützen, falls derselbe es angriffe[3], während in dem Vertrage mit Isaac an

1. Hopf, l. c. p. 169, 173—174; Heyd, l. c. p. 232—235, 239—240.

2. Heyd, p. 236, 239 u. 240.

3. Tafel und Thomas, l. c., p. 254 . . . „deffendent Romaniam Venetici contra omnem hominem coronatum et non coronatum et contra omnem gentem Romaniam nocere volentem . . . et contra ipsum regem Alemannie."

p. 255: „Hanc itaque conventionem firmam custodient Venetici . . . nec pro aliquo precepto vel timore alicuius coronate persone vel non

der Stelle, wo Venedig sich gegen die Feinde Griechenlands verpflichtete, der deutsche König ausgenommen worden war[1]. Dagegen war der Artikel aus dem Vertrage von 1187, der Venedig zur Hülfe gegen den Normannenkönig verpflichtete[2], fortgelassen. Nichts zeigt besser die veränderte Lage: von Sicilien war in der That nichts mehr zu besorgen, gefährlich konnte nur der deutsche König, der Verwandte der Angeli, werden. Die Venetianer hatten sich lange gegen die Aufnahme dieser Bedingung in den Vertrag gesträubt, ja, als Alexius zögerte, alle Privilegien zu bewilligen, hatten sie seine Angst vor Philipp benutzt, um einen Druck auf ihn auszuüben, indem sie ihm drohten, die deutsche Politik zu unterstützen und Philipps Schwager Alexius zu seinem Rechte zu verhelfen[3]. Als dann der Kaiser daraufhin nachgab, liessen die Venetianer auch ihren Widerspruch fallen und übernahmen jene Verpflichtung gegen den deutschen König[4].

So war die Lage bei Anbruch des neuen Jahrhunderts: keine Macht des Abendlandes stellte mehr die Existenz des griechischen Reiches in Frage, nur sass auf seinem Thron ein Usurpator, der sich nicht sicher fühlte in seinem geraubten Besitz.

Sein grosser Fehler war nun, dass er sich gerade die Venetianer zu Feinden machte, sie, die ihm bereits bei der Verhandlung über den Vertrag mit Unterstützung seines Neffen gedroht, d. h. ihn an sein schwach fundiertes Thron-

---

coronate, vel ipsius regis Alemannie . . . huiusmodi violabunt conventionem vel iuramentum.“

1. l. c., p. 199 . . . „salva tamen concordia, quam cum nobilissimo rege Alemannie habent, quousque dissoluta non fuerit.“

2. l. c., p. 199.

3. Dandolo Mur. XII, p. 319: Alexius fürchtete „ne Veneti erga eum nepoti assisterent“ und wirklich drohten die venetianischen Gesandten damit: „quia nuntiis audiens, quod timebat“ bestätigte er die Privilegien.

4. vgl. über diesen Vertrag zwischen Alexius III. und Venedig Heyd, l. c., p. 226 u. 227.

recht gemahnt hatten, die in dem Dogen Dandolo einen Mann als Haupt besassen, der um so eher geneigt war, jede den Venetianern in Byzanz widerfahrene Schmach zu rächen, als er selbst durch die Tücke der Byzantiner seines Augenlichtes beraubt worden war[1]. Des Übergewichts der Venetianer in seinem Reiche und seiner Hauptstadt satt, bedrückte sie der Kaiser unter Verletzung der bestehenden Verträge in jeder Weise durch Zollforderungen und zog ihnen, was sie am empfindlichsten verletzen musste, die Pisaner in allen Stücken vor. Auch schob er von Frist zu Frist die Zahlung der seit Manuel noch rückständigen Entschädigungssumme auf[2]. Und wenn er nur wenigstens Bruder und Neffen im Kerker gehörig hätte überwachen lassen! Dies that er aber so wenig, dass Isaac mit dem deutschen Hofe über den Sturz des Usurpators Verhandlungen pflegen[3], und dass es schliesslich dem jungen Alexius gelingen konnte, ins Abendland zu entfliehen[4].

Es war vorauszusehen, dass dessen Verwandte auf dem deutschen Königsthron nach Kräften für ihn eintreten, dass andrerseits die Venetianer, die noch besonders erbittert waren über die Verbindungen, die Alexius III. im Jahre 1201 auch mit Genua angeknüpft hatte[5], nicht zögern würden, ihre Drohung, durch die sie den Vertrag mit diesem erzwungen hatten, wahr zu machen, nachdem er ihn gebrochen.

Als die Flucht stattfand, war man im Abendlande mit Vorbereitungen zu jenem neuen Kreuzzug beschäftigt, von dem schon oben die Rede war, gerade Venedig aber war die

1. Hopf, l. c., p. 190.

2. Nicetas (ed. Bonn.), p. 712 u. 713, cf. Heyd, p. 238.

3. Nicetas, p. 710: „Ἰσαάκιος γράμματα πρὸς Εἰρήνην πέμπων, τὴν θυγατέρα, κοινωνὸν λέχους Φιλίππῳ τῷ κρατοῦντι τότε Ἀλαμανῶν, πρὸς τὴν πατρῴαν ἐκδίκησιν ὑπαλείφοντα, κἀκεῖθεν διαποτώμενα ἔχων ἀντίγραφα τὸ ποιητέον αὐτῷ εἰσηγούμενα.“

4. Ob die Flucht im Frühjahr 1201 oder 1202 stattfand, lässt sich nicht sicher feststellen. Es kommt auch nicht allzuviel darauf an. vgl. die weitere Darstellung oben.

5. Heyd, l. c. p. 239—42.

Seemacht, die sich zur Übersetzung der Kreuzfahrer verpflichtet hatte und ein beträchtliches Kontingent ihrer Bürger mitsandte[1].

Es lag nun nahe, dass sowohl Philipp, der selbst nicht zu thatkräftiger Unterstützung seines Schwagers imstande war, als die Venetianer es sich angelegen sein liessen, die Kreuzfahrer für die Rückführung des jungen Alexius zu gewinnen.

Philipp, an dessen Hof sich Alexius begeben hatte[2], sandte nach Beratung mit seinem Schwager etwa im September 1202 Boten an die Kreuzfahrer nach Venedig, und zwar machte Alexius diesen grosse Versprechungen für den Fall, dass sie ihm zum Throne verhelfen würden[3]. Dort trat,

1. Der Überfahrtsvertrag bei Tafel und Thomas, l. c. p. 362—73.

2. Er kam von Rom, wo er bei Innocenz als Kläger gegen seinen thronräuberischen Oheim aufgetreten war. Dass er nicht erst nach Deutschland ging und von da nach Rom, lehrt eine Betrachtung derjenigen Quellen, die von seinem Aufenthalt sowohl in Deutschland als in Rom melden: nur diese können in Betracht kommen. Es sind die gesta Innocentii (ed. Baluze c. 82) und Sozomenus von Pistoja (Muratori SS. rer. Ital. suppl. Bd. I, p. 83) und die Chronik von Nowgorod (Hopf, chroniques gréco-romanes, p. 94). Die Nachricht der beiden ersten Quellen, nach denen Alexius zuerst in Rom war, ist der der letzten, nach der er zunächst Deutschland besuchte, vorzuziehen. Andere Argumente für die Priorität des römischen Aufenthalts bei Tessier, l. c. (p. 2, Anm. 2) p. 145.

3. Während sich nicht sicher feststellen lässt, ob Bonifaz von Montferrat gerade der Unterhändler Philipps in Venedig war, indem nämlich zwischen beiden Weihnachten des Jahres 1201 ein Vertrag zur Rückführung des jungen Alexius geschlossen wäre (das ist Riants Ansicht in „Revue des Quest. Hist.“, Bd. XVII; s. Teil II meiner Abhandlung), steht es fest, dass bereits in Venedig zwischen Philipp (resp. Alexius), den Venetianern und Führern des Kreuzheeres über die entscheidenden Fragen verhandelt wurde. ep Innoc. vom 16. Nov. 1202 an Alexius III. (Baluze, p. 673): „ . . . praedictus Alexius olim ad praesentiam nostram accedens gravem in nostra et fratrum nostrorum praesentia . . proposuit questionem . . . . cumque nos eidem dedissemus responsum iuxta quod vidimus expedire, recessit a nobis, et ad prae-

wie wir annehmen dürfen, von vornherein der Doge im Interesse seiner Vaterstadt für das griechische Projekt ein, und dann gelang es auch die Führer des Kreuzheeres — die Beratungen in Venedig waren geheimer Natur — für Alexius zu gewinnen. Besonders war Bonifaz von Montferrat, dessen Brüder, der eine als Schwiegersohn Kaiser Manuels, der andere als Retter des griechischen Reichs aus der Normannengefahr im Jahre 1185, hohe Ehren in Byzanz genossen hatten, leicht geneigt, ihrem Vorbild zu folgen und sich durch die Unterstützung eines Thronprätendenten ein Anrecht auf ähnliche Auszeichnungen zu sichern[1]. Gewiss hat auch den

---

dictum Philippum sororium suum concitus properavit, cum quo deliberato consilio sic effecit, quod idem Philippus nuntios suos ad principes exercitus Christiani sine qualibet dilatione transmisit, rogans eos et petens, ut, quia pater suus et ipse fuerant iure suo et imperio nequiter spoliati, cum eo Constantinopolitanum deberent regnum intrare, ac ad illud recuperandum eidem praestare consilium et favorem, promittens eisdem, quod tam in subsidium terrae sanctae quam in expensis et donativis, eis magnifice responderet, paratus etiam in omnibus et per omnia nostris stare mandatis et quod sacrosanctam Romanam ecclesiam vellet iuxta posse suum modis omnibus honorare ac ea efficere quae nostrae forent placita voluntati“. Da Innocenz also am 16. Nov. schon über diese Dinge Bescheid weiss, und wie es im Briefe weiter heisst, sein Legat Peter Capuano, der die Kreuzfahrer noch in Venedig verlassen hat, ihm über die Verhandlungen zwischen diesen und Philipps Boten berichtete, so müssen sie eben dort stattgefunden haben. Tessiers gegenteilige, auf Grund von Villehardouin (ed. Bouchet 1891) c. 57 u. 58 aufgestellte Behauptungen (l. c. p. 147 ff.) sind daher zurückzuweisen. Zum Abschluss ist es allerdings erst in Zara anfangs des Jahres 1203 gekommen, und die meisten Quellen wissen nur von diesen Verhandlungen in Zara zu erzählen, die geheimen Beratungen in Venedig sind ihnen unbekannt.

1. Über die Beziehungen der Montferrats zu Byzanz vgl. bes. Jlgen: „Conrad von Montferrat“ p. 60—62, 69—72. Alexius versprach Bonifaz die Insel Creta und eine Geldsumme nach seiner Einsetzung zu schenken. Wir erfahren das aus der Urkunde vom 12. August 1204, in der Bonifaz diese Ansprüche an Venedig abtritt. Tafel und Thomas, l. c. p. 513, 461, cf. Riant: Revue des Quest. Hist., XVIII. p. 30.

anderen Führern, Balduin von Flandern, Ludwig von Blois und Hugo von St. Pol, das Versprechen reichlicher Belohnung für ihre Beihülfe[1], zugleich auch die in Aussicht gestellte Kirchenunion[2], die allerdings vor allem dazu dienen sollte, den Papst dem Unternehmen günstig zu stimmen[3], die Unterstützung des Alexius ganz besonders annehmbar gemacht. Die Hauptsache aber war, dass dieser die Verpflichtung einging, nach seiner Einsetzung die Kreuzfahrer durch Truppen, Geld und Lebensmittel zu unterstützen, dass Constantinopel nur eine Etappe auf der Heerfahrt gegen die Ungläubigen bilden sollte[4].

Nachdem so die Führer des Unternehmens für das griechische Projekt gewonnen waren, kehrten Philipps Boten

---

1. Alexius verpflichtete sich, nach seiner Einsetzung 200 000 Mark an die Kreuzfahrer zu zahlen, wie unter den Anmerk. 4 genannten Quellen, l. c., Villh., ep. cruces, ep. Hugonis, Clari, Chron. Halb., Günther unter Angabe der Summe melden; ep. Innoc., Sozom., Dandolo andeuten.

Ernoul (ed. Mas Latrie, p. 360) berichtet: „Là atirerent que li quens de Flandres aroit CM mars, li dus de Venisse CM mars, li marcis CM mars; et li quens de S. Pol. LM mars. Cil avoirs lor fu creautés à doner pour eaus et pour les chevaliers de lor tieres“.

2. Von den Anmerk. 1 genannten Quellen erwähnen das Unionsversprechen l. c. Villh., ep. cruc., ep. Innoc., Rob. v. Aux., Rigord, Günther, Dandolo, Sozom.

Die vier Bischöfe des Heeres (von Troyes, Soissons, Halberstadt, Accon) traten mit zuerst für das griechische Projekt ein: sie gehörten zu denen, die in Zara mit Alexius' und Philipps Boten den Vertrag abschlossen. Riant, Recueil des Quest. Hist. XVIII, p. 22.

3. s. Teil II c. l. dieser Abhandlung (p. 76).

4. Fast sämtliche wichtigen abendländischen Quellen, die den Vierten Kreuzzug ausführlicher behandeln, lassen den jungen Alexius, wie zur Vollziehung der Kirchenunion und zu Geldgeschenken, so zu thatkräftiger Unterstützung der Kreuzfahrt nach seiner Einsetzung sich verpflichten, d. h. nach ihnen betrachteten die beteiligten Mächte die Wendung gegen Constantinopel als einen Umweg, der zwar etwas später, aber dafür um so sicherer zum Ziele führen sollte.

nach Deutschland zurück, während die Kreuzfahrer den Venetianern Zara erobern halfen, jene dalmatische Stadt, die — wie vorher bereits im Jahre 1166 — abermals 1180 das venetianische Joch abgeschüttelt und sich dem Ungarnkönig unterstellt hatte, und um deren Besitz Venedig seitdem langwierige Kriege mit Ungarn — bisher ohne Erfolg — geführt

---

Alexius verpflichtete sich:

a) zu militärischer Unterstützung der Kreuzfahrer. (Er versprach nach seiner Einsetzung entweder selbst am Kreuzzuge teilzunehmen oder 10000 Mann auf ein Jahr mitzusenden, ausserdem 500 Söldner, so lange er lebe, im heiligen Lande zu dessen Bewachung zu halten).

b) zur Lieferung von Lebensmitteln auf ein Jahr;

c) zur Unterhaltung der Flotte auf ein weiteres Jahr. (Dies war eine finanzielle Verpflichtung, sie besagte, dass der junge Alexius den Venetianern die Summe zahlen werde, die sie für die Stellung einer Flotte auf ein weiteres Jahr fordern würden.)

Alle 3 Verpflichtungen erwähnen folgende Quellen:

ep. baronum crucesignatorum (1204) [Tafel u. Thomas, l. c. p. 431] und Robert Clari (ed. Hopf: chroniques gréco-romanes c. XXXII);

a und b erwähnen Villehardouin (ed. Bouchet 1891) c. 48, ep. Hugonis comitis S. Pauli (1204), Tafel u. Thomas, p. 305, Rigord: de gestis Philippi Augusti Bouquet, Bd. XVIII, p. 55, Robert von Auxerre, chronicon MG. SS. XXVI, p. 265.

b und c erwähnt Chron. von Halberstadt MG. SS. XXIII, p. 118.

Allgemeiner Ausdrücke bedienen sich:

Innocenz in seinem Briefe vom 16. Nov. 1202 (Baluze, p. 673) an Alexius III. „promittens eisdem quod tam in subsidium terrae sanctae quam in expensis et donativis eis magnifice responderet", danach Sozomenus von Pistoja Muratori SS. rer. Ital. suppl. Bd. I, p. 83;

ferner: Günther von Paris (ed. Riant: Exuviae Sacrae Constantinopolitanae, Bd. I, p. 85); Dandolo: chron. (Muratori, Bd. XII, p. 322) und die devastatio Constantinopolitana (ed. Hopf, l. c. p. 89), die, zwar erst nach der Einsetzung des Alexius, diesen schwören lässt: „quod per unum annum totum pasceret exercitum, tam Venetos quam peregrinos; iuravit etiam, quod si apud Constantinopolim secum hiemare vellent,

hatte[1]. Es war die Bedingung, unter der die Venetianer, obwohl ihnen noch nicht die ganze Überfahrtssumme gezahlt worden war, den Kreuzfahrern ihre Flotte weiter zur Verfügung stellten[2].

Vor der Abfahrt von Venedig nahmen der Doge und seine Venetianer selbst das Kreuz[3], vornehmlich, um zu beweisen, dass dieses Unternehmen gegen Zara nur eine Episode bilden solle, und dass das Endziel der Fahrt unverändert bleibe.

Die Stadt wurde erobert, und während das Heer dort überwinterte, erschienen Philipps Boten wieder, mit Vollmachten zum Abschluss versehen[4]. Hier liess sich nun ein Teil der Kreuzfahrer, voran die vier Bischöfe des Heeres, von ähnlichen Erwägungen wie die Führer leiten[5], und trat vor allem in dem Gedanken, dass das griechische Unternehmen

---

ipse in proximo Martio venturo cum iis pergeret accepta cruce cum omnibus que habere posset."

Auch der Verfasser der gesta Innocentii III. (ed. Baluze, c. 89) erwähnt „pacta cum eis inita", die Alexius zu halten versprochen habe, „postquam imperium obtineret".

Die zwei wichtigen abendländischen Quellen, die noch übrig bleiben, sprechen zwar nicht von jenen Verpflichtungen: ihre Darstellung der Wendung des Vierten Kreuzzugs gegen Constantinopel ist aber darum keine andere: sie begnügen sich, was diese Wendung betrifft, mit der Konstatierung der Thatsache, dass die Kreuzfahrer für den jungen Alexius eintraten: Sicard von Cremona (Muratori, Bd. VII, p. 619—21). Chron. Altinate MG. SS. XIV. p. 92.

1. Fessler: Geschichte von Ungarn, Band I. p. 266, 271—75, 297, vgl. p. 29 meiner Abhandlung.

2. Siehe vor allem Villehardouin, l. c. c. 34. vgl. p. 82 dieser Abhandlung.

3. Villehardouin, c. 36.

4. Villeh. c. 48. Nach den meisten Quellen erscheinen hier zuerst Gesandte Philipps.

5. Hinzu kam vielleicht noch die Sehnsucht nach den Reliquienschätzen Constantinopels. Riant, Exuviae Sacrae Const. p. XII. Anm. 2.

dem Kreuzzug förderlich sei, für die Fahrt nach Constantinopel ein. Man sagte sich, dass bei der materiellen Notlage, in der das Heer sich befand, bei dem völligen Mangel an Lebensmitteln und Geld, ohne die nötigen Kriegsgeräte man weder in Aegypten noch im heiligen Lande etwas werde ausrichten können, dass man dort Hungers sterben, hier aber eher eine Last als eine Hülfe sein werde. Alle dem wurde abgeholfen, wenn man zuerst nach Constantinopel fuhr und sich da von Alexius gehörig ausstatten liess[1].

---

1. ep. baronum crucesignatorum (1203), Tafel u. Thomas, l. c. p. 429: „Foedere igitur Iaderae confirmato cum . . . Alexio, cum victualibus omnibus et rebus egentes terrae sanctae videremur gravamen potius illaturi, . . . quam iuvamen allaturi, nec terrae Saracenorum in tanta egestate nos crederemus applicare potentes . . . ad urbem Regiam . . . applicuimus. .“

ep. Hugonis comitis Sancti Pauli, l. c. p. 305, die welche, für die Fahrt nach Constantinopel sind „Qui toti exercitui ostendentes manifeste, quod via Jherosolimitana erat omnibus inutilis et damnosa, cum ipsi essent inopes et victualibus immuniti, nec esset aliquis inter eos, qui milites ad stipendia et sarjantos ad solidum detineret, vel qui petrarias faceret protrahi, nec alia instrumenta produci.“

ep. Innoc. VIII. 133 an Bonifaz vom September 1205 (Tafel u. Thomas, l. c. p. 564). Innocenz giebt den Inhalt des Briefes an, in dem Bonifaz über die Wendung des Vierten Kreuzzugs gegen Constantinopel berichtete. Bonifaz habe angeführt, „quod cum vos victualium defectus urgeret, sine quibus non poteratis votum crucis adimplere, licuerit vobis propter causam adeo necessariam operas vestras illi locare, qui iustam causam prosequi videbatur; praesertim cum per hoc intenderetis finaliter ad terrae sanctae succursum et apostolicae Sedis augmentum.“

Robert Clari (ed. Hopf, l. c.) c. 16. Die Kreuzfahrer überlegen sich in Zara „qu'il ne povient mie aler en Babyloine ne en Alixandre ne en Surie, car il avoient ja pres de tout despendu, que ens u sejorner, qu'il avoient fait, que ens u grant loier qu'il avoient donne au navie. Et disent, qu'il ne poient aler et s'il y aloient n'i feroient il nient, qu'il n'avoient ne viande ne avoir, dont il se peussent soustenir.“ c. 33. „Miex nous vient anchois que nous y aillons, que nous conquestons viande et avoir par raisnavle acoison, que nous y aillons pour morir de faim.“ Das ist am besten zu erlangen, wenn

So wurde der Vertrag mit Philipps Boten im Palaste, den der Doge bewohnte, abgeschlossen[1].

Viele Kreuzritter und Pilger drängten zwar voll mystisch-asketischen Eifers zur Fahrt nach Syrien und Tausende von ihnen eilten wirklich dorthin[2]. Aber die grosse Masse, die noch in Corfu, als bereits der junge Alexius beim Heere angekommen war, dieses verlassen wollte, gelang es durch das Versprechen zu halten, dass sie in Constantinopel vom Michaelisfeste an Schiffe zur Weiterfahrt nach Syrien erhalten sollte, falls sie es wünschte[3]. Von Corfu aus richtete man dann — es war im Frühling des Jahres 1203 — den Kurs auf die Hauptstadt des byzantinischen Reiches.

Eine neue Konstellation war eingetreten. Von der schlimmsten Gefahr, die Byzanz vom Abendlande gedroht hatte, der Gefahr, die von dem politischen Ehrgeiz der Nor-

man sich des jungen Alexius annimmt. „Adont si porrons forfaire et il nous offre a venir avec nous et a tenir no navie et nostre estoire encore un an a sen coust."

Grade die letztere Verpflichtung, die also finanzieller Natur war (vgl. p. 39,4), war von grösster Wichtigkeit, da die Kreuzfahrer bei ihren leeren Kassen gar keine Möglichkeit sahen, die Venetianer ein weiteres Jahr zu halten. Ja nach Joh. Lucius: „de regno Dalmatie et Croatie", einem Schriftsteller des XVII. Jahrhunderts (ed. Schwandtner: SS. rerum Ungaricarum, Bd. III, p. 249) sollen diese schon in Zara Schwierigkeiten wegen der Weiterfahrt gemacht haben, weil ihnen noch nicht die ganze Überfahrtssumme (für ein Jahr) bezahlt worden sei. Auch hier ergab sich also als bester Ausweg die Unterstützung des Alexius, der sich ja zur Zahlung grosser Summen an die Kreuzfahrer verpflichtete. In der That haben sie von der ersten Zahlung, die er nach seiner Einsetzung leistete, die Venetianer befriedigt. Clari, c. LVI.

1. vgl. die meisten in p. 39,4 angeführten Quellen l. c.

2. Villehardouin, c. 52—56, Devastatio Constantinopolitana, l. c. p. 88, ep. Hugonis, Tafel u. Thomas, p. 304 u. 305. vgl. weiter unten p. 90 u. 91.

3. Villehardouin, c. 59. cf. ep. Hugonis, p. 305.

mannenkönige und eines Heinrich VI. zu erwarten war, war nur ein matter Schimmer übrig geblieben. An die Stelle des Vernichtungskampfes, den jene mächtigen Herrscher dem Rhomäerreiche drohten, sie, deren Ehrgeiz erst endgültig befriedigt war, wenn sie an der Spitze ihrer Reisigen in die Kaiserstadt am Bosporus einzogen und sich selbst die Krone Constantins aufs Haupt setzten, war die Unterstützung eines byzantinischen Prätendenten durch Philipp von Schwaben getreten. In der That entsprach das Mass von östlicher Politik, das sich für Philipp aus seiner Verwandtschaft mit der Familie des Isaac Angelos ergab, genau seiner Lage; er konnte nicht daran denken, wie sein Bruder, selbst nach der Krone von Constantinopel zu greifen, wo er noch um die deutsche Königskrone zu kämpfen hatte, und musste sich mit dem moralischen Eintreten für einen griechischen Prätendenten begnügen. Er scheint indes gehofft zu haben, dass im Falle sein Schwager ohne Erben stürbe, er selbst als Gemahl von dessen Schwester Irene an seine Stelle treten würde[1].

Zu dem so abgewandelten politischen Antrieb gesellte sich der wirtschaftliche. Er war von vornherein ganz anderer Natur gewesen als der politische Ehrgeiz der Normannenherrscher und Heinrichs VI. Dieser konnte auf die Dauer durch keine Konzession eines griechischen Kaisers befriedigt werden, sondern sah in der Zertrümmerung des byzantinischen Reichs sein Ziel. Dagegen trieb der Handelsgeist die Venetianer nur dann in die Offensive gegen Byzanz, wenn die

---

1. Das darf man doch wohl aus der Stelle in den „Promissa Philippi“ schliessen, die er im Sommer des Jahres 1203 Innocenz III. zugehen liess: (Raynald „Annales Ecclesiastici“ a. 1203 § 29): „Si omnipotens Deus mihi vel leviro meo regnum Graecorum subdiderit . .“; für diesen Schluss spricht auch, dass er in späterer Zeit, nach Alexius' (IV.) Tode, wirklich, wie es scheint, für die Rechte seiner Gattin, wenigstens in der Theorie, eingetreten ist. (chron. Anonymi Laudunensis Bouquet: Rec. des hist. de la France, Bd. XVIII, p. 714.) vgl. Winkelmann: Philipp von Schwaben, p. 528, p. 30, Anm. 1.

Kaiser ihre Privilegien schmälerten, ihre wirtschaftliche Machtstellung im griechischen Reiche bedrohten; sie gaben den Kampf auf, wenn ihre alten Rechte gewährleistet wurden und gefährdeten also niemals unbedingt die Existenz des Rhomäerreichs. Wie sie früher durch Brandschatzung der griechischen Inseln, durch ein Bündnis mit den Normannen einen Druck auf die Kaiser ausgeübt hatten, so hatten sie noch kurz vorher durch die Drohung, einen Prätendenten zu unterstützen, ihr Privileg ertrotzt. Jetzt machten sie einfach ihre Drohung wahr. Das war schliesslich auch der sicherste Weg, zum Ziele zu gelangen: sie beseitigten einfach den Kaiser, der ihnen lästig war und setzten einen neuen an seine Stelle, der ihnen als Preis für ihre Beihülfe das Handelsmonopol in seinem Reich versprechen musste.

Es bleiben die Kreuzfahrer. Wie kam es, dass sie, die doch im vorigen Jahrhundert wiederholt die Vernichtung des griechischen Reichs geplant hatten, sich jetzt für die deutsch-venetianische Prätendentenpolitik gewinnen liessen, die nichts als einen Thronwechsel in Byzanz erwirken wollte?

Auch aus der Kreuzzugsidee ergab sich eben nur eine bedingte Feindschaft gegen das griechische Reich: nur sofern die Griechen den Kreuzfahrern Hemmnisse bereiteten, galt es sie zu bekämpfen. Am deutlichsten zeigt sich das bei Friedrich Barbarossas Kreuzzug. Er war unternommen worden lediglich mit der Absicht, dem heiligen Lande Hülfe zu bringen. Da verwehren die Griechen den Durchzug, und alsbald fasst Friedrich den Entschluss, sich denselben durch Eroberung Constantinopels zu erzwingen. Als jedoch die Griechen ihre Feindseligkeit aufgeben, lässt er den Plan fallen und eilt dem heiligen Grabe zu.

Aber die Frage konnte auch prinzipiell gefasst werden: „es ist bekannt, dass die Griechen den Kreuzzügen Hemmnisse in den Weg legen und die Kreuzfahrerstaaten bedrohen, wie also kann das lästige Hindernis dauernd beseitigt werden, und kann man zugleich bewirken, dass dasjenige Reich, welches dem heiligen Lande am nächsten liegt, statt der Sache des Kreuzes feindlich zu sein, sie vielmehr fördert?“

Im XII. Jahrhundert ist infolge des Einflusses der normannischen Eroberungspolitik auf die Kreuzzugsidee die Frage dahin beantwortet worden, dass eine Invasion der Abendländer in das byzantinische Reich nötig sei, sodass ein abendländischer Herrscher auf dem Thron von Constantinopel den Kreuzfahrern freie Bahn zum heiligen Grabe sicherte und selbst es schützen hälfe: eine andere Lösung ergab sich jetzt durch eine Verschmelzung der Kreuzzugsidee mit der deutsch-venetianischen Prätendentenpolitik. Nicht mehr Vernichtung des griechischen Reiches bildete die Parole, sondern die Einsetzung eines kreuzzugsfreundlichen, griechischen Fürsten. Nicht mit Gewalt, sondern auf friedlichem Wege sollte jenes grosse Ziel erreicht werden, dadurch, dass man dem jungen Kaiserspross zu seinem Rechte verhalf, der die Politik seiner Vorgänger zu verlassen und fortan die finanziellen und militärischen Mittel seines Reiches für die Sache Christi nutzbar zu machen verhiess.

Nun hatten ja aber neben der Sorge um das Gedeihen der Kreuzfahrt andere Interessen, teils ebenfalls idealer, teils materieller Natur, die Kreuzfahrer des XII. Jahrhunderts zu Feinden des griechischen Reiches gemacht. In welcher Weise fanden sie bei dem neuen Projekt Befriedigung?

Einmal dadurch, dass Alexius sich zu grossen Geldversprechungen an die Kreuzfahrer herbeiliess, und andererseits durch dessen Verpflichtung, dem leidigen Schisma ein Ende zu machen und die Griechen zur Angliederung an die abendländische Kirche, zur Unterordnung unter den Papst zu bewegen. Damit wurde sowohl den weltlichen wie den katholischen Antrieben ihr subversiver Charakter genommen, der Begehrlichkeit manches Kreuzfahrers wie dem Eifer des rechtgläubigen Christen geschah jetzt bei der Einsetzung des Alexius dasselbe Genüge, wie er es einst von der Vernichtung des griechischen Reiches erwartet hatte. Hinzu trat noch das lebendige Legitimitätsgefühl der Abendländer, das es verdienstvoll erscheinen liess, einen Usurpator, der nur durch die Blendung seines Bruders zum Throne gelangt war, zu stürzen und den rechtmässigen Erben einzusetzen[1].

So ist es zur Wendung des Vierten Kreuzzugs gegen Constantinopel gekommen.

Die verwandtschaftlich-dynastische Politik Philipps von Schwaben, ein Ausläufer der grossen Eroberungspläne Heinrichs VI., die venetianische Handelspolitik und die Interessen der Kreuzfahrer haben sich mit einander verschmolzen. Wie Philipp und die Venetianer, erwarteten auch die Kreuzfahrer von Alexius die Befriedigung ihrer persönlichen und ausserdem ihrer kirchlichen Interessen, aber wie Philipp ohne Gewissensbedenken sich bemüht hatte, die Kreuzfahrer für die Rückführung seines Schwagers zu gewinnen, der Doge und der Venetianer keineswegs heuchelten, wenn sie vor der Abfahrt von Venedig das Kreuz nahmen, da ja das Endziel des Kreuzzugs unverändert blieb, so war

1. ep. crucesign: Tafel u. Thomas, p. 429. „. . . verisimilibus quidem rumoribus et argumentis inducti, quod dicti Alexii suspiraret adventum regiae pars potior civitatis et pondus Imperii, quem electione concordi cum sollempnitate debita Imperiali diademate sublimasset . . .“. Robert v. Auxerre MG SS XXVI. p. 265. Günther (ed. Riant, Exuviae s. C. p. 85): „quia pium eis videbatur, si fieri posset, legitimum haeredem, crudeliter deiectum, in sedem suam reducere“; Clari (ed. Hopf, c. XXIX): die Priester antworten den Kreuzfahrern auf ihre Frage, ob es Sünde sei, nach Constantinopel zu fahren „puisqu'il avoient le droit oir, qui deserites estoit, bien li poioient aidier a sen droit conquerre et de ses enemis vengier.“ —

Die Thronrevolutionen, die in Byzanz etwas ganz Gewöhnliches waren, verletzten das Rechtsgefühl der Abendländer. So hatte auch die Kreuzfahrer des Jahres 1101 die Thatsache gegen Alexius I. erbittert, dass er auf unrechtmässige Weise zum Throne gelangt war. Eççehard, Hierosolymitana (ed. Hagenmeyer p. 236): „Hic est, inquiunt, perfidus ille Alexius, qui domino suo Michaeli (in Wirklichkeit war es Nicephorus Botoniates) per quorundam Alamannorum auxilium depulso imperium eius usurpavit ipsosque sui sceleris cooperatores exilio damnatos necari fecit.“

vor allem für die übrigen Kreuzfahrer die Erwägung ausschlaggebend, dass die Fahrt nach Constantinopel nur einen Umweg bedeutete, der zwar etwas langsamer, aber dafür um so sicherer zu dem Ziele, das sie sich gesteckt: der Bekämpfung der Ungläubigen und der Befreiung des heiligen Landes, führen sollte[1]. Indem so die drei Mächte sich in dem Wunsche zusammenfanden, den jungen Alexius auf dem

---

1. Überraschend klar hat Günther von Paris die Momente erkannt, die für die Wendung des Vierten Kreuzzuges gegen Constantinopel entscheidend waren. Er sagt (l. c. p. 85), die Kreuzfahrer hätten sich zur Unterstützung des Alexius entschlossen:

„tum ob gratiam regis Philippi qui nostros pro ipso attentius supplicabat;

tum quia pium eis videbatur, si fieri posset, legitimum regni haeredem, crudeliter deiectum, in sedem suam reducere;

tum etiam propter eiusdem iuvenis preces atque promissa, qui, si restitutus foret, magnum peregrinis omnibus et tunc et postea praestare posset auxilium;

aderat autem et illud, quod eamdem civitatem S. Romane ecclesie noverant esse rebellem et odiosam, nec putabant eius oppressionem a nostris summo pontifici, vel etiam Deo plurimum displicere.

Sed et Veneti quorum navigio utebantur, ad hoc precipue impellebant, partem in spe promisse pecunie, cuius illa gens maxime cupida est, partim vero pro eo, quod eadem civitas multitudine navium freta in toto illo mari principale sibi dominium arrogabat.

Harum omnium rerum et forte aliarum concursu illud actum est, ut omnes in favorem iuvenis unanimiter consentirent et ei suum pollicerentur auxilium.“

Wenn wir etwa aus dem Passus, der den Venetianern gewidmet ist, das „in spe promisse pecunie“ herausnähmen, und als selbständigen Paragraphen hinter „displicere“ einrückten:

„tum etiam in spe promisse pecunie“,

so hätten wir sämtliche entscheidenden Momente beisammen. Bei der hieran sich anschliessenden Bemerkung, es sei Gottes Ratschluss gewesen, die Griechen wegen ihrer Überhebung zu strafen, hat Günther nicht mehr den ursprünglichen Plan der Kreuzfahrer, sondern das endliche Schicksal des griechischen Reichs im Auge. vgl. p. 55,1.

Throne von Constantinopel zu sehen, geschah das Merkwürdige, dass gerade diejenige Unternehmung des Abendlandes, die der stolzen Kaiserherrlichkeit von Ostrom ein Ende bereiten sollte, ins Leben trat als ein Versuch, die grossen Gegensätze, die den christlichen Orient und Occident trennten, auf friedlichem Wege auszugleichen.

b) **Die Einsetzung Alexius' IV., sein Bruch mit den Kreuzfahrern und die Eroberung Constantinopels durch die Lateiner.**

Das grosse Unternehmen gelang. Zwar hatten sich die Kreuzfahrer getäuscht, wenn sie, als sie nach Constantinopel fuhren, glaubten, die Griechen würden ihrem rechtmässigen Herrscher — denn als solcher galt der junge Alexius allgemein im Abendlande — sofort zujubeln und den Usurpator verjagen. Vergebens zeigten sie den Prätendenten von einem Schiffe aus den Einwohnern der Stadt: keine Hand rührte sich für ihn[1]. Aber bereits nach vierzehntägiger Belagerung verliess der Kaiser flüchtig Constantinopel, sein Bruder Isaac wurde von den Griechen auf den Thron erhoben[2], und nachdem er dieselben Verpflichtungen wie sein Sohn eingegangen war[3], hielten die Kreuzfahrer mit dem jungen Alexius im Triumph ihren Einzug in die Kaiserstadt.

1. Diese Thatsache erfahren wir aus zahlreichen Quellen:
Villehardouin, l. c. p. 71—73.
Clari, l. c., c. XLI (p. 35).
Dandolo, l. c. p. 322.
Sicard v. Cremona, l. c. p. 619; chr. Altinate, l. c. p. 93.
Georgius Acropolita (ed. Bonn.) p. 7.; endlich aus der
ep. baronum cruces, l. c. p. 429 u. 430 und
ep. Hugonis, l. c. p. 306.

2. Nicetas, p. 727.

3. Villehardouin, c. 93—95: Isaac beschwört Punkt für Punkt die Verpflichtungen seines Sohnes. cf. c. 48.
Dandolo, l. c. p. 322: „Pacta de obedientia Romanae ecclesiae et succursu terrae sanctae renovantur et confirmantur."
Nicetas, p. 728.

Nichts liess in diesen ersten Tagen die späteren Verwicklungen ahnen. Die Kreuzritter wurden als Retter und Befreier begrüsst und genossen die höchsten Ehren, und was das wichtigste war, die beiden Kaiser begannen sich ihrer Verpflichtungen zu entledigen, indem sie mit vollen Händen spendeten[1].

Der Zweck der Fahrt nach Constantinopel war erfüllt. Der deutsche König sah seinen Schwager auf dem Throne Constantins und mochte sich mit der Hoffnung schmeicheln, wenn dieser ohne Erben stürbe, selbst ihn zu besteigen; den Venetianern war als Lohn für ihre Beihülfe die Herstellung ihrer Handelsherrschaft in Romanien, unter grösster Einschränkung oder gar Ausschluss der Concurrenz ihrer italienischen Rivalen, sicher. Zunächst erhielten sie Geld in Fülle, ebenso wie die übrigen Kreuzfahrer. Und wie deren persönliche, so schienen auch ihre kirchlichen Wünsche in Erfüllung gehen zu sollen, da der junge Kaiser ein feierliches Schreiben an den Papst richtete, in dem er die Kirchenunion herbeizuführen versprach[2].

Mit der Befriedigung aller dieser Interessen stand aber auch die Krönung des ganzen Werkes, die Fortsetzung der Kreuzfahrt, in Aussicht. Die breite Basis für die Unternehmung gegen den Islam, die man im vergangenen Jahrhundert durch Vernichtung des griechischen Reiches zu schaffen gesucht hatte, sie war jetzt durch ein Bündnis zwischen den Griechen und Kreuzfahrern hergestellt.

---

1. Villehardouin, c. 96 u. 97, Nicetas, p. 728 u. 729, Günther, p. 89. Dandolo, p. 322, chron. Altinate, p. 93.

Die Kreuzfahrer benutzten einen Teil des Geldes, um sich ihrer Verpflichtungen gegenüber den Venetianern zu entledigen: sie hatten bekanntlich in Venedig nicht die ganze Überfahrtssumme zahlen können und Aufschub erhalten, als sie in die Expedition gegen Zara einwilligten. Clari, c. 56, Rigord, Bouquet, XVIII, p. 56. vgl. p. 41.

2. Tafel und Thomas, p. 426—428.

Zwar mussten sich letztere zu einem Aufschub des Kampfes gegen die Ungläubigen verstehen, da Alexius IV. sich nicht imstande fühlte, bis zu dem für die Abfahrt festgesetzten Termin seine Verpflichtungen zu erfüllen, aber im folgenden Frühjahr sollte mit vereinten Kräften der Feldzug begonnen werden[1]. Schon sandte man hochtönende Manifeste an den Sultan von Aegypten und verhiess den Brüdern im heiligen Lande die nahe Befreiung[2].

Noch war man jedoch nicht so weit. Ehe man auf Alexius' Hülfe rechnen konnte, galt es ihn zum Herrn im Lande zu machen, und so durchzog denn ein Teil des Kreuz-

---

1. Villehardouin, c. 98. Alexius verspricht „se vos demoressiez trosque al Marz, je vos alongeroie vostre estoire de la feste St. Michel (des Jahres 1203) en un an et paieroie le costement as Venisiens, et vos donroie ce que mestiers vos seroit trosque à la Pasque (1204), et dedenz cel termine aroie ma terre si mise à point que je ne la poroie reperdre et vostre convenence si seroit attendue, que (= parceque) je araie l'avoir paié, qui me vendroit de par totes mes terres et je seroie si atornez de navie de aler avec vos ou d'envoier si con je le vos ai covent et lors ariez l'esté (1204) de lonc en lonc por ostoier."

(c. 99): In dem Parlament, das darauf berufen wird, siegt die Meinung derer, die erklären: „se nos atendons trosque al Marz, nos lairons cest empereor en bon estat et nos en irons riche d'avoir et de viande et puis nos en irons en Surie et corrons en la terre de Babiloine . . . . et ensi porra estre la terre d'oltremer recovrée", und es wird beschlossen „que li Venisien jurerent un an de la feste St. Michel à retenir l'estoire et l'emperere Alexis lor dona tant que fait fu, et li pelerin lor jurerent la compaignie à tenir si con il avoit foit altre foiz à cel termine meismes."

ep. Cruces.: diese Stelle ist nicht abgedruckt bei Tafel u. Thomas (l. c. p. 431), sondern nur in der Ausgabe des Briefes bei Bouquet (Recueil. XVIII, p. 516):

„Et ibidem hiemem Deo dante facturi ad partes Aegypti proximo passagio transmeare tam certo proposito quam irrevocabili iuramento . . . sumus astricti."

ep. Hugonis comitis Sancti Pauli, Tafel u. Thomas, p. 311: „noveritis etiam, quod accepimus tornamentum contra Soldanum Babyloniae ante Alexandriam."

2. ep. Cruces. (Bouquet, XVIII, p. 516).

heeres mit ihm Thracien, wo ihm aller Orten gehuldigt wurde[1].

Wichtiger wäre eine Festigung seiner Herrschaft in der Hauptstadt gewesen. Denn dort kannte der Hass gegen die neue Regierung keine Grenzen. Wie waren die Kreuzfahrer doch im Irrtum gewesen, wenn sie die Weigerung der Hauptstädter, den Prätendenten aufzunehmen, der Überredungskunst des Usurpators oder der Furcht vor ihm zugeschrieben hatten[2]: das griechische Volk selbst hatte gesprochen, als es den Schützling der Lateiner verschmähte. Jetzt war ihm dessen Regiment mit Gewalt aufgezwungen worden, und aufs tiefste entrüstete es die völlige Abhängigkeit seines Herrschers von den Lateinern, in deren Kreis er seiner Würde oft ganz vergass; besonders böses Blut machte es auch, als er und sein Vater die Kirchen plünderten, um die Franken bezahlen zu können, und als die Vorbereitungen zur Kirchenunion begannen[3].

Es zeigte sich nun, dass es ein unglückliches Experiment gewesen war, durch abendländische Waffen den Griechen einen Herrscher aufzwingen zu wollen. Trügerisch war der Glaube gewesen, das Machtwort eines Kaisers, der unter dem Drucke der Umstände versprochen hatte, was man von ihm verlangte, werde genügen, in Constantinopel eine kirchlich-politische Umwälzung grössten Stils im Sinne des Abend-

---

1. Villehardouin, c. 101 u. 102, Clari, c. 57, Devastatio Constantinopolitana (ed. Hopf, chron. Gréco-romanes, p. 90).

2. ep. cruces. Tafel und Thomas, l. c. p. 429 u. 430.

„Imperii siquidem crudelissimus incubator . . . potentes simul et plebem sermonibus adeo infecerat venenatis, ut ad subversionem libertatis antiquae Latinos assereret adventare, qui Romano pontifici locum et gentem restituere properarent et Latinorum legibus Imperium subiugare."

Villhardouin, c. 73: „por la tremor et por la dotance de l'empereor Alexis."

3. Nicetas, p. 736 u. 737, 729; Ibn-el-Athiri, chronicon, ed. Tafel und Thomas in Fontes rer. Austr., Bd. XIV, p. 459, vgl. Hopf, l. c. p. 194.

landes herbeizuführen[1]. Die Unmöglichkeit für die neue Regierung, auch nur ihren finanziellen Verpflichtungen nachzukommen, führte sie schliesslich zum Bruch mit ihren Beschützern[2].

Aufs neue sahen sich die Kreuzfahrer, die, um Konflikte mit den Griechen zu vermeiden, sich ausserhalb der Stadt gelagert hatten[3], vor die Riesenaufgabe gestellt, die grösste Stadt und stärkste Festung der damaligen Welt zu erobern.

Zunächst scheinen die Belagerer noch nicht klar das Ziel ins Auge gefasst zu haben, dem griechischen Reiche ein Ende zu machen[4]. Es scheint, dass sie daran gedacht haben, den jungen Alexius, der, wie sie annahmen, nur infolge seiner Notlage und durch den Einfluss seiner Umgebung, besonders seines Vaters Isaac, wortbrüchig geworden war[5], auf dem Throne zu belassen, indem eine verlängerte Okkupation der Stadt und scharfe Massregeln gegen die widerspenstigen Unterthanen des Kaisers diesem doch noch die Erfüllung seiner Versprechungen ermöglichen würden.

---

1. Nicetas, p. 728: „ὑπὲρ γὰρ τοῦ μὴ τῆς πατρῴας ἀρχῆς ἀποτεύξασθαι πάντα πράττων Ἀλέξιος χάλιφρον καὶ πραγμάτων ἀδαὲς μειχάριον, οὔτε ἠκριβολόγησέ τινα τῶν ζητημάτων οὔτε μὴν τὸ μισορώμαιον φρόνημα τῶν Λατίνων ὁπωσοῦν ἐβάλετο κατὰ νοῦν.“ (Eher könnte man umgekehrt sagen: er rechnete nicht mit der lateinerfeindlichen Gesinnung der Rhomäer).

2. ep. Balduini (1204) Tafel u. Thomas, p. 503, Villhardouin, c. 107—110, Clari, ed. Hopf (l. c.) c. 58 u. 59, chron. Altinate MG. SS. XIV, p. 93.

3. ep. Balduini, l. c. p. 503; Günther v. Paris, l. c. (p. 39,4) p. 89; Clari, c. LV; Villhardouin, c. 97.

4. Die Quellen lassen diesen Entschluss erst nach der Thronbesteigung Alexius' V. und der Erdrosselung Alexius' IV. hervortreten (Villehardouin, c. 113, chron. Altinate MG. SS. XIV, p. 92). Da erst wird auch der Teilungsvertrag abgeschlossen (Tafel u. Thomas, l. c. p. 445—452).

5. ep. Balduini imperatoris (1204), Tafel u. Thomas, p. 503: „seu innata malitia seu Graecorum seductus perfidia“; chron. Altinate l. c. „de consilio iniqui sicut creditur patris ceci“. Anonymus Suessionensis in Exuv. sacrae Constantinopolitanae von Riant, p. 5: „patris sui utroque lumine orbati et consilio Graecorum deceptus“.

Da aber fegte eine Revolution die Angeli vom Throne hinweg. Mit Murzuphlos trat ein nationaler Herrscher an ihre Stelle. Seine Erhebung war ein Protest gegen das erst lateinerfreundliche, dann kraftlose Regiment seiner Vorgänger: Feindschaft den Abendländern und Kampf bis aufs Messer, das waren die Losungsworte des neuen Herrschers, der sich ebenfalls Alexius nannte[1].

Umsonst suchten die Kreuzfahrer ihn zur Abdankung zu Gunsten des eingekerkerten Alexius — der alte Isaac war während der Revolution gestorben — zu bewegen[2]. Durch dessen Erdrosselung im Gefängnis schnitt er jede Möglichkeit einer Verständigung ab. Selbst aber die Verpflichtung, die dieser auf sich genommen hatte, zu erfüllen, war er so weit entfernt, dass er erklärte: „lieber wolle er sein Leben verlieren und solle Griechenland zu Grunde gehen, als dass er dem heiligen Lande Hülfe brächte und die griechische Kirche lateinischen Priestern sich unterordne“[3].

Unter diesen Umständen gaben die Kreuzfahrer den Gedanken auf, der sie nach Constantinopel geführt hatte. Ein friedliches Zusammengehen mit den Griechen hatte sich als unmöglich erwiesen; wollte man also erreichen, was man sich vorgesetzt: die Kirchenunion und Unterstützung des heiligen Landes durch die Griechen, wollte man nicht verzichten auf die Befriedigung der sonstigen Interessen, die man von Alexius IV. erwartet hatte, so musste man selbst die Zügel

1. vgl. Hopf, p. 196.

2. ep. Balduini, l. c. p. 505; vgl. Chron. v. Nowgorod ed. Hopf, l. c. p. 96.

3. ep. Balduini, l. c. p. 505: „obedientiam autem Romanae Ecclesiae et subventionem Terrae sanctae, quam iuramento et scripto Imperiali firmarat Alexius, adeo refutavit, ut vitam amittere praeeligeret Graeciamque subverti, quam quod Latinis pontificibus orientalis Ecclesia subderetur.“ Dass er hierzu aufgefordert worden, berichtet auch Nicetas, p. 751: es seien gefordert worden „συμφωνίαι τινὲς ἐπ αὐτοῖς ἀποκναίουσαι καὶ δυσπαράδεκτοι τοῖς γευομένοις ἐλευθερίας καὶ εἰωθόσιν ἐπιτάσσειν, οὐκ ἐπιτάσσεσθαι καὶ Λακωνικαὶ βαρεῖαι κρινόμεναι μάστιγες.“

der Regierung in Constantinopel in die Hand nehmen[1]. Zugleich galt es, den Usurpator wegen des schweren Verbrechens, dessen er sich schuldig gemacht, der Ermordung seines rechtmässigen Herrn, zu strafen[2]. So fasste man gemeinsam den Beschluss, dem griechischen Reich ein Ende zu bereiten und ein lateinisches Kaiserreich an seiner Stelle zu errichten[3].

Nach zweimonatlicher hartnäckiger Belagerung fiel Constantinopel den Abendländern in die Hände.

Es ist bekannt, welch' ein schreckliches Schicksal die herrliche Kaiserstadt traf[4]. Jetzt, wo die Unmöglichkeit einer

---

1. Villehardouin, c 113 (zur Erwirkung der Kirchenunion), ep. Balduini, p. 506 („pro honore sanctae Romanae Ecclesiae et subventione Terrae sanctae"), Clari, c. LXII (zur Durchsetzung alles dessen, was Alexius versprochen hatte).

Gut fasst Günther (ed. Riant, p. 85) die entscheidenden Momente zusammen. Wie nach Günther Gott, so planten auch dessen Werkzeuge, die Kreuzfahrer, als sie Constantinopel zu erobern beschlossen. Er sagt: Es war Gottes Ratschluss, „quod gentem illam elatam ex rerum opulentia ab illo fastu suo deprimi et ad pacem et concordiam sancte universalis ecclesie revocare hoc ordine disponebat. Congruum quippe videbatur, ut gens illa, que aliter corrigi non valebat, paucorum cede et rerum temporalium, quibus intumuerat, amissione puniretur, ut et populus peregrinus superborum spoliis ditesceret et terra tota in nostram transiret potestatem et occidentalis ecclesia sacrosanctis reliquiis, quibus illi se indignos reddiderant, illuminata perpetuo letaretur. (p 86) Accidit autem et illud quod utique magnum est, quod sepe dicta civitas, que semper infida peregrinis exstiterat, deinceps volente Deo mutatis civibus, fida et unanimis permanebit, et nobis ad expugnandos barbaros et ad Terram Sanctam obtinendam ac possidendam quanto vicinius tanto prestantius ministraret auxilium "

2. Siehe sämtliche in voriger Anmerkung citierten Quellen und chron. Altinate, MG. SS. XIV, p. 93.

3. s. den Teilungsvertrag vom März 1204 bei Tafel und Thomas, p. 444—452.

4. s. vor allem Nicetas, l. c. p. 758 ff.; tief ergreifend sind seine Klagen über den Untergang des griechischen Reichs und das Schicksal der Hauptstadt; ferner Ibn-el-Athiri, l. c. und die Chronik von Nowgorod bei Hopf, chroniques Gréco-romanes, p. 97, auch Ernoul, p. 375, Günther, p. 102. Auch aus Briefen Innocenz' III. erfahren wir, wie

Verständigung zwischen Abendländern und Griechen offenbar geworden war, kannten die Eroberer, noch dazu erbittert durch die Mühen einer langen Belagerung, kein Erbarmen mehr. In diesen Schreckenstagen nahmen die Venetianer, in Gemeinschaft mit den in Constantinopel ansässigen Kolonisten aus dem Abendlande, die bereits vorher in das Lager der Kreuzfahrer übergesiedelt waren[1], Rache für die Unthaten, die zu wiederholten Malen gegen ihre Mitbürger dort verübt waren, die französischen und deutschen Pilger aber zahlten den Griechen heim für das treulose und verräterische Verhalten, das sie ein Jahrhundert hindurch gegenüber den Kreuzheeren des Occidents befolgt hatten.

c) Inwieweit wurden die deutschen, venetianischen und Kreuzzugsinteressen im lateinischen Kaiserreiche durchgesetzt?

Eine lange Entwicklungsreihe war beendet: das Ostreich war dem Ansturm des Abendlandes erlegen, „Graecorum terra ex regnorum numero excidit et Franci ea potiti sunt“[2].

Fragen wir uns nun: inwieweit sind die politischen, wirtschaftlichen und religiösen Interessen, die verschiedene Mächte des Abendlandes an die Einsetzung Alexius' IV. geknüpft hatten, auch beim Sturz des byzantinischen Reichs und der Errichtung einer lateinischen Kaiserherrschaft an seiner Statt durchgesetzt worden?

Philipp von Schwaben ist so gut wie leer dabei ausgegangen. Seit sein Schwiegervater gestorben war, sein Schwager im Kerker sein Leben geendet hatte, waren die Interessen, die die Kreuzfahrer vertraten, nicht mehr die seinigen. Höchstens mochte es ihn mit Genugthuung erfüllen,

---

die Kreuzfahrer in Constantinopel gehaust haben, so aus dem Briefe an Bonifaz v. Montferrat, Tafel u. Thomas, l. c. p. 563. vgl. Hopf, l. c. p. 189; Hertzberg, p. 366.

1. Villehardouin, c. 104; Georgius Acropolita ed. Bonn, p. 8 u. 9. Günther, p. 102.

2. Chron. v. Nowgorod, ed. Hopf in chroniques gréco-romanes, p. 98.

dass der Mörder seines Schwagers, Alexius V., von ihnen verjagt, und als er bald darauf in ihre Hände fiel, auf furchtbare Weise hingerichtet wurde[1]. Und dass man ihn nicht ganz vergass, beweist der Umstand, dass Bonifaz Alexius III. und dessen Gattin, die in seine Hände gefallen waren, nach Deutschland sandte[2].

Doch was half Philipp schliesslich der Sturz dieser Kaiser und ihres Reichs, wo an dessen Stelle ein Staatengebilde getreten war, das völlig unabhängig von deutschem Einfluss blieb, wo der Anspruch auf den Thron von Constantinopel, den er nach dem Tode des jungen Alexius für seine Gattin und deren Nachkommen erheben konnte, bei der Neugründung am Bosporus völlig übergangen wurde? Aus diesem Grunde scheint er auch zeitlebens die lateinischen Kaiser als Usurpatoren betrachtet zu haben: so nannte er Kaiser Heinrich einen „advena, solo nomine imperator“ und verwehrte ihm seine Tochter, um die jener anhielt, denn sie stamme väterlicher- und mütterlicherseits aus kaiserlichem Geblüt, und ihr gebühre sowohl das westliche wie das östliche Imperium. Nur unter Einer Bedingung erklärte er sie Heinrich zur Gattin geben zu wollen, wenn dieser ihn als den wahren römischen Kaiser anerkennen und sein Lehnsmann werden wolle[3]. Aber der Kaiser von Constantinopel

---

1. Er wurde von der Säule des Theodosius in Constantinopel herabgestürzt. Hertzberg, p. 377.

2. Nicetas, p. 819: „καὶ τὸν δυσπραγῆ ἐν βασιλεῦσιν Ἀλεξιὸν . . . καὶ Εὐφροσύνην διαποντίους τῷ τῶν Ἀλαμανῶν ἐξεπέμψεν ἄρχοντι.“ Sie kamen nur bis Montferrat. cf. Riant, Revue des Quest. Hist. XVIII. 68.

Ebensowenig wie diese Übersendung vermochte Philipp das Obereigentum über die Reliquien, die deutsche Kreuzfahrer aus Constantinopel mitbrachten (Riant, l. c.), wegen der Übergehung seiner Ansprüche auf den Thron zu trösten.

1. Chron. Anonymi Laudunensis. Bouquet, Bd. XVIII, p. 714.

„Fuit quoque uxor Othonis ex filia Isaaci, imperatoris Graecorum, unde Philippus, dux Suevorum, dum viveret, ab Heinrico, imperatore

dachte nicht daran, und so hat Philipp selbst diesen Anspruch auf Oberhoheit nicht durchzusetzen vermocht.

Erinnern wir uns hier, dass Philipps östliche Politik nichts anderes war, als die Fortführung der grossen Eroberungspläne seines Bruders Heinrich, soweit dies eben in seinen Kräften stand. Aufs kläglichste wurde jetzt dessen stolzes Kaiserideal zu Grabe getragen.

Wenn Philipps Rechte bei der Gründung des lateinischen Kaiserreichs nicht gewahrt worden sind, so lag es einfach daran, dass er nicht selbst bei der Beratung über die Kaiserwahl sein Schwert in die Wagschale werfen konnte, oder dass er nicht wenigstens durch eine Macht im Kreuzheer vertreten war, die sich unbedingt für ihn verwandt hätte. Solange die Interessen der Führer des Kreuzheeres und der Venetianer sich mit denen Philipps deckten, alle bei der Einsetzung des jungen Alexius ihre Rechnung zu finden hofften, lag Philipps Sache in guten Händen. Als aber Alexius nicht mehr war, und es sich darum handelte, selbst Besitz zu ergreifen: was war da den Kreuzrittern und Venetianern der deutsche König in der Ferne! Sie waren es, die Constantinopel erobert hatten, sie wollten dort auch die Herren bleiben.

Verweilen wir zunächst bei den Venetianern.

Sie haben bei der Teilung des griechischen Reiches einen vollgültigen Ersatz für das gefunden, was sie, als sie nach Constantinopel fuhren, von dem jungen Alexius zu erlangen gehofft hatten. Ja, mehr als das. Zwar die Stellung als

Constantinopolitano, requisitus, ut filiam suam ei mitteret uxorem, respondit: »Putavitne advena ille, solo nomine imperator, filiam habere uxorem, ex utraque parte ex imperatoria stirpe editam, cui etiam orientale et occidentale imperium debetur iure parentum?« Post paululum subridens ait: »Verum, si me imperatorem Romanum, dominum suum, velit recognoscere, mittam haeredem imperii illi in uxorem.« Nuntiis ei respondentibus se domini sui voluntatem nescire res est indutiata.“ (citiert von Riant, Revue des Quest. Hist. XXIII, p. 108.)

führende Handelsmacht in Romanien, wie sie ihnen nach der Invasion der Lateiner dort zuteil ward, wäre ihnen auch unter einem mit ihrer Beihülfe eingesetzten griechischen Kaiser beschieden gewesen. Aber der Unterschied war, dass diese Stellung jetzt ganz anders gesichert war, als je zuvor in griechischer Zeit.

Denn wenn Venedig auch auf die Begründung eines grossen venetianischen Kolonialreichs, bestehend aus Teilen des griechischen Festlandes und einer Anzahl griechischer Inseln, verzichtete, so schuf es doch auf zweierlei Weise eine feste Basis für seine Handelsbeziehungen innerhalb der neuen Staatenwelt des Ostens[1]. Einmal entsagte es nicht völlig eigenem Besitz in dem Teile des byzantinischen Reiches, der ihm nach dem vor der Eroberung Constantinopels zwischen Venetianern und Kreuzfahrern abgeschlossenen Vertrage zufallen sollte. Das Grundprinzip war zwar, denjenigen Dynasten, die sich in diesen Ländern bereits zu Herren gemacht hatten, ihr Gebiet zu belassen und sich mit ihrer Lehnshuldigung und einem glänzenden Handelsvertrage zu begnügen, aber dabei nahmen die Venetianer meist gewisse Küstenstriche von ausgezeichneter Lage in unmittelbaren Besitz, von denen aus sie dann mit jenen Herren in Verbindung traten. Solche Stützpunkte waren Durazzo in Epirus, Modon und Corone im Peloponnes; auch Negroponte auf Euböa, wo die Venetianer ein grosses Quartier besassen, kann man hierher rechnen. Von höchster Wichtigkeit endlich war der Besitz von Gallipoli, durch den Venedig die Vormacht an den Dardanellen wurde. Das andere Mittel, ihre Handelsherrschaft in Romanien fest zu begründen, war die Besetzung eines grossen Teils der griechischen Inseln durch venetianische Bürger. Entweder wurden dieselben durch die Gesamtmacht der Mutterstadt erobert und dann in Teilen an Bürger zu Lehen gegeben,

1. Die folgende Zusammenfassung beruht auf der Schilderung, die Heyd, l. c. (p. 26,2) p. 270—307, von der Stellung der Venetianer im lateinischen Kaiserreich entwirft.

wie Corfu und Creta, oder venetianische Edle zogen auf eigene Hand aus und eroberten sich Fürstentümer auf griechischem Boden. So fand im Jahre 1207 die Expedition Sanutos statt, die mit der Begründung des Herzogtums Naxos und einer Reihe anderer Inselherrschaften endete. Diese Inselfürsten dependierten meist vom Kaiser von Constantinopel, und die Mutterstadt liess es ruhig geschehen, ihr kam es hauptsächlich darauf an, dass der venetianische Einfluss dort gesichert blieb. Die wichtigste aller Inseln war Creta, von wo aus Venedig das Ostbecken des Mittelmeers beherrschte.

Die Zentralleitung aller venetianischen Besitzungen im Lateinerreich befand sich bei dem Podestà in Constantinopel, der nicht unter, sondern neben dem Kaiser stand; er entschied über die Zulassung anderer Handelsmächte im Reich. Und wie Venedig so im Inneren eine beherrschende Stellung einnahm, so begann es auch nach auswärts um sich zu greifen: es knüpfte Handelsbeziehungen mit den Städten im Norden des Schwarzen Meeres und mit den türkischen und griechischen Machthabern Kleinasiens an.

Die Dogen nahmen damals den Titel an „dominator quartae partis et dimidiae totius imperii Romaniae". Er besagte zu viel und auch zu wenig. Zu viel, weil ja die drei Achtel, die Venedig zugefallen waren, nur zum kleinsten Teil von der Republik in Besitz genommen wurden, zu wenig, weil sie wirtschaftlich fast das ganze Romanien beherrschte.

Wie die Venetianer, hatten auch die Kreuzritter, nachdem sich die Idee, in der sie nach Constantinopel gefahren waren, als unfruchtbar erwiesen hatte, den Entschluss gefasst, dem griechischen Reich ein Ende zu bereiten. Constantinopel war gefallen, und sie waren jetzt die Herren im Rhomäerreich.

Eine ungeheure Beute war ihnen bei der Eroberung der Hauptstadt zu teil geworden: nie hätte sie Alexius IV. so reichlich belohnen können. Auch waren sie nun nicht blosse Vasallen eines griechischen Kaisers geworden, wie mancher von ihnen wohl gehofft, Bonifaz von Alexius bereits zugesagt erhalten hatte[1], sondern einer der ihrigen hatte den griechischen Kaiserthron bestiegen, und unter seiner Oberhoheit beherrschten sie selbst Königreiche, Herzogtümer und Fürstentümer weithin in griechischen Landen. Und hatten sie nicht zugleich der Kirche einen grossen Dienst erwiesen, da sie dem Schisma ein Ende gemacht und die Griechen mit Gewalt unter das Joch des römischen Papsttums gebeugt hatten? Gewiss, und keiner war mehr erfreut darüber, als Innocenz III.

Nur eins wurde nicht erreicht, und über diesen Mangel vermochte weder der romantische Zauberglanz der abendländischen Ritterherrschaften auf griechischem Boden, noch der Glorienschimmer, der das Papsttum als Beherrscherin der gesamten Christenheit umgab, hinwegzublenden: der Kreuzzug blieb ein Torso. Zwar hegte man in der ersten Siegesfreude über die Eroberung Constantinopels die feste Zuversicht, dass nun die Befreiung des heiligen Grabes nahe bevorstehe. War doch jetzt das grosse Ziel, das den Kreuzfahrern vom Anfang und der Mitte des XII. Jahrhunderts vorgeschwebt hatte, erreicht, das verderbliche Hindernis der Kreuzzüge beseitigt.

Männer aus dem heiligen Lande, die anwesend waren, als ein katholischer Kreuzritter in der Sophienkirche die Krone der griechischen Kaiser aufgesetzt bekam, riefen aus: „dass jetzt ein abendländischer Herrscher über Constantinopel gebiete, sei dem Herrn wohlgefälliger, als wenn selbst Jerusalem den Ungläubigen entrissen wäre, denn jetzt werde sich diese mächtige Stadt dem Dienste der römischen Kirche und dem heiligen Lande widmen, sie, die bisher beiden feindlich gewesen sei; und statt mit den Gegnern des Kreuzes verbunden, die Pilger zu hindern, werde sie sich an einem Vernichtungskriege gegen jene beteiligen[2].

1. Creta war ihm versprochen worden. cf. p. 38, Anm. 1.

2. ep. Balduini (1204), Tafel und Thomas, p. 508: „Aderant incolae Terrae sanctae, ecclesiasticae militaresque per-

Und wie die Christen an die Eroberung Constantinopels grosse Hoffnungen knüpften, so setzte diese die Ungläubigen in gewaltigen Schrecken. Malek al Adel, der Sultan von Aegypten, soll geäussert haben: er würde leichter die Eroberung Jerusalems durch die Christen verschmerzt haben, als die Constantinopels durch die Lateiner[1].

Die Christen erklärten den Fall Constantinopels für heilsamer als die Gewinnung, die Ungläubigen für bedenklicher als den Verlust Jerusalems — erfüllten sich die Hoffnungen, die die einen, die Befürchtungen, die die anderen an die Eroberung des byzantinischen Reiches durch die Lateiner knüpften, dann wurde all' das zur Wirklichkeit, was ein Boëmund, Gottfried von Langres, Suger und Peter von Cluny angestrebt hatten[2]. Das höchste Lob erteilte den Plänen dieser Männer noch nachträglich Innocenz III., wenn er erklärte: Jerusalem würde niemals in die Hände Saladins gefallen sein, hätte Gott bereits vorher das griechische Imperium auf die Lateiner

---

sonae, quorum prae omnibus inaestimabilis erat et gratulabunda laetitia, exhibitumque Deo gratius obsequium asserebant, quam si civitas sancta Christianis esset cultibus restituta, cum ad confusionem perpetuam inimicorum crucis sanctae Romanae Ecclesiae terraeque Hierosolymitanae sese regia civitas devoveret, quae iamdiu tam potenter adversaria stetit et contradixit utrique. Haec est enim, quae ... cum infidelibus ausa est saepius amicitias ferinare ferales et eosdem ... extulit iu superbiam seculorum, arma, naves et victualia ministrando. Quid e contrario fecerit peregrinis, magis edocere sufficiunt in omni gente Latinorum exempla quam verba ...."

1. Brief Innocenz' an einen französ. Kleriker, 20.—27. Aug. 1205 (ed. Bréquigny et la Porte du Theil, Band II, p. 759): „Saphadinus (Malek al Adel) vero, qui dominatur in Damasco, Babylonia et Aegypto, postquam Constantinopolitanae urbis captionem audivit, adeo cum omnibus Saracenis indoluit, ut maluissent Hierosolymam occupatam esse a Christianis quam Constantinopolim a Latinis." — Brief Innocenz' an den Legaten Peter Capuano vom 12. Juli 1205 (l. c. p. 761).

„... Saraseni, qui capta Constantinopolitana urbe nimio fuerant timore perculsi ...." cf. Robert v. Auxerre MG. SS. XXVI, p. 269.

2. cf. oben p. 15 ff.

übertragen. Jetzt sei, fährt er in demselben Briefe fort, durch die Eroberung des byzantinischen Reiches der Weg zum heiligen Lande geöffnet, und dessen Befreiung sicher zu erwarten, wenn vorher die Lateinerherrschaft im griechischen Reiche einigermassen gefestigt sei[1].

Dieses aber ist nicht gelungen. Zwar wurde noch im Jahre 1204 Thracien besetzt, König Bonifaz von Thessalonich durchzog im Triumph die Balkanhalbinsel und die Mannen Kaiser Balduins eroberten den Nordwesten Kleinasiens. Alle Erfolge wurden jedoch wieder in Frage gestellt, als Anfang des Jahres 1205 ein grosser Aufstand der Griechen in ganz Romanien ausbrach und der Bulgarenczar Joannischa den Kreuzfahrern die vernichtende Niederlage von Adrianopel beibrachte[2]. Diese Anfänge sind vorbildlich für die späteren Schicksale des lateinischen Kaiserreichs gewesen. In stetem Kampfe mit inneren und äusseren Feinden haben die Lateiner ihre Kräfte verzehrt und haben sich daher nicht zu einem

---

1. Dieser Brief Innocenz' „universo clero et populo in Christiano exercitu apud Constantinopolim constituto" ist zuerst herausgegeben von Delisle in Bibliothèque de l'École des Chartes, Band XXXIV, (1873), p. 408, wieder abgedruckt bei Tessier l. c. p. 235. Er ist geschrieben im Mai 1205 (Potthast No. 2507 setzt ihn auf den 20. Mai). Er mag hier noch einmal Platz finden:

„Si prevenisset Dominus vota supplicum, et ante terre orientalis excidium Constantinopolitanum imperium ad Latinos a Grecis, sicut hodie transtulit, transtulisset, desolationen Jerosolimitane provincie hodie forsitan Christianitas non defleret. Cum igitur per mirabilem imperii huius translationem ad recuperationem terre illius viam vobis Dominus dignatus fuerit aperire, ac detentio huius quasi restauratio sit illius, monemus universitatem vestram et exhortamur et in remissionem vobis iniungimus peccatorum, quatenus ad solidandum idem imperium in devotione apostolice sedis et nostra et Latinorum dominio fortius retinendum adhuc per anni spatium faciatis moram in partibus Romanie, Karissimo in Christo filio nostro Balduino, illustri Constantinopolitano imperatori, salubre consilium et efficax auxilium tribuentes, nisi forsan presentia vestra usque adeo esset necessaria, ut oporteret vos interim ad eius custodiam properare."

2. Hertzberg l. c. p. 376—82.

Angriff auf die Ungläubigen erheben können. Ja, die Errichtung des lateinischen Kaiserreichs hat dem heiligen Lande sogar geschadet, da es selbst bald zu einem Schmerzenskind des Abendlandes wurde und infolgedessen Hülfskräfte aufsog, die sonst jenem zu gute gekommen wären.

So wurde denn das eigentliche Endziel dieser Heerfahrt der Abendländer nach dem Osten vom Anfang des XIII. Jahrhunderts nicht erreicht. Denn eben als Kreuzzug ist sie ins Leben getreten, unter diesem Namen kennt sie die Geschichte.

Mochten auch Philipp von Schwaben seine verwandtschaftlich-dynastischen Interessen zum Eintreten für Alexius bewogen haben, wirtschaftliche Motive für die Venetianer bei der Unterstützung des Prätendenten, wie bei der endgültigen Eroberung Constantinopels massgebend gewesen sein: seit beide Mächte zur Durchsetzung dieser Interessen einen Bund mit den Kreuzfahrern eingegangen waren, waren deren Ziele auch die ihrigen.

Und wenn selbst die Kreuzfahrer sich nicht lediglich durch die Sorge um das heilige Land hatten leiten lassen, sondern zugleich in der Erwartung, gut bezahlt zu werden, für Alexius; in dem Wunsche sich bezahlt zu machen, für sich selbst Constantinopel erobert hatten, — die Geistlichen des Heeres lockte noch besonders die Aussicht auf die Kirchenunion —: alle diese Interessen deckten sich mit den Zielen der Kreuzfahrt; wie die Einsetzung des Alexius, so sollte auch die Begründung des lateinischen Kaiserreichs vor allem der Wiedereroberung des heiligen Landes dienen.

Keine der beiden Thaten hat jedoch diesen Zweck erfüllt; der Kreuzzug blieb ein Bruchstück.

Ein halbes Jahrhundert sind die Päpste bestrebt gewesen, ihn doch noch zum Ziele zu führen. Fast in allen Aufrufen, in denen sie das Abendland zur Unterstützung des lateinischen Kaiserreichs aufboten, betonten sie, dass die

Festigung dieses Reichs die Wiedereroberung des heiligen Landes verbürge[1]: es galt, das Werk, das die Kreuzfahrer am Anfang des Jahrhunderts begonnen hatten, zu Ende zu bringen.

Erst mit dem Jahre 1261, mit dem Sturz des lateinischen Kaiserreichs, sank diese Hoffnung ins Grab: der Vierte Kreuzzug war endgültig als gescheitert anzusehen.

So hatte also der alte Kreuzfahrergedanke, dass der erste Schritt zur Rettung des heiligen Landes die Unterwerfung des griechischen Imperiums sei, sich als unfruchtbar erwiesen? Keineswegs. Nur die Art und Weise, wie er durchgeführt worden war, war eine unglückliche gewesen. Wer wollte zweifeln, dass einem Heinrich VI. gelungen wäre, woran die flandrischen und französischen Ritter auf Constantins Thron gescheitert sind?

1. Zahlreiche Beispiele hierfür finden sich in der Correspondenz der Päpste dieser Epoche.

II. Abschnitt.

Die Wendung des Vierten Kreuzzuges gegen Constantinopel war nicht das Werk einer Intrigue.

Wir haben gesehen, wie die friedliche Lösung des Konflikts zwischen dem Abendlande und Byzanz, die der Vierte Kreuzzug bringen wollte, missglückte, wie dann die gewaltsame Lösung, zu der die Kreuzfahrer hingeführt wurden, zwar eine Fülle von Interessen abendländischer Gewalten befriedigte, nur das eine nicht bewirkte, was der eigentliche Endzweck, wie der Einsetzung Alexius' IV., so auch der Eroberung Constantinopels durch die Abendländer war, die Befreiung des heiligen Landes: der Vierte Kreuzzug ist gescheitert.

An diesem Punkte haben die Forscher ihren Standort gewählt, die die Wendung des Vierten Kreuzzugs gegen Constantinopel als eine Ablenkung von seinem wahren Ziele gebrandmarkt haben. „Der Kreuzzug hat sein Ziel nie erreicht, also muss es eine Macht gegeben haben, die ihn von demselben abgelenkt hat.“ Man suchte und befand schuldig zuerst Venedig, dann das deutsche Königtum. Nach dieser Auffassung wäre es falsch, von einem „Scheitern“ des Kreuzzugs zu reden, wie es oben geschehen ist. Denn die Voraussetzung dabei war, dass alle Teilnehmer am Kreuzzug die Bekämpfung des Islam als Endziel vor Augen hatten. Der Ablenkungstheorie zufolge aber hätte es in der Absicht der betreffenden Macht gelegen, dass der Kreuzzug nicht über Constantinopel hinauskommen sollte, danach wäre der Vierte Kreuzzug kein Torso geblieben, sondern wäre, so wie er verlief, eine in sich abgeschlossene Unternehmung gewesen.

Es ist eine Beurteilung ex eventu. Dieser Fehler zog aber unmittelbar einen anderen nach sich, die Annahme nämlich, dass die Macht, die dem Kreuzzug die Wendung gegen Constantinopel gab, auch von vornherein die Vernichtung des griechischen Reichs geplant habe, so nach Hopf l. c. p. 195 Dandolo, der vorausgesehen habe, dass der junge Alexius sich nicht auf dem Throne würde halten können. Die Widerlegung ist einfach. Wäre es den Venetianern um den Besitz Constantinopels zu thun gewesen, so hätten sie ihre Absicht gleich nach der ersten Eroberung ausgeführt, sie hätten nicht blos aus dem Grunde, „weil sie nicht zweifelten, dass Alexius früher oder später einer Revolution erliegen musste“ die Stadt aufgegeben, das heisst mit anderen Worten, sich in die Lage begeben, sie möglicherweise aufs neue erobern zu müssen. Eine Eroberung Constantinopels war nun doch einmal keine Kleinigkeit.

Eines zwar hat diese Auffassung für sich. Nur so würde uns einigermassen verständlich werden, wie irgend jemand hätte voraus wissen können, dass der Kreuzzug nicht über Constantinopel hinauskommen werde[1]. Es ist hier eine gewisse Geschlossenheit der Anschauung vorhanden im Gegensatz zu der Riantschen, nach der zwar lediglich die Einsetzung des jungen Alexius geplant wurde, Philipp aber doch hat voraussehen können, dass der Kreuzzug nie zu seinem Ziele kommen werde.

Aber freilich, wenn wir Hertzberg, der sich an Hopf anschliesst, seine Darstellung des Vierten Kreuzzugs mit den

---

1. Notwendigerweise brauchte zwar selbst in diesem Falle nicht von einer „Ablenkung“ des Kreuzzuges die Rede zu sein. Der Gedanke, dass die Vernichtung des griechischen Reiches der erste Schritt zur Befreiung des heiligen Landes sei, war ja, wie wir oben gesehen haben, fast so alt wie die Kreuzzüge, und bei dieser Annahme hätten die Kreuzfahrer von Anfang an jenen alten Plan verfolgt, auf den sie in Wirklichkeit erst nach dem Scheitern des neuen (der Einsetzung eines Prätendenten) zurückgriffen.

Worten einleiten sehen: „Der Gedanke, das Reich der Griechen endlich über den Haufen zu werfen, lag bei den Völkern des Abendlandes sozusagen in der Luft“, seit langem aufgespeicherter kirchlicher und weltlicher Hass hätten die Abendländer endlich zum Vernichtungskampf gegen die schismatischen und verweichlichten Griechen getrieben[1], — so ist dabei übersehen, was doch gerade das Bemerkenswerte ist, dass die Männer, die diesen Konflikt, dessen Vorhandensein nicht zu leugnen ist, schliesslich auf dem Wege der Gewalt zu Gunsten des Abendlandes entscheiden sollten, mit Plänen nach Constantinopel fuhren, deren Verwirklichung vielmehr ein friedliches Zusammengehen von christlichem Orient und Occident in Aussicht stellte.

Sowohl diejenigen, welche die Wendung gegen Constantinopel herbeiführten: Philipp und Venedig, als die Führer des Kreuzheeres, die in Venedig, die Geistlichen und die übrigen Kreuzfahrer, die in Zara sich für die Fahrt nach Constantinopel gewinnen liessen, hatten nur die Einsetzung des jungen Alexius im Auge[2], die die Sonderinteressen einer jeden Macht befriedigen, zugleich aber auch dem höheren Zwecke der Befreiung des heiligen Landes dienen sollte. Man hegte sogar, indem man seinen Angaben über die Stimmung in Constantinopel traute und zugleich die eigenen Anschauungen über Legitimität und Herrscherwürde bei den Griechen voraussetzte, den Glauben, diese würden, wenn man ihnen den Prätendenten zeige, ihm sofort als dem rechten Erben zufallen und den Usurpator, der durch ein schmachwürdiges Verbrechen zum Throne gelangt war, verjagen[3].

Nur wenn man scharf die Ziele der an der griechischen Unternehmung beteiligten Mächte ins Auge fasst und erkennt, dass sie nichts weiter als die, wie sogar gehofft wurde, un-

1. Hertzberg, l. c. p. 346.
2. S. o. p. 37—49.
3. S. o. p. 49.

blutige Verjagung eines Usurpators und Einsetzung des rechten Erben in Constantinopel erwirken wollten; wenn man andererseits sich frei hält von der Beurteilung ex eventu und von dem endlichen Scheitern des Kreuzzuges absieht, wird man die Wendung des Vierten Kreuzzuges gegen Constantinopel richtig beurteilen können.

Hierin aber haben die gefehlt, die diese Wendung eine bewusste Ablenkung der Kreuzfahrt von ihrem wahren Ziele genannt haben.

Doch sehen wir uns die Mächte, die den Verrat an Papsttum und Christenheit geübt haben sollen, etwas näher an.

1. Der „Verrat“ Philipps von Schwaben.

Graf Riant hat behauptet, Philipp von Schwaben habe den Kreuzzug von seinem Ziele abgelenkt, um dem Papsttum einen empfindlichen Schlag zu versetzen. Er habe zwar nicht von vornherein diese Absicht gehabt, sondern habe, indem er die Wendung des Kreuzzugs gegen Constantinopel durch einen Vertrag mit dem Haupte des Kreuzheeres, Bonifaz von Montferrat, herbeiführte, das Papsttum zwingen wollen, mit ihm anzuknüpfen. Er habe Innocenz vor die Wahl gestellt, entweder das Projekt anzunehmen: dann hätte dieser sich mit ihm versöhnen und Otto von Braunschweig aufgeben müssen; oder aber es abzulehnen: dann bemächtigte man sich trotz des Papstes des griechischen Reiches, dessen militärische Okkupation auf lange hinaus die Kräfte des Reiches absorbieren würde, und Innocenz erlitt durch das Scheitern seines Lieblingsplanes eine empfindliche Schlappe. Da Innocenz ablehnte, so entschied sich Philipp für den letzteren Weg[1].

Für diese Behauptung aber, dass Philipp den Kreuzzug von seinem Ziele abgelenkt habe, um dem Papsttum einen Schlag zu versetzen, findet sich in keiner Quelle ein direkter Beweis.

---

1. Revue des Quest. Hist., Bd. XVII, p. 356.

Der einzige scheinbare Beweis, der sich erbringen lässt, und zwar aus der Korrespondenz Innocenz' III. und aus seiner Biographie, den gesta Innocentii, ist ein indirekter: aus beiden Quellen ergiebt sich nämlich, dass der Papst sich dem Projekt gegenüber ablehnend verhielt[1].

Riants Gedankengang ist nun der: wenn Innocenz nicht mit der Fahrt nach Constantinopel einverstanden war, muss das griechische Projekt etwas enthalten haben, was den Interessen des Papsttums zuwiderlief, und mit grosser Wahrscheinlichkeit ist diese antipäpstliche Tendenz desselben auf seinen Urheber — nach Riant also auf Philipp — zurückzuführen.

Dagegen ist zu bemerken:

1. Das griechische Projekt enthielt nichts, was den Interessen des Papsttums zuwiderlief. Nicht aus solch' einer antipäpstlichen Tendenz des Projekts ist es zu erklären, dass Innocenz sich schliesslich schroff ablehnend demselben gegenüber verhielt, sondern aus der vorangegangenen Unternehmung gegen Zara, die den Papst gegen alles, was die Kreuzfahrer darnach planten, misstrauisch machte — wie ich das im 3. Teil dieses II. Abschnittes nachweisen werde.

2. Weder die gesta, noch Innocenz in seinen Briefen reden von einer dem Papst feindlichen Absicht Philipps. Nach den gesta hat zwar Philipp die Wendung des Kreuzzugs gegen Constantinopel veranlasst, er hat auch den Papst für die Rückführung seines Schwagers zu gewinnen gesucht;

---

1. Gesta Innocentii III. ed Baluze, c. 83: Bonifaz „dicebatur cum Philippo . . . . habuisse tractatum, ut Alexium, sororium suum, filium videlicet Isaachii . . . reduci faceret ad Constantinopolim ab exercitu christiano ad obtinendum imperium Romaniae.

De quo cum idem marchio ad summum pontificem accessisset, coepit agere a remotis; sed cum intellexisset, ipsius animum ad hoc non esse directum, expeditis negotiis ad crucis officium pertinentibus ad propria remeavit.“

aber sie sagen nirgends, dass Philipp damit dem Papsttum habe Abbruch thun wollen. Im Gegenteil, sie erwähnen, (c. 89) wie die übrigen Quellen, die „pacta“, die der junge Alexius auf Philipps Rat mit den Kreuzfahrern einging, und die, wie uns die anderen Quellen lehren[1], jenen verpflichteten, nach seiner Einsetzung die Kirchenunion zu vollziehen und die Kreuzfahrer beim Kampfe gegen den Islam mit Truppen, Geld und Lebensmitteln zu unterstützen.

3. Nur dann hätte Philipp beabsichtigen können mit der Lenkung des Kreuzzugs nach Constantinopel einen Schlag gegen das Papsttum zu führen, wenn er hätte voraussehen können, dass die Kreuzfahrer dauernd in Constantinopel würden festgehalten werden. Wie konnte er das aber, wo es sich doch, wie wir oben sahen, nicht um die Okkupation des griechischen Reiches durch die Kreuzfahrer, sondern um die Entthronung eines Usurpators und die Einsetzung eines neuen Kaisers handelte, der ein gut gegründetes Anrecht auf den Thron hatte, dessen Erscheinen vor Constantinopel in Begleitung der Kreuzfahrer — so glaubte man im Abendlande — allein genügen würde, die Griechen zur Verjagung eines Kaisers, der nur durch die Blendung seines Bruders zum Throne gelangt war, zu veranlassen und ihrem rechtmässigen Herrscher in die Arme zu treiben!

Merkwürdig ist, dass Riant selbst diesen guten Glauben bei Bonifaz von Montferrat voraussetzt: „Le marquis paraît s'être trompé ou plutôt avoir été trompé dès l'origine par les faux rapports d'Alexis et les illusions d'Irène sur un point capital, point, dont il est du reste excusable de n'avoir pu apprécier de loin l'importance, je veux parler de la force que l'opinion populaire avait dans une ville comme Constantinople“[2].

Da aber nicht abzusehen ist, weshalb nicht Philipp, der

1. S. o. p. 39 Anm. 4 gegen Ende.

2. Revue des Quest. Hist. Bd. XVIII, in dem „Constantinopel“ überschriebenen Capitel.

doch immer mit seinem „geheimen Agenten“[1] völlig eines Sinnes war, dessen guten Glauben geteilt haben soll[2], so fragt man sich: wie konnte er, wenn er sich gerade die Gewinnung der Hauptstadt so leicht dachte, zugleich voraussehen, dass die militärische Okkupation des griechischen Reichs die Kräfte des Kreuzzuges für lange Zeit absorbieren würde?

Ganz abgesehen davon aber ist nicht ausser Acht zu lassen, worauf schon Tessier aufmerksam macht[3], dass ja Alexius sich zur Vollziehung der Kirchenunion verpflichten musste, und selbst wenn Philipp in die Zukunft hätte schauen können und vorher gewusst hätte, dass der Kreuzzug nicht über Constantinopel hinaus kommen würde: die Kirchenunion — das musste er sich doch sagen — würde auf alle Fälle die Folge der Einsetzung seines Schwagers durch ein abendländisches Heer sein: das hiess aber nichts weniger als „die welfische Partei ins Herz treffen“[4].

In welchem Zeitpunkt und Mass nun auch Philipp auf die Wendung des Vierten Kreuzzugs eingewirkt hat — ob Weihnachten 1201 zwischen ihm und Bonifaz ein Abkommen getroffen ist oder nicht[5] — er hat nicht die Absicht hegen können, durch die Ablenkung des Kreuzzuges von seinem Ziele dem Papsttum einen Schlag zu versetzen, er hat keinen „Verrat“ an Papsttum und Christenheit geübt.

---

1. Revue des Quest. Hist. Bd. XVII, p. 351.

2. Revue des Quest. Hist. Bd. XVII, p. 353 sagt Riant, es sei anzunehmen, dass bei Abschluss des Abkommens zwischen Philipp, Bonifaz und Alexius der letztere „ait exposé les chances locales, que pouvait présenter en faveur de sa cause une intervention latine et parlé du nombre des partisans qu'il avait à Constantinople“.

3. Quatrième Croisade, Paris 1884, p. 157.

4. Revue des Quest. Hist. XVII, 340.

5. Diese Frage lässt sich bei dem Quellenmaterial, das uns vorliegt, nicht absolut sicher beantworten, wie bereits erwähnt wurde. Fest steht, dass schon in Venedig zwischen Philipp und den Kreuzfahrern Verhandlungen geführt wurden. S. o. p. 37, Anm. 3.

Wenn man also von einem Verrate Philipps nicht mehr wird reden können, so knüpft sich hier unmittelbar eine andere Frage an: inwieweit ist für Philipp bei seinem Eingreifen in die Geschicke des Vierten Kreuzzuges etwa doch die Rücksicht auf das Papsttum massgebend gewesen?

Ist es richtig, was Tessier[1] behauptet: Philipp habe zwar nicht, wie Riant meint, Innocenz vor die Alternative stellen wollen: entweder Annahme des Projekts und Versöhnung oder Ablehnung und dauernde Ablenkung des Kreuzzugs, jedoch der erste Teil der Riant'schen Aufstellung bleibe richtig: Philipp habe die Rückführung seines Schwagers durch die Kreuzfahrer veranlasst, lediglich zu dem Zweck, durch den Einfluss, den er so auf den Verlauf des Kreuzzuges gewänne, den Papst zu zwingen, mit ihm anzuknüpfen, sich womöglich mit ihm zu versöhnen?

Nein. Auf keinen Fall lediglich zu diesem Zwecke. Vielmehr trat Philipp, wie wir oben sahen, für seinen Schwager ein, weil er in dessen Unterstützung den einzigen Weg erkannte, auf dem es ihm möglich wurde, die grosse Orientpolitik Heinrichs VI. fortzusetzen. Seine griechische Politik war ihm Selbstzweck, sie war nicht blosses Mittel zu dem Zwecke, seine Stellung zum Papsttum zu bessern. Man könnte dagegen einwenden: aber die Verpflichtung, die Kirchenunion herbeizuführen[2], die der junge Alexius nach seiner Beratung mit Philipp den Kreuzfahrern gegenüber einging, geschah doch vornehmlich mit Rücksicht auf Innocenz? Zweifellos. Dieser sollte jedoch dadurch nicht sowohl zu einer Begünstigung von Philipps deutscher Politik, als vielmehr in erster Stelle zu einer günstigen Beurteilung eben von dessen Orientpolitik, die er mit der Rückführung seines Schwagers durch die Kreuzfahrer inaugurierte, veranlasst werden. Dies dürfen wir um so eher annehmen, als jene

1. l. c. p. 156—165.

2. Innocens ep. V. 122 (Baluze p. 673); s. o. p. 39.

Verpflichtung wahrscheinlich nicht erst auf Philipps Vorschlag, sondern aus Alexius' eigenster Initiative in das Programm, das dieser den Kreuzfahrern zu beschwören versprach, aufgenommen wurde[1].

Wenn es aber nicht der Hauptzweck von Philipps Eingriff in die Geschicke des Kreuzzuges war, die päpstliche Anerkennung seines Königtums zu erlangen, war es vielleicht ein Nebenzweck? Unsere Entscheidung hierüber hängt ganz von unserer Stellung zu einem von den gesta Innocentii gemeldeten Gerüchte ab. Danach hätte Philipp Weihnachten des Jahres 1201 mit Bonifaz von Montferrat einen Vertrag zur Rückführung seines Schwagers durch die Kreuzfahrer geschlossen und wäre durch jenen im Frühjahr 1202 mit Innocenz in Verbindung getreten[2].

Wenn wir den Vertrag annehmen, so werden wir in der That in der Erlangung eines ihm günstigen päpstlichen Votums im deutschen Thronstreit einen Nebenzweck Philipps sehen. Denn in diesem Falle erfuhr der Papst das ganze Projekt, noch ehe es in die That umgesetzt wurde, von Philipp, dieser eröffnete ihm zuerst die Aussicht auf die Union und konnte hoffen, dass sie Innocenz nicht nur zur Einwilligung in das griechische Projekt selbst, sondern auch zur Dankbarkeit gegen denjenigen, der ihm diesen seinen Herzenswunsch erfüllte, veranlassen werde.

Anders liegt die Sache, wenn wir, wofür manches zu sprechen scheint, den Vertrag verwerfen. Dann war die Rücksicht auf das Papsttum von ganz untergeordneter Be-

---

1. Alexius hatte schon bei seiner Anwesenheit in Rom, die vor diejenige bei Philipp zu setzen ist (s. p. 37 Anm. 2) dem Papst seinen guten Willen, die Kirchenunion herbeizuführen, zu erkennen gegeben. Brief Innocenz' an Alexius IV. (Tafel und Thomas l. c. p. 432): Innocenz freut sich, dass Alexius die Union vollziehen will, „sicut etiam, adhuc exul cum esses, in nostra praesentia constitutus asserebas te totis visceribus affectare".

2. gesta Inn. c. 83 s. p. 73, Anm. 1.

deutung bei Philipps Eingreifen in die Geschicke des Kreuzzuges. In diesem Falle nämlich verhandelte Philipp nicht erst mit Innocenz, dann mit den Kreuzfahrern, sondern er wandte sich zunächst an diese, und durch sie erfuhr Innocenz, ehe Philipp direct mit ihm Verhandlungen anknüpfte, von dem griechischen Projekt[1]. Wenn jetzt Philipp Anfang des Jahres 1203 mit dem Papste in Verbindung trat, so konnte er nicht mehr erwarten, durch die Betonung seines Einflusses auf den Verlauf des Kreuzzuges diesen an sich zu fesseln. Er hielt gewissermassen nicht mehr das Heft in der Hand, seit Innocenz bereits von den Kreuzfahrern gehört hatte, dass sie die Einsetzung des jungen Alexius planten, dass derselbe sich ihnen gegenüber zur Kirchenunion verpflichtet habe. In ihrer Hand lag nun die Entscheidung über das Schicksal des Kreuzzuges, von ihnen hatte Innocenz die Erfüllung seines Wunsches — falls er sie von ihnen begehrte — zu erwarten, nicht von Philipp. Dieser hat übrigens auch

1. Innocens, ep. V. 122 (ed. Baluze, p. 673 f) vom 16. Nov. 1202 an Alexius III. Philipps Boten haben sämtliche Versprechungen des jungen Alexius den Kreuzfahrern in Venedig verkündet (schon citiert p. 37 Anm. 3): „Caeterum dicti principes, deliberato consilio responderunt, quod, cum in tam arduo negotio sine mandato et auctoritate nostra non possent procedere nec deberent, nos volebant consulere super his ac exinde praestolari nostrae beneplacitum voluntatis, inducentes dilectum filium nostrum Petrum, tituli S. Marcelli presbyterum Cardinalem, qui cum eis transfretare debebat, ut ad praesentiam nostram rediret et super praedictis omnibus nostram inquireret voluntatem“.

Ob die Kreuzfahrer wirklich ihre Entscheidung von Innocenz' Richterspruch erwartet haben, ist fraglich; sicher ist nur, dass hiernach Innocenz durch die Kreuzfahrer über die von ihnen geplante Wendung gegen Constantinopel und die Versprechungen des jungen Alexius bereits informiert war, als Philipp mit ihm jene Verbindungen anknüpfte, die wir aus den „promissa“ kennen. Tessiers Behauptung (p. 159): „Il se trouvait en quelque sorte forcé de subir les avances de Philippe, d'écouter ses propositions, en un mot d'entrer en négociation avec lui“ trifft also nicht zu.

gar nicht gehofft, dass sein Versprechen, die Kirchenunion herbeizuführen, noch grossen Eindruck auf den Papst machen werde. Zwar hat er es unter die „promissa“, die er Innocenz einsandte, aufgenommen, aber den ersten Platz unter diesen nimmt die Verheissung einer Familienverbindung mit dem Hause Segni ein. Sie mochte dem Papste noch am ehesten den Besitz von Mittelitalien, das er von dem deutschen Könige verlangte, aufwiegen[1].

Also fassen wir zusammen: wenn wir jenen Vertrag, von dem die gesta Innocentii melden, annehmen, so war die Rücksicht auf das Papsttum ein Nebenzweck bei Philipps Streben, die Kreuzfahrer für die Rückführung seines Schwagers zu gewinnen — der Hauptzweck war diese Rückführung selbst —; verwerfen wir den Vertrag, so kam diese Rücksicht so gut wie gar nicht für Philipp in Betracht.

Unmöglich aber ist es, wie Tessier es thut, den Vertrag zu verwerfen und doch zugleich anzunehmen, dass Philipp für Alexius eingetreten sei lediglich in der Absicht, die Anerkennung seines Königtums durch Innocenz zu erlangen[2].

---

2. Der „Verrat“ Venedigs.

Ehe man Philipp des Verrats an der Christenheit beschuldigte, hat man bereits gegen Venedig dieselbe Anklage erhoben. Hier berief man sich auf eine Quelle aus der Zeit des Kreuzzuges selbst, den syrischen Schriftsteller Ernoul, der behauptet, Venedig habe sich gegenüber dem aegyptischen Sultan zur Ablenkung des Kreuzzuges von Aegypten verpflichtet und dieses sein Versprechen dadurch erfüllt, dass es die Kreuzfahrer nach Constantinopel führte[3].

1. Raynaldi, Annales ecclesiastici a. 1203 § 29 cf. Winkelmann, Philipp von Schwaben, p. 298.

2. l. c. p. 156—165.

3. Chronique d'Ernoul et de Bernard le Trésorier ed. Mas Latrie 1871, p. 343—346.

Es heisst vom Sultan „Quant il oi dire, que li Chrestiien avoient

Eine Stütze für Ernouls Behauptung, die man in einem zwischen dem Sultan von Aegypten und Venedig geschlossenen Vertrage gefunden zu haben glaubte[1], hat sich als haltlos erwiesen, da dieser Vertrag erst aus späterer Zeit, wahrscheinlich aus dem Jahre 1208, stammt, wie Hanotaux und Heyd schlagend nachgewiesen haben[2].

---

leue estoire pour venir en le tiere d'Egypte . . . (p. 345), si fist appareillier messages, si lor carja grant avoir, puis les envoia en Venisse, et si envoia au duc de Venisse et as Venissiiens grans presens et si or manda salus et amistes. Et si lor manda, que se il pooient tant faire, qu'il destournaissent les Crestiiens, qu'il n'alaissent en le tiere d'Egypte, il lor donroit grant frankise et port d'Alixandre et grant avoir. Li message alerent en Venisse et fisent bien ce (qu'il durent et ce) qu'il quissent et puis si s'en retournerent".

Dann wird p. 362 die Abfahrt von Corfu nach Constantinopel mit dem jungen Alexius berichtet und es heisst:

„Or orent bien oi le proiere et le requeste, que li soudans d'Egypte lor fist, qu'il destournassent les pelerins a mener en Alixandre, dont je vous parlais chi devant."

Viele Quellen geben die Nachricht Ernouls wieder. Unter den von ihm abhängigen Quellen nenne ich nur den „Balduinus Constantinopolitanus" (Tafel und Thomas, fontes rer. austr., Bd. XII, p. 293—304), der, wie er vielfach den Bericht Ernouls ausschmückt und übertreibt, so auch die Verhandlungen des Sultans mit Venedig in origineller Fassung bringt. Seine Abhängigkeit von Ernoul, die schon Klimke (die Quellen zur Geschichte des Vierten Kreuzzugs, Breslau 1875, p. 36—42) betont, leugnen zu wollen, wie es Riant (Revue XXIII, p. 95—97) thut, ist ein vergebliches Bemühen: gerade die jenem Passus folgenden Partieen bis zur Krönung Alexius' IV. (p. 296 u. 297) zeigen eine auffällige Uebereinstimmung mit Ernoul (Mas Latrie, p. 349, 360 u. 361, 366). Die Behauptung, Ernouls Chronik könne trotz Mas Latries Feststellung (p. 495) in keiner Gestalt so früh im Occident verbreitet gewesen sein, lässt sich gerade aus dem Balduinus widerlegen, der übrigens nicht 1214, sondern sicher nach 1219 geschrieben ist, wie die Nachrichten, p. 303, beweisen.

1. Tafel und Thomas, Fontes rer. Austr. Bd. XIII, p. 185—189 Diese vier Stücke gehören, worauf Heyd: hist. du commerce du Levant I., p. 401, Anm. 3, hinweist, ganz eng zusammen, sie bilden ein Privileg.

2. Hanotaux in Revue Historique Mai-Juni 1877, p. 74—102, Heyd l. c. p. 401—404.

Aber Ernouls Anklage bleibt bestehen; wie Tessier (p. 88) es ausdrückt: „nous sommes juste aussi avancés, que le jour, où Ernoul lançait pour la première fois contre la république vénitienne son accusation directe de haute trahison.“

Tessier sucht dann, da er Ernouls Behauptung nicht widerlegen kann, einen Verrat Venedigs wenigstens als höchst unwahrscheinlich hinzustellen. Dieser Versuch ist ihm jedoch nicht geglückt. Er weist nämlich, um Venedig vom Verdachte rein zu waschen, besonders auf dessen gute Beziehungen zum Papsttum hin[1]. Was aber Venedig vom Papsttum und seiner Hauptwaffe, dem Bann, hielt, lässt uns eine Klausel in dem Vertrage erkennen, den es am 27. September 1198 mit Kaiser Alexius III. schloss. Danach sollte der Vertrag nicht gebrochen werden: „neque ob ecclesiasticam excommunicationem vel absolutionem alicuius pontificum aut ipsius pape Romani[2].“

Und was das Papsttum von Venedig erwartete, zeigt aufs deutlichste der Vorbehalt, den Innocenz bei der Einwilligung in den zwischen Venetianern und Kreuzfahrern abgeschlossenen Überfahrtsvertrag machte: sie sollten sich hüten, die Länder des Königs von Ungarn anzugreifen, „ne terras regis ipsius laederetis“, wie nach Innocenz' eigenen Worten das Verbot gelautet hat[3]. Es hatte danach zwar

1. p. 93—96, 102—110.

2. Tafel und Thomas, Fontes rer. Austr., Bd. XII, p. 255: Die Klausel ist wiederholt aus dem Vertrag mit Isaac vom Jahre 1187, l. c., p. 201. Eine solche Bemerkung findet sich in keinem der Verträge, die die griechischen Kaiser bis zum Untergang des byzantinischen Reichs im Jahre 1204 mit Pisa und Genua geschlossen haben. Nur in dem im Jahre 1169 in Constantinopel aufgesetzten Vertragsentwurf, der von dem genuesischen Gesandten dort beschworen wurde, heisst es (Liber iurium reipublicae Genuensis, Turin 1854, p. 254) „et quod numquam absistant Genuenses ab huius modi convenientia, quin faciant secundum eam, neque ob ecclesiasticam prohibitionem.“ Dieser Vertrag wurde aber von der Republik nicht ratificiert.

3. Innocens ep. VII, 18 (im folgenden werden alle Briefe Innocenz', soweit sie von Tafel und Thomas im XII. Bande der Fontes rer. Austr. abgedruckt sind, nach dieser Ausgabe citiert): vom

nicht denselben Wortlaut, wie das vor Zara verlesene[1], was nach den gesta Innocentii c. 83 anzunehmen wäre, doch es besagte genau dasselbe; es liegt also kein schwerer Irrtum des Verfassers der gesta vor, wie Tessier (resp. Cerone) es darstellen, sondern ein leichtes Versehen desselben.

Bekanntlich war der Argwohn des Papstes nur zu gerechtfertigt, denn in der That ist ein Angriff auf eine Stadt des Ungarnkönigs, auf Zara, unternommen worden, und diese That wirft wieder ein grelles Streiflicht auf die Religiosität der Venetianer. Mögen sie bereits dies Unternehmen beim Abschluss des Überfahrtsvertrages mit den Kreuzfahrern geplant und absichtlich so hohe Summen gefordert haben, um diese in eine Zwangslage zu versetzen[2], oder mag erst die Unfähigkeit der Kreuzfahrer, ihren Verpflichtungen nachzukommen, in jenen den Gedanken wachgerufen haben, dieselbe für ihre Zwecke auszunutzen[3], auf alle Fälle war es unerhört, einen Kreuzzug so für ihre Handelsinteressen auszubeuten, die Kreuzfahrer zum Angriff auf die Besitzung eines Königs, der selbst das Kreuz trug, zu nötigen. Unerhört war auch die Art und Weise, wie sie dem päpstlichen Legaten, als er sich in diese Angelegenheit einmischen wollte, die Thür

---

24. Februar 1204, an Dandolo (p. 441): „Credimus etiam te novisse, qualiter nuntiis tuis, qui ad sedem apostolicam cum crucesignatorum nuntiis accesserunt, petentibus pactiones inter vos initas confirmari, et per eos tibi et Venetis duxerimus inhibendum, ne terras regis ipsius aliquatenus laederetis."

1. Innocenz fährt nämlich in demselben Briefe (VII, 18) fort: ‚Insuper ... per literas nostras, quas ad audientiam tuam et Venetorum credimus pervenisse, curavimus districtius inhibere, ne terras Christianorum invadere vel laedere temptaretis" u. s. w.; es folgt eben jenes allgemeine Verbot, das in Zara verlesen wurde, wie es aus Innocenz' Brief, V, 161 aus dem Jahre 1203 (Tafel u. Thomas, p. 408) hervorgeht.

2. Riant in Revue, XVII, p. 361 u. 362.

3. Tessier, l. c., p. 111—134; er sucht auch hier die That der Venetianer zu beschönigen.

wiesen[1], und wie sie sich über das vor Zara verlesene Verbot des Papstes, der im Übertretungsfalle mit dem Bann drohte, hinwegsetzten, ohne das Bedürfnis zu empfinden, wie die Kreuzritter gleich hinterher bei ihm um Absolution nachzusuchen. Wenn Clari den Dogen nach Verlesung des päpstlichen Verbots erklären lässt: „qu'il ne lairoit mie pour l'eskemeniement l'apostoile, qu'il ne se venjast de chiax de la vile" (selbst der Bann des Papstes könne ihn nicht abhalten, Rache an den Zarensern zu nehmen)[2], so ist das derselbe antikirchliche Geist, der die Venetianer dem Kaiser von Constantinopel gegenüber Verpflichtungen eingehen liess mit dem ausdrücklichen Vermerk, dass dieselben auch im Falle eines päpstlichen Bannes bindend sein sollten.

Venedigs Beziehungen zum Papsttum also, weit davon entfernt, einen venetianischen Verrat unwahrscheinlich zu machen[3], könnten viel eher dazu verleiten, an einen solchen zu glauben.

Und dennoch ist Ernouls Anklage unwahrscheinlich, ja sie dürfte unhaltbar sein. Venedig soll sich dem Sultan gegenüber zur Ablenkung des Kreuzzugs von Aegypten verpflichtet und sein Versprechen dadurch erfüllt haben, dass es ihn nach Constantinopel lenkte, so sagt Ernoul. Diese Behauptung steht völlig in einer Linie mit der anderen: Philipp

---

1. Gesta Innocentii c. 86: dux et consiliarii Venetorum timentes, ne ipse impediret eorum propositum, quod male conceperant, de Jadera expugnanda, dixerunt quod, si vellet ire cum eis, non ut legationis, sed ut praedicationis exerceret officium, ducerent illum, alioquin rediret. Quamvis autem displicuisset hoc Francis, rediit tamen inhonoratus a Venetis."

2. Clari, ed. Hopf in chron. gréco-romanes, c. XIV.

3. Tessier bekennt, durch Darlegung der Beziehungen Venedigs zum Papsttum nur die Unwahrscheinlichkeit des venetianischen Verrats dargethan zu haben; Cerone, dessen ganze Abhandlung, wie schon p. 2, Anm. 2 erwähnt, lediglich eine Zusammenfassung der Tessierschen darstellt, glaubt mit denselben Argumenten die Unmöglichkeit eines Verrats erwiesen zu haben (p. 58—62, l. c.).

habe den Kreuzzug dadurch, dass er ihm die Wendung gegen Constantinopel gab, von seinem wahren Ziele fernhalten wollen, um so dem Papsttum einen Schlag zu versetzen. Ebenso wenig wie Philipp konnte Venedig wissen, dass der Kreuzzug nie zu seinem Ziele kommen würde[1].

Wenn Alexius sich in Zara verpflichtete, nach seiner Einsetzung mit den Kreuzfahrern nach Aegypten zu fahren[2], wenn nach der Flucht Alexius' III. aus Constantinopel Isaac das Versprechen seines Sohnes bestätigen muss, bevor dieser von den Lateinern in die Stadt gelassen wird[3], wenn die Kreuzfahrer nur auf Bitten Alexius' IV. den Winter über in

1. Schon Wailly weist in seiner Kritik Ernouls, l. c. (p. 2. 2) die Anklage wegen Verrats, die dieser gegen Venedig erhebt, mit der Bemerkung zurück, „von Verrat könne keine Rede sein, da die Venetianer der Sache des heiligen Landes treu zu bleiben glaubten, wenn sie Constantinopel eroberten."

Heyd, l. c. (p. 26, 2) p. 401 äussert gelegentlich in einem Satz dieselbe Ansicht: „die Anklage Philipps und Venedigs wegen Verrat sei ungerecht, beide hätten nicht ahnen können, dass die Kreuzfahrer dauernd in Constantinopel würden festgehalten werden." Er verwickelt sich aber in Widersprüche, wenn er zugleich sich zu der Auffassung bekennt: Philipp habe mit der Hinlenkung nach Constantinopel einen Schlag gegen das Papsttum bezweckt (p. 266), Venedig aber habe dem Plane Philipps zugestimmt, weil es in der Wendung des Kreuzzugs gegen Constantinopel ein vorzügliches Mittel erkannt habe, „pour détourner la croisade de son objet" (p. 266, 400). Ein solches „détourner" war doch, wenn man nicht, wie es oben (p. 85 f.) geschieht, eine „Ablenkung" nach Syrien annimmt (wovon bei Heyd keine Rede ist) ein verräterischer Gedanke der Venetianer, während Heyd offenbar nur die Existenz eines Vertrages zwischen Venedig und dem Sultan als Verrat betrachtet (p. 401).

2. Villehardouin éd. Bouchet, c. 48: „Et il ses cors ira avec vos en la terre de Babilonie ou envoiera, se vos cuidiez que mielz fera à toz dix mil homes a sa dispense etc." Vgl. die übrigen, zahlreichen p. 39, 4 angeführten Quellen.

3. Dandolo Muratori, Bd. XII, p. 322: „Pacta de obedientia Romanae Ecclesiae et succursu terrae sanctae renovantur et confirmantur"; Villehardouin, c. 95, wo obiges Versprechen des Alexius wiederholt wird; Nicetas (ed. Bonn), p. 728.

Constantinopel bleiben und für den März 1204 die Fortsetzung der Kreuzfahrt in Aussicht nehmen[1], wobei die Venetianer sich verpflichten, den übrigen Kreuzfahrern ihre Flotte vom Michaelisfeste 1203 an ein weiteres Jahr zur Bekämpfung der Ungläubigen zur Verfügung zu stellen[2] — wie wir das oben gesehen haben — so scheint mir das alles gegen die Auffassung zu sprechen, Venedig habe die Kreuzfahrer dadurch, dass es sie nach Constantinopel führte, ihrer wahren Aufgabe, der Bekämpfung des Islam, abwendig machen wollen.

Hatten wir aber im vorigen Kapitel, nachdem sich uns ergeben hatte, dass von einem Verrat Philipps von Schwaben nicht die Rede sein könne, uns die Frage vorlegen müssen, inwieweit bei ihm doch die Rücksicht auf das Papsttum massgebend gewesen sei, so werden wir jetzt fragen: welche Rolle hat Aegypten in den Erwägungen der Venetianer gespielt[3]?

---

1. Villehardouin, c. 98/9, ep. Cruces. (Bouquet XVIII, p. 516), ep. Hugonis comitis Sancti Pauli (Tafel und Thomas, p. 311) s. o. p. 51.

2. Rigord: de gestis Philippi Augusti (Bouquet, Recueil, XVII, p. 56): „Dux Venetiarum cum suis Venetianis iuraverunt Francis, se exhibituros navigium et stolium servaturos, promittentes, si Francis Deus benefecerit, quod et ipsi indubitanter sperabant, se numquam ab ipsis recessuros, nisi ad plenum confusis et subiugatis hostibus Christi Jesu; ad quam ipsi promissionem imperiali munificentia sunt inducti, quibus centum millia marcarum argenti exsolvit pro obsequiis Francis hactenus exhibitis et postmodum exhibendis.“ Diese wichtige Stelle ist bisher in der Weise, wie es hier geschieht, noch nicht verwertet worden.

cf. Villehardouin c. 99: „li Venisien jurerent un an de la feste Saint Michel à retenir l'estoire“ u. s. w. (die Stelle ist p. 51, Anm. 1 angeführt).

3. Ich gedenke demnächst auf Grund eines bereits gesammelten Materials eine Abhandlung über Aegypten als Ziel der Kreuzzüge zu veröffentlichen, in der die oben folgenden Dinge eingehender behandelt werden.

Zu sicheren Ergebnissen wird man hier schwerlich kommen, da unsere Quellen dazu nicht ausreichen. Das darf man jedoch wohl annehmen, dass die Venetianer einem Angriff auf Aegypten, ein Land, mit dem sie im lebhaftesten Handelsverkehr standen[1], wenig geneigt gewesen sein werden. Weshalb schenkten sie dann aber, so wird man fragen, den Kreuzfahrergesandten, die anfangs des Jahres 1201 nach Venedig kamen, um Schiffe zur Überfahrt nach Aegypten zu besorgen, Gehör und beschlossen, selbst am Kreuzzuge teilzunehmen[2]? Jedenfalls nicht in der Absicht, diesem die Wendung gegen Constantinopel zu geben. Denn einmal bedeutete ja, wie ich nachgewiesen zu haben glaube, eine solche Wendung überhaupt keine Ablenkung des Kreuzzugs von seinem eigentlichen Ziele, und dann stimmen die meisten Forscher darin überein, dass das griechische Projekt erst auftauchte, als der junge Alexius im Abendlande erschien: das geschah aber erst, als der Überfahrtsvertrag längst geschlossen war. Man kann nun etwa sagen: die Venetianer wollten ein gutes Handelsgeschäft durch die teure Vermietung ihrer Schiffe machen, sie hofften vielleicht mit Hülfe der Kreuzfahrer Zara in ihre Gewalt zu bringen. Gewiss, aber wie dachten sie über das Endziel der Fahrt?

Man muss diese Frage, wie mir scheint, dahin beantworten, dass die Venetianer erwartet haben, es werde

---

1. Dass diese Beziehungen bereits vor dem Vierten Kreuzzug sehr rege waren, beweist eine Stelle in der „relatio de viribus Sarazenorum“ (ed. Bongars: Gesta Dei per Francos, Bd. I, p. 1126) aus dem Jahre 1199 (die Jahreszahl nach Riant „de Haymaro monacho“, Paris 1865, p. 48 und Röhricht „Geschichte des Königreichs Jerusalem“, Innsbruck 1898, p. 683): es ist von dem Hofhalt Malek al Adels, des Bruders Saladins, die Rede: „semper est velatus, cum nuntios recipit Christianorum, Veneticorum et aliorum regum vel principum totius orbis“. Diese Stelle hat Heyd, l. c. p. 398/9 nicht berücksichtigt.

2. Der Überfahrtsvertrag bei Tafel und Thomas, loco cit. p. 362—373.

ihnen gelingen, die Kreuzfahrer zu einer Landung in Syrien statt in Aegypten zu bewegen. Zwar herrschte ja auch dort der aegyptische Sultan Malek al Adel. Aber ein Angriff auf dieses Nebenland traf ihn bei weitem nicht so empfindlich, als ein Stoss, der gegen das Centrum seiner Macht, gegen Aegypten, geführt wurde. Die syrischen Küstenstädte waren bereits grösstenteils im Besitze der Christen[1], und es liess sich voraussehen, dass die Waffenthaten der Kreuzfahrer in einigen Zügen nach dem Innern mit wechselnden Erfolgen bestehen würden, wie es im Jahre 1197 der Fall gewesen war. Und selbst wenn das höchste Ziel eines syrischen Feldzugs erreicht, Jerusalem erobert wurde, so konnte das der Sultan immer noch leichter verschmerzen, als den Verlust einer aegyptischen Stadt[2]; wenn er aber die venetianischen Kolonisten in Aegypten seinen Zorn fühlen liess, nun, so würde man ihn auf das Verdienst hinweisen, das sich Venedig durch die Abwendung des Kreuzzugs von Aegypten erworben hatte: daraufhin würde er von seinem Hass gegen die Venetianer ablassen und sich ihnen wahrscheinlich sogar dankbar erweisen.

Eine Stütze für diese Ansicht bildet vor allem die Thatsache, dass in dem Überfahrtsvertrage, den Venedig mit den Kreuzfahrern schloss, nur ganz allgemein von einer Unterstützung des heiligen Landes die Rede ist[3], während erst nach Abschluss des Vertrages im geheimen abgemacht wurde, dass das Ziel der Fahrt Aegypten sein solle[4].

---

1. Laodicea, das muhamedanisch war, gehörte nicht Malek a Adel, sondern einem seiner Neffen, mit dem er bis zum März 1202 im Kriege lag (Röhricht, l. c., p. 685). Vielleicht dachten die Venetianer an einen Angriff auf diese Stadt, der dem aegyptischen Sultan nur willkommen hätte sein können. vgl. Streit, l. c. (p. 1, 2), p. 29 u. Note 224.

2. Ich erinnere nur an die Friedensanerbietungen, die der Sultan Malek el Kamel im Jahre 1219 macht, als er fürchtet, Damiette könne von den Kreuzfahrern erobert werden. s. Röhricht, l. c., p. 737 u. 788.

3. Tafel und Thomas, l. c. p. 363—5.

4. Villehardouin, c. 18: heimlich (coiement) wurde festgesetzt

Riant meint nun, Venedig sei, nachdem es sich so nicht direkt gegen Aegypten verpflichtet habe, mit dem Sultan in Verhandlung getreten und habe ihm angeboten, die Kreuzfahrer statt nach Aegypten nach Palästina zu führen. In diesem Sinne sei dann jener Vertrag zustande gekommen, von dem Ernoul berichtet, denn der Sultan sei völlig damit zufrieden gewesen, wenn er nur nicht in Aegypten angegriffen wurde. (Revue XVII. p. 330.)

„que on iroit en Babiloine, porce que par Babiloine poroient mielz les Turcs destruire que par altre terre" und öffentlich (en oiance) „que on iroit oltremer".

Es scheint doch, dass wir dieser Meldung, der zufolge man beschloss mit ganzer Macht nach Aegypten zu fahren, mit der auch Günthers Nachricht (Exuviae, Bd. I, p. 70) übereinstimmt, mehr Glauben schenken müssen, als derjenigen der gesta Innocentii III, c. 83: „. . . communiter est provisum, ut aliquot in Syriam destinatis, caeteri tenderent in Aegyptum, ut caperent Alexandriam et finitimas regiones, sicque terra sancta liberaretur facilius de manu paganorum". Denn Villehardouin, der selbst mit in Venedig wegen der Überfahrt verhandelt hatte, also auch jene geheime Abmachung genau kannte, betrachtet es als einen Verstoss gegen dieselbe, als viele Kreuzfahrer in Zara nach Syrien segeln wollen. „Dort", erklärt die Partei, der er angehört, „sei nichts auszurichten", „sachiez que par la Terre de Babiloine ou par Grèce est recovrée la Terre d'Oltremer, s'ele jamais est recovrée . ." (c. 49). Als Grund, weshalb man in Syrien nichts beginnen könne, galt der dort zwischen Christen und Muhamedanern bestehende Waffenstillstand: Günther, p. 70, „propterea quod tempore illo in partibus transmarinis inter nostros et barbaros inducie pacis erant, quas nostris, salva fide, quam interposuerant, solvere non liceret". Die Ansicht, dass von Anfang an eine Teilung der Streitkräfte geplant sei, konnte leicht entstehen, da ja in Wirklichkeit ein grosser Teil der Kreuzfahrer nach Syrien segelte. Der Verfasser der gesta musste noch besonders durch die unbestimmten Ausdrücke, die sich in Innocenz' Briefen über das Ziel der Kreuzfahrer finden, zu seiner Auffassung hingeführt werden. Es heisst in ep. VI, 102, aus dem Jahre 1203 an die Kreuzfahrer (Tafel und Thomas, p. 417): „permittimus, ut cum ipsis usque in terram Saracenorum vel Hierosolymitanam provinciam, iuxta quod inter vos et ipsos convenit vel honeste convenerit, navigio transeatis". Nachher folgen noch einmal dieselben Ausdrücke.

Abgesehen davon, dass es nicht sehr wahrscheinlich ist, dass der Sultan einer Macht in dem Augenblick, wo sie sich zum Kampfe gegen ihn rüstete — denn auch in Syrien konnte ihm mancherlei Abbruch gethan werden — grosse Privilegien erteilt haben soll, ist zweierlei dagegen zu bemerken:

a. Nach Ernoul haben die Venetianer dadurch ihre Verpflichtung erfüllt, dass sie den Kreuzzug nach Constantinopel lenkten. Ausser Ernoul (und den von ihm abhängigen Quellen) besitzen wir aber kein Zeugnis für den Vertrag, auch nicht diesen selbst, denn der bei Tafel und Thomas l. c. abgedruckte ist nicht der in Frage kommende.

b. Wäre dieser Vertrag, wie Riant annimmt, der im Jahre 1202 abgeschlossene, so würde er nur ein weiterer Beweis dafür sein, dass Venedig seiner Verpflichtung nur durch eine völlige Ablenkung des Kreuzzugs von den Ländern des Sultans nachkommen konnte. Denn es findet sich darin der Passus: „Et omnes qui vadunt in peregrinatione ad sanctum sepulchrum cum Veneticis sint salvi et securi in personis suis“, was Riant selbst, um zu beweisen, dass dieser Vertrag sehr wohl vor einem Kreuzzug abgeschlossen sein könne, interpretiert (Revue XXIII, p. 101): „die Venetianer sollten dafür sorgen, dass friedliche Pilger und keine Kreuzfahrer sich dem heiligen Lande nahten.“ Man erkennt den Widerspruch mit seiner zehn Seiten vorher ausgesprochenen Behauptung: „wenn die Venetianer einfach den Kreuzzug ins heilige Land gelenkt hätten, so hätten sie ihre Verpflichtung gegenüber dem Sultan ebensogut erfüllt.“

Wenn also keine Verpflichtung, so werden wir doch den Wunsch der Venetianer annehmen, nach Syrien statt nach Aegypten zu fahren.

Da hat sich ihnen nun wahrscheinlich von vornherein eine wichtige Handhabe geboten, um diesen ihren Willen im entscheidenden Augenblicke durchzusetzen.

Wir sahen schon, dass in dem anfangs des Jahres 1201 zwischen den Gesandten der Kreuzfahrer und den Venetianern abgeschlossenen Überfahrtsvertrage nur ganz allgemein von einer Unterstützung des heiligen Landes die Rede war. So sehr dies im Sinne der Venetianer war, so haben doch vermutlich nicht sie diese allgemeine Fassung veranlasst. Vielmehr darf man wohl annehmen, dass die Gesandten der Kreuzfahrer selbst nicht gewünscht haben, dass Aegypten als Ziel im Vertrage genannt werde, weil bei den Beratungen der Kreuzfahrer im Jahre 1200 ein Teil sich gegen die Fahrt nach Aegypten und für eine Landung in Syrien ausgesprochen hatte. Es empfahl sich daher, um möglichst viele Pilger zum Stelldichein in Venedig zu bewegen, in dem Vertrage nur ganz im allgemeinen von der Unterstützung des heiligen Landes zu reden[1]. Auf diese Weise haben vermutlich die Venetianer schon damals von der Meinungsverschiedenheit, die unter den Kreuzfahrern herrschte, erfahren — ihre Gesandten, die die Kreuzfahrerboten nach Frankreich begleiteten, werden ihnen Näheres darüber haben melden können — und damit erkannt, dass es ihnen nicht schwer werden würde, im Bunde mit jener „syrischen“ Partei eine Landung in Palästina durchzusetzen.

Als dann im September 1202 Gesandte Philipps von Schwaben nach Venedig kamen, die um Hülfe für den jungen Alexius nachsuchen sollten, und bei den nun beginnenden geheimen Verhandlungen der Doge sofort, wie wir oben sahen, im Interesse seiner Vaterstadt für das griechische Projekt eintrat, da wird er sich zwar nicht verhehlt haben, dass das Versprechen des Alexius, nach seiner Einsetzung entweder selbst mit nach Aegypten zu fahren, oder 10 000 Mann zum Kreuzheer stossen zu lassen[2], das Zustandekommen eines Angriffs auf Aegypten wieder mehr in den Bereich der

1. Tessier hat diesen Gedanken (l. c. p. 62) ausgesprochen. Seine Ausführungen über die Stellung der Kreuzfahrer zu dem aegyptischen Projekt (p. 57—72) sind sehr beachtenswert, wenn ich auch nicht in allen Punkten mit ihm übereinstimme.

2. Villehardouin, c. 48.

Möglichkeit rückte, aber er wird sich zugleich gesagt haben, dass viele Pilger, wenn sie schon von vornherein sich gegen eine Landung in Aegypten sträubten und nach Syrien verlangten, erst recht, wenn sie erst mit nach Constantinopel segeln würden, von dort dahin drängen würden.

Nun zeigte sich sogar in Zara, als der Plan dem Kreuzheere vorgelegt wurde, dass viele Kreuzfahrer, wie dem aegyptischen, so auch dem griechischen Projekt feindlich waren: Tausende verliessen das Heer, um Syrien, dem alten Kreuzfahrerziel, zuzustreben[1]. Und die grosse Masse, die noch in Corfu sich entfernen wollte, wurde nur durch das Versprechen gehalten, dass sie in Constantinopel vom St. Michaelisfest ab auf ihren Wunsch Schiffe zur Überfahrt nach Syrien erlangen würden[2].

Die Marschroute der Venetianer war jetzt gegeben: sie brauchten sich, wenn der junge Alexius eingesetzt war, und die Weiterfahrt in Frage stand, nur dieser popularen Strömung zu bedienen, um eine Landung in Syrien durchzusetzen. Das haben sie denn auch gethan. Als die Kreuzfahrer auf Bitten des jungen Alexius in Constantinopel zu überwintern beschlossen, wurde festgesetzt, dass die Fahrt im Frühjahr 1204 zunächst nach Syrien gehen solle, dass man erst von da aus in Aegypten eingreifen wolle[3]. Zwar behielt man so den

---

1. s. oben p. 43.
2. Villehardouin, c. 59.
3. Villehardouin, c. 98: „. . . Mais se nos atendons trosque al Marz, nos lairons cest emperor en bon estat et nos en irons riche d'avoir et de viande et puis nos en irons en Surie et corrons en la Terre de Babiloine . . . et ensi porra estre la Terre d'oltremer recovrée."

Die ep. Cruces (Bouquet, XVIII, p. 516) und ep. Hugonis (Tafel und Thomas, p. 311), die nur von einem Angriff auf Aegypten reden (s. o. p. 51, 1) sind ungenau. Dass wirklich zunächst eine Landung in Syrien geplant wurde, erfahren wir auch aus dem Briefe Innocenz' an Bonifaz von Montferrat vom September 1205 (Tafel und Thomas, p. 562). Innocenz liefert zunächst eine Inhaltsangabe des Briefes, in dem Bonifaz ihm den Verlauf des Vierten Kreuzzuges auseinandersetzt. Nach Alexius' IV. Einsetzung „cum vos ad navigandum in Syriam totis viribus pararetis . . ."

Angriff auf Aegypten immer noch im Auge: ob es aber dazu kommen würde, war sehr fraglich, besonders, wenn die Eroberung Jerusalems gelang, und damit der asketische Eifer der Pilger befriedigt war.

Auch zur Fahrt nach Syrien ist es nicht gekommen, und der Kreuzzug scheiterte. Dieselbe Beurteilung ex eventu nun, die in unserem Jahrhundert den Grafen Riant gegen Philipp die Anklage wegen Verrats schleudern liess, veranlasste im XIII. Ernoul, diese Beschuldigung gegen Venedig zu erheben, ihn, der als Bewohner des heiligen Landes am schmerzlichsten das Scheitern des Vierten Kreuzzugs empfinden musste: nur ein Verrat konnte der Grund dafür sein, und auf Venedig fiel wegen seiner guten Beziehungen zu Aegypten der Hauptverdacht.

---

3. Die Stellung Innocenz' III. zur Wendung des Kreuzzugs gegen Constantinopel.

Man könnte die Frage aufwerfen: Hat nicht das Oberhaupt der Christenheit sich der Wendung des Kreuzzugs nach Constantinopel gegenüber ablehneud verhalten, und wirft das nicht ein bedenkliches Licht auf diese Unternehmung selbst?

Dies führt uns auf die Betrachtung der Stellung Innocenz' III. zu den Ereignissen der Jahre 1202—4.

Die griechischen Projekte der Kreuzfahrer des XII. Jahrhunderts waren grossenteils von den Päpsten begünstigt worden: ein Legat Paschals' II. half Boëmund das Abendland gegen den griechischen Kaiser aufrufen[1], Eugen III. war eine Zeit lang den französisch-normannischen Plänen geneigt gewesen[2]. Was nun Innocenz' Stellung zum Vierten Kreuzzug betrifft, so hat Riant seine Wendung gegen Constantinopel

---

1. cf. oben p. 15.

2. v. Sybels Studie über den Zweiten Kreuzzug, Kleine Hist. Schriften, Bd. I, p. 452.

in ihrem ganzen Verlaufe ein für den Papst beklagenswertes Ereignis genannt[1]; nach Tessiers Ansicht war es zwar Innocenz' Pflicht als Papst, jeden Angriff auf Christen zu verbieten, eine Übertretung dieses seines Verbotes aber hat ihn nicht übermässig bekümmern können, weil sie ihm ja unverkennbar grosse Vorteile bringen musste[2].

Beide Ansichten treffen nicht ganz das Richtige. Es ist vielmehr festzustellen, dass Innocenz das griechische Unternehmen, wie es die Kreuzfahrer planten, d. h. mit der Einsetzung des Alexius als Ziel, in Idee und Ausführung als dem Kreuzzug schädlich verwarf, dass er aber die Gründung eines lateinischen Kaiserreichs am Bosporus sofort als einen Triumph der römischen Kirche und eine Förderung der Befreiung des heiligen Landes ansah.

Es muss zunächst Wunder nehmen, dass Innocenz einer Unternehmung, deren Ziel es war, zwei seiner Lieblingswünsche: die Kirchenunion und die Unterstützung des heiligen Landes durch einen griechischen Kaiser[3], zu erfüllen, ab-

---

1. Revue, XVIII, p. 60—69, vorher 24—33.

2. l. c. p. 185—238 (seine Argumentation findet sich in gedrängter Form wiederholt bei Cerone, l. c. p. 2, 2). Vgl. auch Hopf, l. c. p. 190.

3. ep. I. 353 vom August 1198 an Alexius III. (ed. Baluze, wie die folgenden Briefe). — Neben der Kirchenunion fordert er Unterstützung des heiligen Landes. Das christliche Volk murrt, denn „nec Christo exuli subvenire, nec ad liberationem terrae nativitatis ipsius intendere hactenus, sicut debueras, curavisti, cum tam ex vicinitate locorum quam abundantia divitiarum tuarum et potentia, qua inimicos crucis munere divino praecellis, id potueris commodius et expeditius aliis principibus adimplere".

Innocenz rät also „quatenus . . . viriliter ac potenter assurgas in adiutorium Jesu Christi et ad terram ipsam, quam ipse proprio sanguine comparavit, ... liberandam de manibus paganorum et restituendam pristinae libertati . . . . sicut tantus princeps manum extendas et exercitum dirigas copiosum".

Ferner ep. II 211 vom 13. November 1199 an Alexius III.; ein Brief an denselben, der nach Potthast vor Februar 1201 geschrieben st (Bd. III der Migne'schen Ausgabe von Innocenz' Werken, p. 1182);

lehnend gegenüberstand. Zu oft hatte ihn doch Alexius III. mit leeren Versprechungen hingehalten[1], als dass er nicht das Streben der Kreuzfahrer, das, was jener nicht aus freien Stücken bewilligte, durch seine Absetzung und die Einsetzung eines neuen Kaisers zu erlangen, hätte anerkennen sollen. Und anfangs hat er es auch wohl gethan. Mochte er auch, nachdem er von den Absichten der Kreuzfahrer gehört hatte, noch einmal den Usurpator zur Nachgiebigkeit mahnen: er wird sich doch nach dem, was vorangegangen war, nicht viel Erfolg von dieser Aufforderung haben versprechen können, und wenn der Kaiser wieder Ausflüchte machte, dann musste Innocenz doch wirklich in der Durchführung des Planes der Kreuzfahrer den einzigen Weg sehen, auf dem noch die Erfüllung seiner Wünsche möglich war[2]. Wenn er sich dann trotzdem ablehnend verhielt, so hatte das seine ganz besondere Ursache.

---

vgl. auch ep. II. 251 vom Dezember 1199 an Philipp August von Frankreich und gesta Innocentii c. 64 einen Brief Innocenz' vom März/April 1201 an Alexius III. — siehe auch gesta c. 60—64.

1. ep. II, 210, vom Februar 1199: Alexius III. an Innocenz; ep. II. 211, l. c.

2. ep. V. 122 vom 16. November 1202 an Alexius III.

Innocenz benachrichtigt ihn zuerst über die Absichten der Kreuzfahrer und fährt dann fort: „et cum nuntii tui ad nostram accesserint praesentiam, super his cum fratribus nostris habebimus tractatum et illud statuemus, quod tibi poterit merito complacere, quamquam plures assererent, quod huius modi postulationi benignum deberemus praestare favorem pro eo, quod Graecorum Ecclesia sit apostolicae sedi minus obediens et devota.“

Zum Schluss heisst es: obgleich von den griechischen Kaisern seit Manuel „semper nobis et praedecessoribus nostris per verba responsum fuerit et nihil operibus demonstratum“, lasse er Milde walten, „credentes ut, inspecta gratia, quam tibi fecimus, emendare celeriter debeas, quod tam a te quam a tuis praedecessoribus minus provide hactenus est omissum, cum et secundum humanam industriam id debere (s) studiosissime procurare, ut ignem in remotis partibus extingueres, non nutrires, ne usque ad partes tuas posset aliquatenus pervenire“.

Der entscheidende Grund dazu war ohne Zweifel die vorausgegangene Unternehmung gegen Zara[1]. Unglaubliches war geschehen: die Männer, die sich dem Kampf gegen die Ungläubigen zum Heil der ganzen Christenheit geweiht hatten, hatten die Frevlerhand gegen christliche Brüder erhoben, und nicht genug, die Stadt, die sie erobert und geplündert hatten, war einem König unterthan, der selbst das Kreuz genommen hatte.

Diese unnatürliche That musste auf alles, was die Kreuzfahrer nachher planen würden — wenn es nicht der Kampf gegen den Islam war — einen dunklen Schatten werfen. Da die Männer, die ihr Kreuzzugsgelübde durch einen so frechen Raubzug gegen einen christlichen König befleckt hatten, nach Innocenz' Meinung beim Angriff auf Griechenland nicht reinere Absichten hegen konnten, so untersagte er jetzt zuerst ausdrücklich das griechische Unternehmen, indem er zwar die erbetene Absolution wegen Zara erteilte, aber vor der Wiederholung eines solchen Vergehens warnte, und das Verbot eines Angriffs auf christliche Mächte, das die Kreuzfahrer bereits von Zara hätte fern halten sollen, aufs neue einschärfen liess[2]. Man sieht, er behandelte beide Angelegenheiten als gleichwertig, und Tessiers Behauptung: „Il est incontestable que l'interdiction de Constantinople n'a pas le même caractère que celle de Zara“ (p. 223) ist hinfällig.

---

1. vgl. Riant, Revue XVIII, p. 26 u. 27, Bouchet, l. c. (p. 2,1) p. 68.

2. Innocenz, ep. V. 162 vom Jahre 1203 an die Kreuzfahrer (Tafel u. Thomas, p. 411): der Legat oder einer seiner Vertreter soll „omnibus . . . praecipiant in communi, ut a similibus de cetero penitus caveatis nec invadentes terras Christianorum nec laedentes in aliquo, nisi forsan illi vestrum iter nequiter impedirent vel alia iusta sive neccessaria causa forsan occurreret, propter quam aliud agere interveniente apostolicae Sedis consilio valeretis“. In der That sandte der Legat einen Boten ab, der dieses päpstliche Mandat den Kreuzfahrern überbrachte (VI. p. 99 vom April 1203, Brief der Kreuzfahrer an Innocenz, p. 411: „et tam vestris quam . . . Legati literis per nuntium ipsius et nostros receptis . . .“).

Auch die Erlaubnis, sich an den Küsten des griechischen Reiches Lebensmittel zu verschaffen, bedeutet keine Connivenz des Papstes, schon deshalb nicht, weil Innocenz sie in einem Briefe erteilte, der gleichzeitig mit dem Schreiben in die Hände der Kreuzfahrer gelangen musste, in dem er die Wiederholung eines Angriffs auf christliche Mächte verbot[1]. Wenn

---

1. ep. VI. 102, wie ich mit Tessier (p. 284) annehme, aus dem März 1203 an die Kreuzfahrer (Tafel und Thomas, p. 418): „Ne autem victualia vobis desint . . ., Imperatori Constantinopolitano scribemus, ut iuxta quod per literas suas nobis ipse promisit, victualia vobis faciat exhiberi. Quodsi forsan ea vobis contingeret denegari . . . possitis . . . sub satisfaciendi proposito ad necessitatem tantum ea sine personarum accipere laesione". cf. Günther, l. c. p. 78.

Der Hauptgrund, weshalb Tessier den Brief statt auf den 20. Juni (Potthast No. 1948) in den März 1202 setzt, ist der, dass Bonifaz von Montferrat in seinem Briefe an Innocenz vom April (Tafel u. Thomas, p. 414) auf eine Weisung Bezug nimmt, die Innocenz eben in dem Briefe VI. 102 erteilt hat.

Bei Bonifaz heisst es (p. 414): „Reminiscens de consilio vestro multa dissimulanda fore loco et tempore, si Veneti ad dissolutionem stolii aspirarent." Ich füge hinzu, dass sich in dem gleichzeitigen Brief der Kreuzfahrer an Innocenz (p. 412) eine ähnliche Bemerkung findet: „pro apostolica reverentia et de conservatione stolii vestra voluntate complenda". Diesen Wunsch hat Innocenz ausgesprochen eben in ep. VI. 102 (p. 419). „Provideatis autem prudenter et caute, ut, si forte Veneti voluerint occasiones aliquas invenire, quod exercitus dissolvatur, multa pro tempore dissimulare ac tolerare curetis, donec ad locum perveneritis destinatum . . ."

Danach wäre also die ep. VI. 102 aus dem März 1203, und sie ist aller Wahrscheinlichkeit nach zugleich mit ep. V. 162 (p. 409), in der den Kreuzfahrern die Absolution erteilt, aber ein weiterer Angriff auf Christen verboten wurde, dem Gesandten des Kreuzheeres, dem Bischof von Soissons, mitgegeben worden: was oben im Text behauptet wird. Tessiers Argumente für diese Gleichzeitigkeit der beiden Briefe (p. 284—286) sind nicht zwingend, aber ein Beweis, dass ep. VI. 162 (Absolution) und VI. 102 (Gebot, den Kreuzzug zusammenzuhalten) beide dem Bischof von Soissons mitgegeben wurden, findet sich bei Villehardouin, c. 55:

„Et li apostoiles dist al messages qu'il savoit bien que par la defaute des altres lor covint grant meschief à faire. Si en ot grant

aber keine Willfährigkeit, was bedeutete dann diese Erlaubnis? Man hat bisher dafür keine genügende Erklärung gefunden. Sie sollte dazu dienen, der Not der Kreuzfahrer Abhülfe zu schaffen: diese hatten nämlich den Mangel an Lebensmitteln als Hauptgrund für die Unterstützung des jungen Alexius, der ihnen nach seiner Einsetzung solche in Fülle zu liefern versprochen habe, angegeben[1].

Als Innocenz dann aber erfuhr, dass der Beschluss feststand, nach Constantinopel zu segeln, da zog er jene Erlaubnis zurück und untersagte noch einmal mit den schärfsten Ausdrücken den Angriff gegen Alexius III.[2].

Seine Mahnrufe verklangen ungehört, und das Kreuzheer fuhr nach Constantinopel.

---

pitié et lors manda as barons et pelerins salut et qu'il les asolvoit come ses filz et lor comandoit et prioit, que il tenissent l'ost ensemble, car il savoit bien, que sanz cel ost ne pooit li servises Dieu estre fais."

1. Diesen Grund für das griechische Unternehmen werden die Boten der Kreuzfahrer, die um Absolution wegen Zara nachsuchten, angegeben haben. Das können wir aus dem Ausdruck schliessen, den Innocenz gebrauchte, als er später seine Erlaubnis, Lebensmittel zu requirieren, zurückzieht (Tafel und Thomas, p. 117): „cessantibus potius . . . necessitatibus simulatis." Ausserdem wissen wir, dass eine solche Not bestand aus dem p. 42 Anm. 1 angeführten Quellenstellen.

Um den Kreuzfahrern diesen Grund zu nehmen, gab er jetzt ihren Gesandten den Brief mit, in welchem er die Erlaubnis erteilte, Lebensmittel an den griechischen Küsten zu requirieren. So auch Joh. Lucius, l. c. p. 251: „. . . cum summus Pontifex . . . ut praetextum inopiae removeret, eisdem concessisset, quocumque transibant, victualia accipere possent . . ."

2. ep. VI. 101 aus dem Mai (nach Tessier, p. 282) 1203, an die Kreuzfahrer (Tafel und Thomas, p. 415 f.) Innocenz hat die Briefe der Kreuzfahrer vom April erhalten (Tafel und Thomas, p. 411, 413) und spricht seine Freude über die Absolution aus, zugleich hat er aber ein Schreiben des Legaten Peter Capuano empfangen, aus dem hervorging, dass die Kreuzfahrer die Unterstützung des Alexius beschlossen haben (ep. VI. 48: „. . . quod, sicut accepisti pro certo, cum . . Alexio . . ., quem ducere secum intendunt, velint in Graeciam proficisci"), und er fährt dann in diesem Briefe vom Mai 1203 fort, er hoffe, dass sie nicht rückfällig würden, indem sie doch gegen Christen

Anfangs August wusste Innocenz, dass sein Verbot übertreten war, und tiefe Trauer erfüllte ihn, dass die Kreuzfahrer „a puritate prioris propositi recedentes negligere videantur reliquias terrae sanctae[1]."

Aber nun kamen ihre Jubelberichte über die Eroberung Constantinopels: die Fortsetzung der Kreuzfahrt mit griechischer Unterstützung wurde für das nächste Frühjahr angekündigt, und der junge Kaiser stellte die Unterordnung der griechischen Kirche unter das Papsttum in Aussicht[2].

Musste Innocenz jetzt nicht erkennen, dass es sich hier doch um etwas anderes handelte als einen gewöhnlichen Raubzug, wie die Unternehmung gegen Zara es gewesen war? Gewiss, eins hätte die That der Kreuzfahrer in seinen Augen rechtfertigen können: die offene und feierliche Vollziehung des Anschlusses der griechischen Kirche an Rom[3]. Wenn der junge Alexius endlich erfüllte, was sein Oheim so oft versprochen, aber nie ausgeführt hatte, dann war seine Einsetzung zu billigen. That er das aber nicht, liess auch er es wieder bei blossen Versprechungen bewenden, dann war durch den Thronwechsel nichts gewonnen, und es blieb als einziges Resultat die Verzögerung der Kreuzfahrt: denn nach den Aussichten der Union scheint Innocenz die einer Unter-

---

ihre Waffen richteten. Von der Erlaubnis wegen der Lebensmittel kein Wort mehr, vielmehr ruft er ihnen zu (p. 417): „cessantibus potius occasionibus frivolis et necessitatibus simulatis in Terrae sanctae subsidium transeatis et Crucis iniuriam vindicetis, accepturi de hostium spoliis, quae vos, si moram feceritis in partibus Romaniae, oporteret forsitan a fratribus extorquere, aliter enim, quia non possumus nec debemus, remissionis vobis gratiam nullatenus exhibemus."

1. ep. VI. 130 vom August 1203 an den Cardinal Soffred im heiligen Lande (ed. de Bréquigny, Bd. II. p. 342.)

2. ep. Cruces. ed Bouquet, XVIII. 516, ep. Hugonis, Tafel und Thomas, p. 304 ff., ep. Alexii imp. Tafel und Thomas, p. 426 ff.

3. ep. VI. 230 vom 7. Februar 1204 an die Kreuzfahrer (Tafel und Thomas, p. 434): „istud (die Vollziehung der Union) erit et verum devotionis eiusdem Imperatoris indicium et vestrae simplicitatis evidens argumentum."

stützung der Kreuzfahrt durch die Griechen beurteilt zu haben.

Wirklich war letzteres der Fall. Beim vierten wie beim dritten Alexius blieb es bei schönen Worten, und mit fast denselben Ausdrücken, wie vorher den Oheim, musste Innocenz jetzt den Neffen mahnen, den Worten auch die That folgen zu lassen[1].

Den Kreuzfahrern aber schreibt er: da die Kirchenunion nicht die unmittelbare Folge ihrer Fahrt nach Constantinopel sei, so liege der Verdacht nahe, dass sie diese Unionsbestrebungen nur als Deckmantel ihrer Ausschreitungen benutzten, dass in Wirklichkeit das Unternehmen gegen Constantinopel in einer Linie mit dem gegen Zara stehe, und dass sie daher aufs neue dem Banne verfallen seien. Zwar hält er noch dafür, dass die Kreuzfahrer imstande sein möchten, durch die Herbeiführung der Kirchenunion ihr Unternehmen zu rechtfertigen, aber er will lieber auf diesen Beweis ihrer lauteren Gesinnung verzichten, weil dadurch die Kreuzfahrt die ihm vor allem am Herzen liegt, noch länger hinausgeschoben würde. Sie sollen vielmehr dieselbe ohne Verzug fortsetzen, sich vorher jedoch vom Banne lösen lassen, denn diesem sind sie natürlich verfallen, wenn sie von Constantinopel abfahren, ohne die Union bewerkstelligt zu haben[2].

Wir sehen, Innocenz stand der Wendung des Vierten Kreuzzugs gegen Constantinopel feindlich gegenüber. Den Plan als solchen hat er wegen des bösen Präcedenzfalles ver-

1. ep. VI. 229 vom 7. Februar 1204 an Alexius IV. (p. 432) „Sane si dictis facta compenses, et quod polliceris verbis, operibus exequeris, Deum tibi reddes propitium. vgl. ep. V. 122 vom 16. Nov. 1202 an Alexius III. (ed. Baluze, p. 673): „Rogamus igitur imperialem excellentiam . . ., quatenus operibus nobis et non verbis dumtaxat studeas respondere.“

2. ep. VI. 230 vom 7. Februar 1204 an die Kreuzfahrer, Tafel und Thomas, p. 433; cf. auch ep. VI. 231, 232, VII. 18. vgl. Riant, Revue, Bd. XVIII. p. 61—62, der diese Briefe in ähnlicher Weise verwertet.

dammt, der durch den Angriff auf Zara geschaffen war, seine Durchführung deshalb, weil sie nicht die Kirchenunion herbeiführte, dasjenige Mittel, welches dem Angriff auf Constantinopel eine andere Beurteilung als dem auf Zara gesichert hätte. Mit der Verurteilung des Planes a priori hat er die guten Absichten der Kreuzfahrer verkannt, er hat den Unterschied übersehen, der bestand zwischen einer einseitig venetianischen Interessenpolitik, wie sie das dalmatische, und einer Verquickung weltlicher Politik mit den Interessen der Kreuzfahrt, wie sie das griechische Unternehmen darstellte.

So wenig es also gerechtfertigt war, den Plan selbst zu verdammen, so richtig handelte der Papst, als er das Unternehmen für verfehlt erklärte, nachdem Alexius IV. eingesetzt war, und er aus dessen Brief ersehen hatte, dass die Aussicht auf die Kirchenunion um kein Haarbreit ihrer Verwirklichung näher gerückt war. Nach der Hoffnungslosigkeit der Union wird er auch die Aussicht auf die Unterstützung der Kreuzfahrt durch die Griechen, auf die die Kreuzfahrer in ihren Briefen hinwiesen, beurteilt haben.

So dachte Innocenz über den Vierten Kreuzzug, als ihn die Nachricht von der zweiten Eroberung Constantinopels, vom Untergang des griechischen Reiches und der Errichtung einer lateinischen Kaiserherrschaft auf seinen Trümmern erreichte.

Ein plötzlicher Umschwung seiner Stimmung erfolgte. Hatte er bei der Kunde von der Einsetzung Alexius IV. den Kreuzfahrern seinen apostolischen Gruss versagt, weil sie aufs neue dem Bann verfallen zu sein schienen[1], so preist er jetzt die Gnade Gottes, der so grosse Wunder gethan habe „zum Ruhm seines Namens, zur Ehre und Förderung des Papsttums und zur Erhöhung der ganzen Christenheit.“ Und während er vorher zur schleunigen Fortsetzung der Kreuzfahrt angetrieben hatte, heisst er jetzt die Kreuzfahrer dem

1. ep. VI. 230 vom Jahre 1203, Tafel und Thomas, p. 433.

neuen Kaiser zur Verteidigung seines Reiches kräftigen Beistand leisten, denn „per cuius subventionis auxilium terra sancta facilius poterit de Paganorum manibus liberari“, und er verspricht für Nachschub aus dem Abendlande zur Unterstützung beider Länder zu sorgen[1].

Das waren nicht die Worte eines Mannes, den ein harter Schlag getroffen hatte und der sich ins Unvermeidliche fügte[2]. Mit voller Begeisterung hat Innocenz, für den es kein höheres Ziel gab, als die unbegrenzte Erweiterung der Macht des Papsttums, dem Ereignis zugejubelt, das wie kein anderes diesem seinem Streben Erfolg zu verheissen schien. Statt eines Personenwechsels ohne Aussicht auf Änderung des Systems, hatten die Kreuzfahrer jetzt eine weltgeschichtliche Umwälzung herbeigeführt, die vor allem dem Papsttum zu gute kam: sie hatten das einzige christliche Reich, das sich nie unter die Allgewalt der Nachfolger Petri hatte beugen wollen, zertrümmert. Und nicht ein übermächtiger Kaiser des Abendlandes war es, der durch die Bezwingung des griechischen Reichs seinen Anspruch auf die Beherrschung der ganzen Christenheit wahr gemacht und das Papsttum in Schatten gestellt hätte, sondern der neue Kaiser von Constantinopel war ein frommer flandrischer Ritter, der auf Innocenz als seinen mächtigen Schutzherrn blickte und von ihm alles Heil erwartete.

Und nun, wo das grosse Hindernis der Kreuzfahrten beseitigt war, stand auch die Befreiung des Landes, wo der Erlöser geweilt, in Aussicht. Das Reich, das infolge seiner benachbarten Lage und seiner Machtmittel vor allem seine

---

1. ep. VII. 153 vom 7. November 1204. Tafel und Thomas, p. 516. Dieser Brief ist der wichtigste, weil er unmittelbar unter dem Eindruck der zweiten Eroberung Constantinopels geschrieben ist. Der Brief vom Mai 1205, auf den Tessier das meiste Gewicht legt (p. 235) sagt im Grunde genau dasselbe. Nach diesen Aussprüchen Innocenz' hat Tessier dessen Stellung zur Wendung des Vierten Kreuzzugs gegen Constantinopel überhaupt beurteilt.

2. Riant, Revue XVIII, p. 63.

Kräfte dem heiligen Lande zu widmen verpflichtet war[1], wurde ja jetzt von einem Fürsten beherrscht, der selbst das Kreuz auf der Brust trug, die Besetzung des griechischen Reichs schloss gewissermassen die Wiedergewinnung Jerusalems in sich, und dieses wäre nie verloren worden, wenn schon vorher die Lateiner in Constantinopel regiert hätten.[2]

Innocenz' kühne Hoffnungen gingen nicht in Erfüllung. Noch im Mai des Jahres hatte er jene Erwartungen ausgesprochen[3], drei Monate später schreibt er einem französischen Cleriker in voller Verzweiflung: der Augenblick stehe nahe bevor, wo die Sarazenen sich der Reste des heiligen Landes bemächtigen, und die Griechen wieder Herren Constantinopels sein würden[4], oder wie es in einem Briefe an den Legaten Capuano heisst: „unde videbamur hactenus profecisse, deficimus et angustiamur, unde credebamus potissime dilatari"[5].

Was hatte diesen gewaltigen Stimmungswechsel herbeigeführt? Kurz gesagt: das Scheitern des Vierten Kreuzzugs. Statt dem heiligen Lande zu nützen, erwies sich das lateinische Kaiserreich selbst als hilfsbedürftig, da es nur mit Mühe sein Dasein gegen die übermächtigen inneren und äusseren Feinde zu fristen vermochte[6].

Das heilige Land dem Angriff der Ungläubigen preisgegeben, das lateinische Kaiserreich nicht viel mehr als eine Herrschaft über die Stadt Constantinopel — das war allerdings ein Zustand, der jene Befürchtungen Innocenz' rechtfertigte.

Schon aus einem früheren Briefe erkennen wir den Umschwung seiner Stimmung. Zwei Thatsachen hatte Innocenz mittlerweile erfahren, die ihn tief betrüben mussten: einmal

---

1. Worte aus Innocenz' ep. I, 358, citiert p. 93 Anm. 3.
2. cf. p. 63 Anm. 1.
3. Bréqigny, Bd. II, p. 710—713.
4. l. c., p. 759, (P. No. 2571) vom 20.—27. August 1205.
5. p. 762 vom 12. Juli 1205.
6. cf. oben p. 63.

die von den Kreuzfahrern bei der zweiten Eroberung Constantinopels verübten Greuel, die ihn wegen der Union der Kirchen bedenklich machten[1], sodann die Nachricht, dass der Legat Peter Capuano alle Kreuzfahrer, die noch ein Jahr im lateinischen Kaiserreich weilen würden, von ihrem Kreuzzugsgelübde entbunden hatte, eine Entscheidung, die, wäre sie zu Recht bestehen geblieben, geradezu eine Bankerotterklärung des Vierten Kreuzzugs bedeutet hätte[2]. Durch diese Kunde, wie durch die andere, dass mit dem Legaten Capuano viele Bewohner des heiligen Landes nach Constantinopel geeilt seien und dieses in kläglicher Lage zurückgelassen hätten[3], und endlich durch die Nachricht von der furchtbaren Niederlage der Kreuzfahrer bei Adrianopel, die ihnen die Bulgaren beigebracht hatten[4], wurde sein Glaube, dass die „detentio huius (Constantinopolitani imperii)“ die „recuperatio illius (Jherosolymitanae provinciae)“ zur unmittelbaren Folge haben werde, aufs tiefste erschüttert.

1. Bréqigny, p. 761 vom 12. Juli 1205 an den Legaten Peter Capuano: „Quomodo enim Graecorum Ecclesia . . . ad unitatem ecclesiasticam revertetur, quae in Latinis . . . . non nisi perditionis exemplum . . . aspexit, ut iam merito illos abhorreat ut canes“.

2. l. c., p. 762: „Qua fronte de cetero populos Christianos Occidentis ad Terrae sanctae subsidium et praesidium Imperii Constantinopolitani poterimus invitare, quibus . . . . aliqui imputabunt forsitan, quod crucesignati relicto peregrinationis proposito absoluti ad propria revertuntur et qui praedictum Imperium spoliarunt, illo immunito relicto, referti spoliis terga vertant?“

3. vgl. besonders die Notiz aus dem Formelbuch des Boncompagnus lib. III, tit. 15, c. 8, die Winkelmann in der Jenaer Lit.-Ztg. 1876 No. 1 mitteilt: „Post Constantinopolitanae urbis captionem quam plures incolae Jherosolymitani regni Constantinopolim properarunt, ibidem habitacula eligentes. Unde illas maritimas partes, quas adhuc retinent christiani, non possumus a Saracenorum incursibus defensare atque . . . vestrum cogimur patrocinium implorare, ut in auxilium nostrum plurimos dirigatis, ne modicam partem, quam habemus, relinquere barbaris nationibus compellamur“.

4. Hopf, l. c., p. 214 ff.

Er erkannte jetzt, dass es mit der indirekten Unterstützung des heiligen Landes durch Kräftigung des lateinischen Kaiserreichs nicht gethan sei, sondern dass jenes augenblicklicher Hülfe bedürfe: eine neue Kreuzfahrt war nötig und für diese setzte Innocenz seine ganze Hoffnung auf Frankreichs König, Philipp August[1].

Aber für einen neuen Kreuzzug war die Zeit noch nicht gekommen, und so begnügte sich Innocenz zunächst mit jener indirekten Förderung des heiligen Landes[2]. Denn noch immer waren für ihn die in Romanien weilenden Abendländer die Kreuzfahrer, die auf halbem Wege zurückgeblieben waren und mit Gottes Hülfe noch zum Ziele gelangen würden[3]. Er wusste allerdings nur zu gut, dass sie vor den Feinden des heiligen Landes die ihrer jungen Herrschaft am Bosporus zu bekämpfen hatten; gegen diese ihnen beizustehen, bezeichnet er auch als die nächste Aufgabe der Streitkräfte aus dem Abendlande, die er ihnen zuführte[4]. Wie lange sie aber

1. Brief an einen französischen Cleriker, l. c. „Cum nullus omnino succursus expectetur ad praesens in Hierosolymitanam provinciam profecturus . . ., unde cum a . . . Philippo, illustri rege Francorum, praecipuum super hoc subsidium expectetur, quem ob hoc Deus adeo magnificavit, . . . ut regi regum in hac summa necessitate principaliter ipse succurrat, fraternitati vestrae . . . mandamus . . ., quatenus ad eiusdem regis praesentiam accidentes . . . inducatis diligenter eundem, ut ad subsidium terrae sanctae prudenter ac potenter intendat . . .“

2. Bréqigny, p. 765: „Universis Christi Fidelibus ad succursum Terrae sanctae volentibus Constantinopolim proficisci“ vom 16. Aug. 1205.

3. Bréqigny, p. 1010: vom 11. Dezember 1206: Kaiser Heinrich ist gewählt „ab universo exercitu Latinorum“; am 30. März 1207 (Baluze, II, p. 17) schreibt Innocenz „Universis Christi Fidelibus crucesignatis in Romaniae partibus constitutis“, sie sollen zu Gott flehen „ut iter vestrum ad finem dirigat exoptatum“.

4. Bréqigny, p. 1010, in dem Briefe vom 11. Dezember 1206 „facile subiugabitis vobis nationes exteras ad obsequium crucifixi“.

Baluze, II, p. 17, in dem Briefe vom 30. März 1207: „Est enim crucesignatorum copiosa multitudo . . . in auxilium vestrum cito ventura, cum quibus ad paganorum perfidiam a Christianorum finibus exufflandam efficaciter cum Dei auxilio poteritis laborare“.

noch dadurch würden aufgehalten werden, war nicht abzusehen.

So gab er denn endlich den Vierten Kreuzzug verloren und rief das Abendland zu einer neuen Heerfahrt gegen die Ungläubigen auf. Gelang es, auf dem Fünften Kreuzzug nachzuholen, was auf dem Vierten versäumt war, so war der Schaden wieder gut gemacht. Dann stand der Vierte Kreuzzug in einem anderen Lichte da: über dem, was er erwirkt, der Kirchenunion, hätte man vergessen können, dass er sein eigentliches Ziel: die Befreiung des heiligen Landes, nicht erreicht hatte.

Schlussbetrachtung.

Ich habe in dieser Abhandlung zeigen wollen, dass man dem Vierten Kreuzzug nicht gerecht wird, wenn man in seiner Wendung gegen Constantinopel das Werk, sei es einer Intrigue, sei es des blossen Zufalls erblickt, und wenn man über Gebühr den Einfluss Einer Macht auf diese Wendung betont.

Vielmehr muss der Vierte Kreuzzug im Zusammenhang der Beziehungen des Abendlandes zu Byzanz betrachtet werden, und dann ergiebt sich, dass politische, wirtschaftliche und religiöse Motive, wie sie das Abendland im XI. und XII. Jahrhundert gegen Byzanz in die Schranken getrieben hatten, auch im XIII. die Wendung des Vierten Kreuzzugs gegen Constantinopel herbeiführten. Besonders bemerkenswert ist es, dass das Ziel dieser Heerfahrt des Abendlandes nicht, wie das der meisten des XII. Jahrhunderts, die Vernichtung des griechischen Reichs, sondern die Entthronung eines Usurpators und die Einsetzung des rechten Erben war. Die Ursache dieses Unterschiedes lehrt eine Betrachtung der am Vierten Kreuzzug beteiligten Mächte.

Die Macht, bei der das wirtschaftliche Interesse im Vordergrunde stand, die Republik Venedig, hatte niemals einen unbedingten Vernichtungskampf gegen Byzanz geführt, sie hatte stets nur durch Pressionsmittel verschiedener Art die Bestätigung ihrer Privilegien ertrotzen, ihre Handelsherrschaft im griechischen Reiche sichern wollen. Noch kurz vorher war ihr das bei Alexius III. durch die Drohung, seinem Neffen zum Throne zu verhelfen, gelungen. Als nun der Kaiser Venedigs Privilegien schmälerte, und zugleich eben dieser Neffe im Abendlande erschien, beschloss es einfach, seine Drohung wahr zu machen, den lästigen Kaiser zu verjagen und einen willfährigen an seine Stelle zu setzen.

Anders war es mit den politischen Motiven, wie sie für die Normannenkönige und ihren grösseren Nachfolger Heinrich VI. massgebend gewesen waren. Der Ehrgeiz dieser Herrscher hatte nach nichts Geringerem als der griechischen Kaiserkrone gestanden. Damals aber lebte Heinrich VI. nicht mehr und sein Bruder Philipp musste sich mit einem bescheideneren Masse griechischer Politik begnügen. Heinrich selbst hatte ihm hierzu die Bahnen gewiesen durch die Vermählung mit des entthronten Kaisers Isaac Angelos Tochter Irene: für diesen seinen Schwiegervater wie für seinen Schwager Alexius, die in Constantinopel gefangen sassen, trat Philipp ein, er knüpfte mit ihnen geheime Verbindungen an und bemühte sich dann mit allen Kräften für den jungen Alexius, als dieser ins Abendland entkommen war. Selbst nicht zu thatkräftiger Unterstützung seines Schwagers imstande, beschloss er, das Kreuzheer, das gerade damals seine Fahrt anzutreten gedachte, für die Rückführung desselben zu gewinnen, und Venedig, das sich zur Übersetzung eben dieser Kreuzfahrer verpflichtet hatte, wirkte in derselben Richtung.

Nun hatte aber, wie der politische, so auch der religiöse Antrieb in den Abendländern bisher stets nur den Plan reifen lassen, dem griechischen Reich ein Ende zu machen, weil nur, wenn sie selbst in Constantinopel herrschten, dem heiligen Lande geholfen sein werde; zugleich hatte man durch eine Eroberung des byzantinischen Reiches Geld und Güter zu erwerben und die griechische Kirche Rom unterthan zu machen gehofft.

An die Stelle dieses Planes trat jetzt unter deutsch-venetianischem Einfluss der andere, einen Thronwechsel in Constantinopel herbeizuführen, indem der griechische Fürst für den man eintrat, wie er jene weltlichen und katholischen Wünsche zu erfüllen versprach, sich vor allem auch verpflichtete, nach seiner Einsetzung den Kreuzfahrern Truppen, Geld und Lebensmittel für den Kampf gegen den Islam zur Verfügung zu stellen.

So ist es zu diesem Unternehmen des Occidents gegen Byzanz gekommen. Eine Fülle von Wünschen abendländischer Mächte sollte durch die Einsetzung des jungen Alexius Befriedigung finden, aber weder die verwandtschaftlich-dynastischen, noch die wirtschaftlichen, noch auch die hierarchischen Interessen, die sich an sie knüpften, haben der Unternehmung das Gepräge gegeben: „den Vierten Kreuzzug“ hat sie vielmehr die Geschichte genannt, und die Befreiung des heiligen Landes ist ihr letztes Ziel gewesen. Gleich dem Goldgrunde auf den Gemälden des Mittelalters, bildete die Kreuzzugsidee die Folie für alle die sonstigen Interessen, die die Abendländer nach Constantinopel führten.

Der Gedanke, auf friedlichem Wege die Gegensätze zwischen Orient und Occident auszugleichen, erwies sich als unfruchtbar, es zeigte sich nach des jungen Alexius Einsetzung, dass die Kluft, die diese beiden Welten trennte, unüberbrückbar war, und die Kreuzfahrer erkannten, dass sie nur durch eine Eroberung des griechischen Reichs ihre Interessen würden durchsetzen können.

Das ist ihnen in der That in weitem Masse in dem lateinischen Kaiserreich, das nun gegründet wurde, gelungen. Während Philipp von Schwaben völlig leer ausging, der Anspruch, den er nach dem Tode seines Schwagers auf den Thron von Byzanz erheben konnte, unberücksichtigt, und damit das Ideal einer Weltherrschaft, wie es Heinrich VI. in der Brust gehegt, für immer unerfüllt blieb, haben die Venetianer durch den Untergang des griechischen Reiches noch Grösseres erreicht, als ihnen die Einsetzung Alexius' IV. gebracht hätte: die durch militärische Stützpunkte und venetianische Colonisation gesicherte Handelsherrschaft in Romanien, und die Kreuzritter sind zu den höchsten weltlichen Ehren gekommen, wurden Kaiser, Könige, Fürsten oder mächtige Vasallen. Ein Grosses war es dann, dass jetzt endlich die alte Sehnsucht der Päpste und der katholischen Christenheit nach Angliederung der griechischen Kirche an die römische erfüllt wurde.

Nur eins wurde so wenig durch die Eroberung des griechischen Reiches, wie vorher durch die Einsetzung des griechischen Prätendenten erreicht: die Wiedereroberung des heiligen Landes. Der alte Kreuzzugsgedanke, dass die beste Förderung, die man dem heiligen Lande angedeihen lassen könne, die Eroberung Constantinopels sei, wurde nicht zum Siege geführt: es fehlte der krönende Abschluss der Unternehmung, sie blieb ein Torso.

Carl Müller-Rastatt

Friedrich Hölderlin
Sein Leben und sein Dichten

Deutsche Autoren der Romantik, Band 2

Müller-Rastatt, Carl

Friedrich Hölderlin. Sein Leben und sein Dichten.

Reihe: *Deutsche Autoren der Romantik*

ISBN: 978-3-86267-038-3

Auflage: 1
Erscheinungsjahr: 2010
Erscheinungsort: Bremen, Deutschland

Europäischer Literaturverlag (www.elv-verlag.de), Fahrenheitstr. 1, 28359 Bremen.

Bei diesem Titel handelt es sich um den Nachdruck eines historischen, lange vergriffenen Buches aus dem Verlag Eduard Hampe, Bremen (1894). Da elektronische Druckvorlagen für diesen Titel nicht existieren, musste auf alte Vorlagen zurückgegriffen werden. Hieraus zwangs-läufig resultierende Qualitätsverluste bitten wir zu entschuldigen.

Friedrich Hölderlin
Sein Leben und sein Dichten

Herausgeberwort

Die Literaturepoche der Romantik, die in etwa auf den Zeitraum zwischen 1790 und 1850 datiert werden kann, ist nur schwer konkret zu definieren. Zu vielfältig sind ihre literarischen Strömungen, zu verschieden ihre Autoren, als dass man sie auf einen gemeinsamen Nenner bringen könnte. Dennoch gibt es Merkmale, die charakteristisch für die Romantik sind. Dazu gehören Sehnsucht und Naturmetaphorik, sowie die Vorliebe für das Fantastische und Märchenhafte.

Die Romantik entstand als Gegenreaktion zum Rationalismus der Aufklärung und brachte viele literarische Werke hervor, die noch heute von großer Bedeutung sind. Nicht nur verhalf sie der deutschen Literatur mit Autoren wie E. T. A. Hoffmann oder A. W. Schlegel zu internationalem Ruhm, sie legte auch den Grundstein für die Literatur- und Sprachwissenschaft, wie wir sie heute kennen. Autoren der Romantik wie Clemens Brentano oder Jakob und Wilhelm Grimm waren die Ersten, die im Hinblick auf ein nationales Bildungsprogramm volkstümliche deutsche Literatur sammelten und bearbeiteten. Die romantische Epoche war wegweisend für die deutsche Literatur. Deshalb spielt die Auseinandersetzung mit ihren Autoren nach wie vor eine wichtige Rolle in den literaturwissenschaftlichen Diskursen.

Die vorliegende Schriftenreihe „Deutsche Autoren der Romantik" gewährt einen Einblick in das Leben der berühmten Schriftsteller der Romantik und vermittelt einen Eindruck davon, unter welchen Umständen sie zu den größten Dichtern und Denkern ihrer Zeit wurden. Neben ausführlichen Biografien, die sich dem gesamten Leben und Werk der betrachteten Autoren widmen, befinden sich in der Reihe auch verschiedene wissenschaftliche Abhandlungen, die spezifische Aspekte aus den Lebensgeschichten und Werken beleuchten. Fast alle Texte der Reihe stammen aus dem späten 19. Jahrhundert und wirken – da sie nur wenige Jahrzehnte nach dem Ende der romantischen Epoche entstanden sind – besonders authentisch.

Die Auswahl der Autoren ist exemplarisch und vermittelt zum jetzigen Zeitpunkt kein vollständiges Bild. Sie kann jedoch durch weitere Beiträge erweitert werden. Ebenfalls wurden Autoren, deren Zugehörigkeit zur Romantik umstritten ist, wie Jean Paul oder Friedrich Hölderlin in die Reihe aufgenommen, da auch ihre Werke zum Teil romantische Elemente aufweisen.

Ich wünsche Ihnen viel Vergnügen bei dem Einblick in die romantische Epoche!

Elena Schefner
Bremen, November 2010

Friedrich Hölderlin.

Sein Leben und sein Dichten.

Mit einem Anhange ungedruckter Gedichte Hölderlins.

Von

Carl Müller-Rastatt
Dr. phil.

Bremen.
Verlag von Eduard Hampe.
1894.

I.

Kindheit und Knabenjahre.

Johann Christian Friedrich Hölderlin wurde am 20. März 1770 in dem am Einfluß der Zaber in den Neckar schön gelegenen Lauffen geboren. Sein Stammbaum läßt sich nur bis auf den Urgroßvater zurück verfolgen, der 1719 im 48 Lebensjahre zu Großbottwar, wohin er von auswärts gezogen war, als Kloster Murrhardscher Pfleger und geistlicher Verwalter an der Brustwassersucht starb. Sein Sohn Johann Konrad bekleidete in Lauffen das Amt eines Klosterhofmeisters, eine nicht unansehnliche Stellung, die nach seinem Tode auf den Vater des Dichters, Heinrich Friedrich Hölderlin, überging. Dieser, am 25. Januar 1736 geboren, hatte sich mit der Tochter des aus dem Altenburgischen stammenden Pfarrers Hayn von Kleebronn, der zwölf Jahre jüngeren Johanna Christiane Hayn vermählt und bewohnte mit ihr ein zum Kloster gehöriges breites, zweistöckiges Haus am linken Zaberufer. In diesem jetzt noch stehenden, aber in Privatbesitz übergegangenen Hause, an dem am 1. Mai 1873 ein Gedenktafel angebracht wurde, kam ihr erstes Kind, der nachmalige Dichter, zur Welt. Im April 1771 folgte ihm ein Schwesterchen, das frühe starb. Die Geburt des dritten Kindes sollte der Vater nicht mehr erleben; er wurde am 5. Juli 1772 — so berichtet das Lauffener Todtenregister — „auf einem Besuche in der Oberamtei allda vom Schlage getroffen und ging in etlich Stunden dahin.“ Sechs Wochen später wurde die zweite Tochter, Marie Eleonore Heinrike, geboren, die im Jahre 1850 als Wittwe des Blaubeurer Professors Breunlin in Nürtingen starb.

Zwei Jahre später nahm die junge Wittwe, wohl in erster Linie, um ihren Kindern einen Vater zu geben, die Bewerbung des Bürgermeisters von Nürtingen, Kammerraths Johann Christoph Gock, eines Freundes ihres ersten Gatten, an und vermählte sich mit demselben im Oktober 1774. Diese zweite Ehe sollte noch kummerreicher sein, als die erste. Von den vier Kindern, die sie in derselben gebar, starben drei, nur ein Sohn, Karl Christoph Friedrich, blieb am Leben. Er war zwei und ein halbes Jahr alt, da fiel sein Vater unerwartet schnell einer Brustfellentzündung zum Opfer, die er sich durch angestrengte Thätigkeit bei einer Ueberschwemmung zugezogen hatte. Zum zweiten Male wäre die arme Frau einsam und hilflos in der Welt gewesen, wenn nicht ihre inzwischen gleichfalls verwittwete Mutter jetzt zu ihr gezogen wäre, um ihr bei der Erziehung der Kinder beizustehen.

Gram und Trauer, das war also das Zeichen, unter dem Friedrich Hölderlin seine Kinderjahre verbrachte. Wie oft mag er der Mutter Auge in Thränen gesehen haben, wie manche Zähre mag auf sein blondes Köpfchen gefallen sein, wenn die Wittwe ihn, ihren Erstgeborenen, die Hoffnung ihres Lebens, auf den Schoß nahm und herzte. Die beständige, fast alljährlich erneute Trauer konnte nicht ohne Einfluß auf eine kindliche Seele sein, am wenigsten auf eine so zart organisierte, so für jeden äußeren Eindruck empfängliche, wie es die dieses Knaben war. Zwar meint er später in einem Briefe, in dem er dem Grunde seiner Schwermuth nachgeht: „Auch Sie, liebste Mutter, haben mir diesen Hang zur Schwermuth nicht gegeben“; aber dem widerspricht, was er glaubwürdiger an andrer Stelle schreibt: „Da mir mein zweiter Vater starb, da ich mich mit unbegreiflichem Schmerz als Waise fühlte und Ihre tägliche Trauer und Thränen sah, da stimmte sich meine Seele zum erstenmal zu diesem Ernste, der mich nie ganz verließ“. Den Rückhalt gegen diese Eindrücke im Elternhause fand er nicht, wie andre Knaben, im Verkehr mit seinen Altersgenossen. Zwar hat er ihn nicht ganz gemieden, er erinnert sich später sogar mit schmerzlicher Sehnsucht, der glücklichen Zeit seiner Kinderspiele (S. Anhang Nr. 7.) aber er hat sich diesen Freuden nie rückhaltlos hingegeben. Eine scheue, empfindsame Natur, nur zu geneigt, in der lärmenden Knabenfröhlichkeit Rohheit zu sehen, war er selbst später auf der Klosterschule, wo er sich dem Umgang mit seinen Genossen nicht entziehen durfte, stets bestrebt, sich so viel als möglich zu isolieren, und verstand es nicht, sich in den in diesem Alter gemeinhin üblichen Verkehrston zu finden. So lange er noch daheim war und keinem Schulgesetze unterstand, folgte er dem Hange seiner Natur erst recht und zog lieber grübelnd und träumend allein seines Wegs, statt mit den Nürtinger Buben herumzuspringen und sich die Grillen aus dem Kopf zu tollen. Dafür hatte er sich eine Freundin auserkoren, an die Kinder gemeinhin noch nicht zu denken pflegen, an deren Brust er aber schon in früher Zeit Tröstung suchte, wie er ihr selbst da noch treu blieb, als sein Geist schon für alles andre abgestorben war. Es war die Natur. Zu ihr flüchtete er sich aus den Bekümmernissen des Elternhauses, in ihrem Schoße vergaß er seiner Trauer, ihre Erhabenheit und stille Größe, ihre Lieblichkeit und Anmuth erfüllten sein Herz mit unsäglicher Wonne. Da ich ein Knabe war — so singt er in einem in späteren Lebensjahren entstandenen Gedichte —

Da ich ein Knabe war,
Rettet' ein Gott mich oft
Vom Geschrei und der Ruthe der Menschen
Da spielt' ich sicher und gut
Mit den Blumen des Hains
Und die Lüftchen des Himmels
Spielten mit mir.

Und wie Du das Herz
Der Pflanzen erfreuest,
Wenn sie entgegen Dir
Die zarten Arme streckten,
So hast Du mein Herz erfreut,
Vater Helios! Und wie Endymion
War ich dein Liebling,
Heilige Luna!

O all ihr treuen,
Freundlichen Götter!
Daß ihr wüßtet,
Wie euch meine Seele geliebt!

Wäre er irgendwo im Norden Deutschlands, in trister, an Reizen armer Gegend groß geworden, wer weiß, ob sich seine Liebe zur Natur in dieser Weise entwickelt hätte; die anmuthige Lage Nürtingens war ganz dazu angethan, sie zu befördern. Das Städtchen liegt in einem breiten, lachenden Thal, durch das die Wellen des pappelumstandenen Neckars rasch dahinziehen; am einen Ufer treten die bewaldeten Hügel dichter an den Fluß heran, auf dem andern bietet sich dem Auge der Blick auf die schimmernde Albkette, aus der gerade über dem einem Obsthain gleichenden Thälchen, das bei Nürtingen in's Neckarthal ausläuft, der massige Neuffen sich vorbaut, gekrönt von der stattlichen Feste, deren Riesenmauern mit dem weißen Fels in eins verschmolzen scheinen. Kreuz und quer durchstreifte der Knabe die schöne Landschaft, bald allein, bald in Begleitung seines Stiefbruders Karl, bei gutem und schlechtem Wetter, zu jeder Jahreszeit. Diese Wanderungen lehrten ihn die Natur beobachten und verstehen, legten in ihn den Keim zu jener Gabe der Naturschilderung, die seiner Poesie einen so eigenen, bestrickenden Zauber verleiht. Aber weil er die Einsamkeit nie um ihrer selbstwillen aufsuchte, weil er sich ihr nie unbefangen ergab, darum ist hier auch die Wurzel seiner besondern Art der Anschauung zu suchen, die Klaiber treffend gekennzeichnet hat mit den Worten: „Er nimmt die Stimmung nicht aus der Natur, er sucht das Echo seiner eignen in ihr.“ Die Anschauung der Landschaft war ihm nicht Selbstzweck, sondern nur das Fundament, auf dem er die luftigen Gebäude seiner Träume errichtete, der Nährboden für Gedanken, wie sie nur ein frühreifes Kind haben kann. In einem Gedichte aus dem Jahre 1786 ruft er seinem Bruder die Erinnerung an eine jener gemeinsam verlebten Stunden zurück:

Guter Karl, in jenen schönen Tagen
Saß ich einst mit Dir am Neckarstrand,
Fröhlich sahen wir die Wellen an das Ufer schlagen,
Leiteten uns Bächlein durch den Sand.
Endlich sah ich auf: im Abendschimmer
Stand der Strom. Ein herrliches Gefühl
Bebte mir durchs Herz und plötzlich scherzt' ich nimmer,
Plötzlich stand ich ernster auf vom Knabenspiel.

Bebend lispelt' ich: wir wollen beten:
Schüchtern knieten wir in dem Gebüsche hin.
Einfalt, Unschuld war's, was unsre Knabenherzen redten —
Lieber Gott! die Stunde war so schön!
Wie der leise Laut Dich Abba nannte!
Wie die Knaben sich umarmten! himmelwärts
Ihre Hände streckten! wie es brannte —
Im Gelübde oft zu beten — beider Herz!

Schön und edel, gewiß! Aber zu schön und edel für ein Kind, das noch seine Freude daran findet, Bächlein durch den Sand zu leiten. Ein Geist, der so frühe schon solche Früchte trägt, bedarf der sorfältigsten Erziehung, wenn er nicht erkranken soll.

Es machte sich sehr ungünstig geltend, daß über das so veranlagte Kind kein Vaterauge wachte. Gewiß that die Mutter, was in ihren Kräften stand. Der sorgenden Liebe, mit der sie den Sohn umgab, gedenkt dieser immerfort mit herzlichster Dankbarkeit. „Mir ist's oft so deutlich und lebendig — schreibt er ihr im Spätsommer 1793 — daß wenige solch eine Mutter haben wie ich, und sehen Sie, dies ist mein Ahnenstolz." Und aus Jena am 16. Januar 1795: „Nur das möcht' ich erringen, daß meine Mutter von Herzensgrunde sagen könnte, es war an ihm keine Mühe und Sorge vergebens" und wenige Wochen später „O meine Mutter! Sie fragen, ob ich Sie lieb habe? Könnten Sie in mein Herz sehen! Ich bin gewiß, daß mir diese innige Anhänglichkeit an Sie bleiben wird, so lange ich das Gute lieben werde." Aber mochte sie ihm auch alles geben, was Mutterliebe vermag, mochte ihr die Großmutter helfend zur Seite stehen, deren edlem Wesen der Enkel in der Elegie zu ihrem zweiundsiebzigsten Geburtstage 1799 ein herrliches Denkmal setzte — „es war eben doch nur weibliche Leitung, doppelt gefährlich, je bildsamer und empfänglicher die Natur des Kleinen war und je weniger er durch angeborenes Maß zu unmittelbarem Eingreifen der erziehenden Zucht Veranlassung geben mochte.“ Auch seine damaligen Lehrer — er besuchte die Nürtinger Lateinschule, die Präzeptor M. Kraz leitete, und genoß daneben den Privatunterricht des Diakonus Köstlin — scheinen auf die Entwicklung seines Charakters keinen Einfluß gewonnen zu haben. So war er fünfzehn Jahre alt geworden, von einnehmendem Aeußern, aber nicht frei von Kränklichkeit, von Gemüth rein, lauter und liebenswürdig, aber krankhaft empfindlich und zur Schwermuth neigend, und man stand nun vor der Frage, welchen Beruf er ergreifen solle. Die Mutter entschied sich, einerseits wohl von dem Wunsche beseelt, den Sohn die Laufbahn ihres Vaters einschlagen zu sehen, andrerseits aber auch ohne Zweifel mit Rücksicht auf die Geldfrage, dafür, ihn das Studium der Theologie ergreifen zu lassen. Er selbst wird — von seiner Frömmigkeit in dieser Zeit geben die vorher angeführten Strophen einen Beweis — damals gern zugestimmt haben, über die Tragweite des Entschlusses ist er sich jedenfalls nicht klar gewesen. Im Herbst 1784 trat er als Alumnus in die niedere Klosterschule zu Denkendorf ein.

Der wissensdurstige Knabe mag freudig aus seinem Vaterhause in's Seminar gezogen sein, war es doch eine neue, unbekannte Welt, die ihm hier erschlossen wurde. Aber wenn dem wirklich so war, so schlug seine Stimmung bald um. Zunächst kam ihm die Trennung von seiner Familie, an der er mit echt schwäbischer Treue hing, unendlich schwer an, und wenngleich Nürtingen von Denkendorf aus unschwer zu erreichen war, so ließ doch die strenge klösterliche Zucht einen häufigeren Besuch in der Heimath nicht zu. Diese Zucht, die in den Klosterschulen noch ungefähr ebenso streng war, wie in den Männerklöstern, aus denen sie unter Herzog Christoph entstanden waren, diese Zucht behagte unserm Hölderlin sehr wenig. Er, der gewohnt war, ungebunden im Freien einherzustreifen, sah sich jetzt durch einen festen Lektionsplan für alle Stunden des Tags von fünf Uhr Morgens bis acht Uhr Abends zu bestimmter Thätigkeit gezwungen, er, der die Einsamkeit liebte, mußte jetzt beständig mit seinen Seminargenossen zusammen sein, denn die Klosterordnung bedrohte selbst den mit Strafen, der während der Rekreationszeit allein gehend sich finden ließ. Und dazu kam, daß keiner seiner Lehrer ihn besonders anregte, ja, auch keiner anregen konnte, da ein näheres Verhältniß zwischen ihnen und den Schülern überhaupt nicht bestand. Weder der Prälat M. Johann Jakob Erbe, noch die beiden Professoren M. Jakob Nik. Hesler und M. Wilhelm Ludwig Dreher scheinen einen bleibenden Eindruck auf ihn gemacht oder gar in seiner so liebedurftigen Seele das Bedürfniß nach näherem Anschluß hervorgerufen zu haben. Die Studienordnung, die das Schwergewicht auf das Privatstudium der Schüler legte, wird ihm zugesagt haben, denn sie gestattete ihm, Stunden lang seinen Liebhabereien nachzugehen, seinen Träumen nachzuhängen. Aber gerade darum war sie für ihn nicht vortheilhaft, denn wie sie einerseits die Neigungen bei ihm förderte, denen man jetzt im Gegentheil auf das energischste hätte entgegentreten sollen, so war sie andrerseits Ursache daran, daß er sich jenes gediegene, solide, allgemeine Wissen nicht erwarb, welches er später, als er den Mangel einsah, trotz eisernen Fleißes nachzuholen nicht mehr im Stande war. Die Studien allerdings, die ihm zusagten, betrieb er mit großem Eifer, und wie mächtig der Eindruck war, den eine Bereicherung seines Wissens nach dieser Richtung hin in seiner Seele hervorrief, bezeugt er selbst, wenn er in einer später fortgefallenen Strophe des Konzepts zu der Ode „Die Schlacht“ dieser Zeit gedenkt, in der er noch

„ein stiller Knabe,
Da mir zuerst vom Heroentode
Die großen goldenen Worte mein Herz
Mit ahnungsvollem Schauer vernahm.“

Ihrer Bestimmung für das Studium der Theologie entsprechend, mußten die Seminaristen bereits kleine Predigten halten. Nicht ohne Stolz theilt Hölderlin in einem Briefe an seine Mutter, dem einzigen, der aus seiner Denkendorfer Zeit erhalten ist, dieser mit, daß er bei der Vesper am Johannistage (2. Weihnachtstag) 1785 eine Rede halten muß und darum nicht nach Nürtingen kommen kann. Mit dem für ihn gewählten Berufe scheint er vorläufig noch zufrieden gewesen zu sein, wenn wir eines seiner Gedichte aus dieser Zeit für den Ausdruck seiner wirklichen Meinung halten dürfen. Es ist an die „Mäcenaten“ gerichtet, deren „Weisheit Wille“ die Klostenschüler „würdigte, der Kirche Dienst sich zu weihn“ und dürfte bei einer Schulfeier von dem jugendlichen Dichter vorgetragen worden sein. Es heißt darin

„Wer, Brüder, säumt, daß er die Schuld des Dank erfülle,
Da wir uns solcher Gnade freu'n.“

Wohl eilt der Wanderer durch dunkle Wälder,
Durch Wüsten, die von Hitze glüh'n,
Erblickt er nur von fern des Lands beglückte Felder,
Wo Ruh' und Friede blüh'n.

So können wir die frohe Bahn durcheilen
Weil schon das hohe Ziel uns lacht,
Und der Bestimmung Sporn, ein Feind von trägem Weilen,
Uns froh und emsig macht.

Wir werden nur zu bald dem ersten Versuche begegnen, die Bahn, die er jetzt noch eine frohe nennt, zu verlassen, weil er sich inzwischen andre Lebenszwecke gesetzt hat und das „hohe“ Ziel ihm nicht mehr erstrebenswerth dünkt. Vorläufig hing er noch mit kindlicher, kritikloser Seele am strengen Glauben, wie er in Denkendorf, das gerade zu seiner Zeit im Rufe geistloser, kleinlicher Pedanterie stand, gelehrt wurde. In einem geistlichen Gedicht vom 12. November 1787 singt er:

„Herr, was bist Du? was Menschenkinder?
Jehova Du, wir schwache Sünder
Und Engel sind's, die, Herr, Dir dienen,
Wo ew'ger Lohn, wo Seligkeiten krönen.“

Der Poesie, die vielleicht der Umgang mit der Natur in ihm geweckt hatte, lag er schon jetzt mit Eifer ob. In dem oben erwähnten Briefe an seine Mutter berichtet er von tausend Entwürfen zu Gedichten, die ihn beschäftigten. Uebrigens mag dazu auch der Umstand beigetragen haben, daß das Versemachen von Schulwegen getrieben werden mußte. Was sich aus dieser Zeit erhalten hat, läßt noch auf keine ungewöhnliche Begabung schließen, es zeichnet sich weder durch neue Gedanken, noch durch besondere Beherrschung der Sprache aus, sondern ist nach älteren Mustern schlecht und recht hergestellt. Ein einziges unter den Gedichten, das im Anhang abgedruckte an seinen Freund Bilfinger verdient größere Beachtung, nicht so sehr wegen poetischer Vorzüge, sondern weil es uns jetzt schon an dem Knaben Charaktereigenschaften zeigt, die auch den Mann nie verlassen haben: Unzufriedenheit mit der Welt und Mißtrauen gegen die Menschen und damit verbunden ein Selbstgefühl, ein Gefühl des Besserseins als andre, das bei einem vierzehnjährigen Knaben unangenehm berühren müßte, wenn uns nicht die Geschichte seines ferneren Lebens lehren würde, wie schmerzlich er selbst darunter gelitten hat. Mit diesem Mißtrauen verschonte er, wie wir bald sehen werden, selbst den eben genannten Bilfinger, seinen besten Freund nicht, der 1770 zu Kirchheim unter Teck geboren sich später der diplomatischen Carriere zuwandte. Und doch war Bilfinger derjenige, welcher ihm jetzt noch am nächsten stand; von sonstigen Freundschaften wissen wir nichts. Die ganze Liebe, deren sein reiches Herz fähig war, scheint jetzt noch seiner Mutter und seinen Geschwistern gehört zu haben. Rührend ist es, in dem schon wiederholt erwähnten Brief zu lesen, wie er sich Gedanken darüber macht, womit er Bruder und Schwester beschenken soll, und die Mutter bittet, die Einkäufe zu besorgen und ihm das Geld dafür, „wanns ja so ein wenig unter uns beim alten bleiben soll", abzuziehen. Zwei Jahre dauerte der Aufenthalt in Denkendorf, dann trat er mit 27 Genossen in das höhere Kloster Maulbronn über. Sein Abgangszeugniß bewies, daß er seine Zeit nicht verloren hatte, es lautete in den Gaben „recht gut", in Sitte, Fleiß und Einzelfächern „gut"; sein Platz unter den Kompromotionalen war der sechste.

Seinem Semesterzeugniß zufolge scheint er in Maulbronn den Studien mit Eifer obgelegen zu haben. Mit Ausnahme der Mathematik und des Französischen, in denen er es nur zu einem „mittelmäßig" brachte, werden ihm in allen Fächern die besten Prädikate zuerkannt, in der Poesie im letzten Semester sogar ein „vorzüglich"; sein Fleiß wird durchweg „recht gut", seine Sitten im Anfang nur „ganz gut", späterhin aber „fein" genannt. Ein Einfluß seiner Lehrer, des Abtes M. Joh. Christoph Weinland und der Professoren M. Joh. Gottfried Maier und M. Joh. Christian Hiller auf seine geistige Entwicklung läßt sich für Maulbronn ebensowenig, wie für Denkendorf feststellen. Schwab erwähnt einen — verloren gegangenen — Brief Hölderlins, in dem dieser mit besonderer Rührung den tiefen Eindruck schildere, „welchen das Gebet des greisen, der Klosterschule würdig vorstehenden Prälaten während eines furchtbaren Gewitters auf ihn gemacht"; von Eindrücken andrer Art spricht ein Brief an seine Mutter aus dem Sommer 1787, in dem es heißt: „Und noch überdies hat Herr Prälat, der so gepriesene Weinland, wirklich so unbegreiflich wunderliche Launen, da er Professoren, Studenten, und Famulus, als einen vor des andern Angesicht, schon dergestalt abgewaschen hat, daß bald vollends Professoren und Studenten und Famulus zusammen heulen." Wenn auch der später in Frankreich zu hohen Ehren gelangte M. Karl Friedrich Reinhardt in einem viel genannten Aufsatze im Schwäbischen Museum dem damaligen Kloster Maulbronn nachrühmt, daß es sich durch große und auffallende Liberalität in der Behandlung der Alumnen auszeichne, so ist es begreiflich, daß derartige Scenen das empfindsame Gemüth Hölderlins abstießen und seinen Widerwillen gegen das Klosterleben nur noch verstärkten. Hier faßt er denn auch zum ersten Male den Entschluß, das Studium der Theologie aufzugeben, und theilt dies seiner Mutter mit. Es gelang ihr zwar, ihn davon abzubringen, wie aus einem von Litzmann in's Frühjahr 1787 verlegten Brief erhellt, in dem es heißt: „Liebste Mama! Sie können mir's jetzt gewiß glauben —

daß mir, außer in einem ganz außerordentlichen Fall, wo mein Glück augenscheinlich besser gemacht wäre — daß mir nie mehr der Gedanken kommen wird, aus meinem Stand zu treten." Ach, er kam ihm nur zu oft wieder; schon bald nach diesem Briefe schreibt er seinem Freunde Nast, er habe sich fest vorgenommen, „meiner Mutter morgen zu schreiben, daß sie mich gar aus dem Kloster nimmt." So lange er im Besitz seiner Geisteskräfte war, so lange hat ihn dieser Wunsch nicht verlassen und daß er ihn nicht zur Ausführung bringen konnte, muß als eine der Hauptursachen seines Unterganges angesehen werden.

Wenn er dringend begehrte, aus der Klosterschule fortgenommen zu werden, so traf er damit — vielleicht unbewußt — das rechte: die dortige Lebensweise und Erziehungsmethode war geradezu Gift für ihn. Alle die Charaktereigenschaften, deren gründliche Lahmlegung allein ihn für das spätere Leben hätte brauchbar machen können, entfalteten sich hier ungehindert zu üppiger Blüthe und zehrten wuchernd am Kern und Mark seines Geistes. Ungestört gab er sich seinen Träumereien hin, „phantasirte die Stunden weg", baute sich in seinen „müßigen Abendstunden — wenn er so allein im Dunkeln war," Luftgebilde und „das Ende von allem war — daß er sich und andere bedauerte." Von dem Treiben seiner Genossen hielt er sich fern, weil es ihm nicht zusagte, und gewöhnte sich immer mehr daran, auf sie herabzusehen, sich für edler und besser zu halten. Da stiegen ihm Gedanken auf, wie er sie in einem Briefe an Nast erwähnt: „Gerade das, was mich trösten sollte, das liegt am schwersten auf mir. Da denk ich allemal — wenn in Dir die Wollust, Hader, Raufsucht wüthete, wenn du wärest was viele um Dich herum sind — O ich will schweigen." Er sah, daß die andern glücklicher und zufriedener waren, als er, der sich doch für so viel besser hielt, und konnte nicht begreifen, wie dies möglich war; so wurde er beinah „ein solcher, der den anklagt, der allweise unser Schicksal lenkt", so wurde er, wie er sich selbst nennt, „der ewige, ewige Grillenfänger". Was sein Hyperion von sich sagt: „Mir mangelt der heitere Blick in die Welt und die freie Lust an allem lebendigen", das gilt von Hölderlin schon in seiner Maulbronner Zeit, ihm fehlte die rechte Kraft zur Freude, er suchte sich dem Gefühl des Unglücks, dem Schmerze nicht zu entziehen, weil er in ihm etwas sah, „das man hegen mag, das man am Herzen trägt, wie ein Kind". „Ich lerne mich immer besser in die Welt schicken" meint er zwar in einem Briefe an seine Mutter, aber darin täuschte er sich. An allen Blüthen, die auf seinem Lebenswege sproßten, suchte er zunächst die Dornen auf und mit einer Art bittersüßer Genugthuung ruft er aus: „Gott hat mir mein redlichs Theil Leiden beschert!" Gott! denn ihn machte er verantwortlich für alles, was ihm zustieß und er hatte „Stunden, wo Zweifel gegen den Lenker seines Schicksals in seiner Seele aufsteigen". Er weiß selber wohl, daß es ihm „angeboren ist, daß er alles schwerer zu Herzen nimmt", aber er thut nichts, um diesem Hange entgegen zu arbeiten. Von allen, die um ihn sind, meint er, daß er ihnen lästig ist, daß sie ihn beleidigen wollen. Wenn seine Freunde Efferenn und Bilfinger einmal sich „bei einer Privatmusik" ergötzen, ohne ihn dazu zu bitten, wittert er dahinter gleich eine böse Absicht, und peinvoll wirkt es, wenn wir lesen, wie der Sechzehnjährige von seinen Schulgenossen argwöhnt, daß sie ihm „um seine besten Absichten Pallisaden setzen, seine unschuldigsten Handlungen für Verbrechen auslegen", wenn er ausruft: „daß es doch so schlechte Menschen gibt, unter meinen Kameraden so schlechte Kerls" und bekennt, daß er sich „manchmal schon lieber an jeden andern Ort gewünscht hätte, als unter Menschengesellschaften". Solche Ergüsse beweisen zur Genüge, daß sein Geist sich schon jetzt in einem hochgradig krankhaften Zustand befand und daß ein Fortschreiten auf dieser Bahn zu keinem guten Ende führen konnte. „Und dies sei die Zeit, wo wir's am besten haben, sagen sie!" ruft er schmerzlich aus und gefällt sich darin, sich ein Einsiedlerleben auszumalen, in dem er wenigstens vor dem Umgang mit Menschen sicher sein würde. Die beständige seelische Erregung konnte auch auf seinen körperlichen Zustand nicht ohne Einfluß bleiben, er litt an Schlaflosigkeit — „ich werde wieder wenig schlafen“ schreibt er einmal an Nast — und warf sogar öfters Blut aus, so daß er den Prälaten um eine Kurzeit von etlichen Monaten bitten wollte. Zum Glück besserte sich seine Stimmung mit dem Beginn des zweiten Jahres, wie seine Briefe beweisen. „Wenn du wirklich in mein Herz sehen könntest“ heißt es in einem Schreiben an Nast im Herbst 1787, „wie's da so hell, so zufrieden, so ruhig aussieht, Du würdest Dich freuen“. Wir kennen den Grund dieses Umschlags: die erste Liebe war in sein junges Herz eingezogen.

Im Januar 1787 schreibt er seinem Freunde Nast: „Ich lief neulich unsrer Frau Baas Famulissin in ihren Garten nach — da redeten mich die Mädchen aus der Verwaltung zum allererstenmal im Vorbeigehen dort an; Du solltests gesehen haben — ich habe mich gefreut wie ein Kind — daß mich nur auch jemand angeredet hat — und das war doch keine so wichtige Sache zum Freuen“. Er ist hier gegen den Freund nicht ganz aufrichtig, wenn er diese Begegnung als so bedeutungslos hinzustellen sucht. Die eine der Töchter des Klosterverwalters, Expeditionsraths Nast, eines Verwandten seines Freundes, interessierte ihn so, daß er sich näher nach ihr erkundigte. Luise war ein Mädchen von schönem Aeußeren und lebhaftem Naturell. Ihre hervorstechenden Eigenschaften waren nach Schwabs Mittheilungen auch in späteren Jahren, in welchen sie das Schicksal Hölderlins mit herzlicher Theilnahme verfolgte, eine innige Religiosität, nicht ohne Hang zum Schwärmerischen und Mystischen, Freude an der Natur, besonders an Blumen, und Liebe zur Einsamkeit, in welcher sie gerne der Lektüre pflegte, lauter Eigenschaften, die, wie wir wissen, auch Hölderlin im hohen Maße besaß. Kein Wunder, daß sich diese jungen Herzen bald innig aneinander anschloßen. Begreiflicherweise zwangen die Umstände sie, das zarte Verhältniß vor fremden Augen geheim zu halten, und Hölderlin mußte Luisen „so heilig so oft versprechen, keiner Seele nichts zu entdecken“. Schließlich aber wurde der treue Nast doch zum Mitwisser gemacht. Der Brief, in welchem dies geschah, ist so charakteristisch für Hölderlin und entwirft ein so lebendiges Bild seiner ersten Liebe, daß wir ihn hier im Wortlaut folgen lassen:

„Wo soll ich anfangen?“ — schreibt der Jüngling — „Soll ich Dir all unsre freudige und leidensvolle Tage herzählen? Ich will's thun — werde aber sobald nimmer aufhören können. Ich kam hierher — sah sie — sie mich. Beide fragten wir, jedes nach dem Charakter des andern — wie's oft geht — blos aus Zufall that's vielleicht Luise — beide fragten Deinen guten Vetter, des Famulus Sohn — der damals hier war — den Gang unsrer Liebe will ich Dir nicht beschreiben — Dein lieber guter Vetter bracht uns schon im ersten Monat meines Hierseins zusammen. Wie's da in meinem Herzen tobte — wie ich beinah kein Wort hervorbringen konnte — wie ich zitternd kaum das Wort Luise hervorstammelte, das weißt Du — Bruder — das hast Du selbst gefühlt. Dein Vetter kam bald fort — und — schreckliche Tage kamen. Ich hatte das liebe Mädchen an einem Orte gesprochen — wo ich, ohne vorhergehende Abrede sie nie sprechen konnte — keiner Seele konnten wir uns vertrauen — kein Ort war sonst möglich — wir blieben also auf die etlich Augenblicke — auf die etlich herausgestammelten Worte — beinah über einen Monat geschieden. O Bruder! Bruder! das waren schreckliche Tage — namenlose Leiden — noch nie gefühlte Raserei zerriß mir das Herz. — B. dann — es hatte sich Eifersucht ins Spiel gemischt und der Gegenstand dieser war — Bilfinger — er war unwissend von allem, auch ein Anbeter von Luisen. Ich erfuhr's — schrieb ihre Entfernung von mir einer geflissentlichen Vermeidung zu — fand endlich Gelegenheit — ihr fürchterlichen Unsinn, wie ich mich noch erinnere — zu schreiben — raste stündlich mit Bilfingern — und weder B. wußte, woher die unbegreifliche Feindschaft komme, noch die gute L. was der Unsinn zu bedeuten habe. Endlich — in der Stunde des äußersten Grimmes sagt' ich alles vor B. heraus — er entsagt ihr freiwillig — denn er hatte noch kein Wort mit ihr gesprochen — und so entstand unsre Freundschaft. L. sprach ich auch bald an dem Plätzchen unsrer ersten Zusammenkunft — sie fragte mich voller Angst — was ich denn mit dem Brief wolle? Ich ward verwirrt — sie noch verwirrter — und doch war's ein seliges Stündchen — doch schieden wir herzlich vergnügt. . . . Immer noch plagten mich grimmige Launen und manche Thräne floß über der Ungewißheit — ob sie mich auch wirklich liebe. Nur selten kam ich zu ihr — immer verstohlen — und das machte dem lieben Mädchen oft bange. Sie war sehr zurückhaltend vor mir — weil sie mich nicht kannte — und ist das nicht schon ein bewunderungswürdiger Zug in ihrer schönen Seele? — — Der Sommer kam — und mit ihm Leiden über meine Luise und mich. — Gott im Himmel! ich mag mich nimmer in die Tage versetzen. . . . . Man bemerkte den Kummer meiner Seele bald — und im ganzen Kloster wurd' ich als gefährlich melancholisch ausgesagt. Luise hört' es, und ihr Kummer glich dem meinigen. Der Schlaf floh mich bei Nacht — und bei Tag alle Thätigkeit. . . Um die Ursache unsrer Leiden frage mich, wenn Du willst — Du sollst sie all erfahren — sie werden Dir gering vorkommen — wenn ich's überdenke, kann ich's auch nicht begreifen. Jetzt stille von den traurigen Tagen. Ich hatte für einen Jammermonat eine selige Stunde, wo ich mit meiner Luise weinte — und für diese dankte ich Gott! Dankte ihm endlich für alles — für all' die Leiden — all' die Verfolgungen — all' die Thränen. . . . . . Endlich wurd' ich ganz zufrieden — außer daß das Andenken an die Leiden mein Auge zuweilen noch trübte. — — Und jetzt, Bester, jetzt bin ich der Glücklichste auf Erden. – Geh' es, wie will — ich liebe meine Luise ewig — ewig — und ewig — ewig — liebt mich meine Luise."

Die Liebe der Beiden war so leidenschaftlich überschwenglich, wie sie nur in jener gährenden Zeit sein konnte. „An Gott und an ihn" dachte Luise in ihrem Stübchen und wenn er oft so düster zu ihr kam und ihr über Menschen klagte, dann mahnte sie ihn „an die Ewigkeit — und das sind selige Stunden".

Auch mit Poesie beschäftigten sie sich, sie lasen, jeder für sich, den Don Carlos, berauschten sich an dem neuen Geist, der aus ihm sprach, und tauschten ihre Gedanken darüber aus. Das Glück, das Hölderlin in dieser Liebe fand, spricht sich so recht in einem Briefe aus, den er im Frühjahr 1788 an Luise schrieb: „Was wir doch für Menschen sind — Liebe!" heißt es da. „Ich meine, dieser Augenblick, da ich bei Dir war, sei seliger gewesen, als alle, alle Stunden, da ich bei Dir. Unaussprechlich wohl war mir's, als ich so oben am Berge ging und Deinen Kuß noch auf meinen Lippen fühlte — Ich blickte so heiß in die Gegend, ich hätte die ganze Welt umarmen mögen — und noch, noch ist mir's so! Deine Veilchen stehen vor mir, Luise! Ich will sie aufbewahren, so lang ich kann". Aus dieser Stimmung heraus schrieb er sein Lied auf die „Schwabenmägdelein" (Anhang Nr. 3), ein Lied, das so heitere, schelmische Töne anschlägt, wie wir sie bei dem unglücklichen Dichter nur dies eine Mal finden. Sein Schicksal gönnte ihm das ungestörte Glücksgefühl nicht lange: an die Stelle der sonnigen Heiterkeit tritt nur zu bald wieder die düstre Schwermuth und schon im nächsten Jahre singt er in der „Weisheit des Trauerns":

„Ernst wie das Grab sei meine Seele,
Heilig mein Sang, wie die Todtenglocke."

Seine Neigung zu Luise war nur eine Jugendliebe, ohne festen Bestand und Dauer, aber sie gewährte ihm das, was er in der großen Leidenschaft seines Lebens nicht finden sollte, sie ließ ihn wenigstens einmal glücklich sein.

Aber auch die Freundschaft hatte neben der Liebe Raum in seinem Herzen. Zwar war das Mißtrauen, mit dem er zunächst jedem entgegen kam, nicht geeignet, ihm das Anknüpfen von Beziehungen leicht zu machen und so klagt er denn auch gelegentlich aus Maulbronn: „hier mag mich niemand", eine Klage, die ohne Frage grundlos war, da man gewiß, wie später in Tübingen, so auch jetzt schon, den schönen, liebenswürdigen Jüngling gern sah. War er somit wählerisch in seinem Umgange, so schloß er sich an die, welche er einmal erkoren hatte, um so inniger an. Seiner Beziehungen zu Bilfinger haben wir oben schon gedacht; der lustige, stets zu Schelmenstreichen aufgelegte Freund hätte einen wohlthätigen Einfluß auf ihn ausüben können, wenn Hölderlin Spaß verstanden hätte, aber das war leider nicht der Fall und er klagt tiefbekümmert: „der gute lustige Bilfinger kann mich ob einer ein wenig schwärmerischen Rede geradehin einen Narren schellten". Auch Nasts haben wir bereits gedacht, der damals Scribent in der Stadtschreiberei von Leonberg war und später Stadtschreiber von Gmünd wurde. Bei einem Besuche, den Nast seinen Verwandten in Maulbronn machte, lernte Hölderlin ihn kennen und faßte die zärtlichste Zuneigung zu ihm. Sein ganzes Herz schüttet er in den Briefen an ihn aus, ihm klagt er all sein wirkliches und eingebildetes Leid, ihm vertraut er alle seine Gedanken und Bestrebungen an. Es ist merkwürdig, daß eine so glühende Freundschaft den Maulbronner Aufenthalt nicht lange überdauerte. Im April 1789 schreibt Nast dem Freunde noch einmal nach Tübingen, weitere Spuren eines Verkehrs zwischen den beiden sind nicht nachzuweisen. Als der Freund den kranken Dichter im Jahre 1828 aufsuchte und ihm weinend um den Hals fiel, erkannte Hölderlin ihn nicht wieder und blieb völlig ohne Theilnahme. Neben Bilfinger und Nast scheinen besonders Franz Carl Hiemer, der als Dichter einiger Lieder bekannt geworden ist und damals die Karlsschule besuchte, und Rudolf Magenau in engerem Verkehr mit Hölderlin gestanden zu haben. Das Band, das sie mit ihm verknüpfte, war die Pflege der Poesie.

Ihr wandte er immer mehr und mehr seine Liebe zu. Unter den Dichtern, die er verehrte, ist zunächst Klopstock zu nennen, dessen Werk er schon in Nürtingen auf seinen Ausflügen mit dem Bruder bei sich getragen und unter freiem Himmel gelesen hatte. Auch Wieland las er. „Am Tage der Freundschaftsfeier" fanden die Freunde „mit Rosen bestreut die Tische" in seinem Zimmer und „Klopstocks Bild und Wielands mit Blumen umhängt". Aber er war nicht sein „Steckenpferd".

Als Nast ihm den Neuen Amadis schickt und fragt, wie er ihm gefalle, antwortet er: „schlecht . . . . . weil Dinge drin vorkommen, die für reizbare Leute, wie ich bin, leider!!! — nicht zum Lesen sind. O Bruder! meinst Du, ich hab ihn über halb gelesen? da dank ich Gott, daß meine Phantasie noch unbefleckt ist, daß mir vor dem Dichter, der gewiß eine Unschuld schamroth machen würde, ekelt! Gesteh mir's nur, Lieber, ist Dir's nicht besser ums Herz wenn ,Du den großen Messiassänger hörst? oder unseres Schubarts wüthenden Ahasveros liest? Oder den feurigen Schiller? — Ueberzeuge Dich hier an seinem Fiesko und Kabale und Liebe. — In der letzten ist gar ein gutes Mädchen — denk an mich, wenn Luise so da steht mit ihrem Blick in die unparteiische Ewigkeit — ob ich nicht recht habe." Allerdings war er hierbei gewiß nicht unparteiisch und das Bild der Luise Millerin floß in seiner Phantasie wohl in eins zusammen mit dem der Geliebten, die mit ihm die Begeisterung für Schiller theilte. „Zu Schillers Ehre" lernte er auch „Brutus und Cäsar" auf dem Klavier spielen. Uebrigens trieb er überhaupt Klavier- und Flötenspiel mit Eifer und Liebe und brachte es darin zu großer Fertigkeit. In Maulbronn kam ihm auch erstenmals der Ossian in die Hände, „der Barde ohne seinesgleichen, Homers großer Nebenbuhler", der ihn auf das Höchste entzückt.

Angeregt von dem Studium dieser Dichter, begeistert von den Gefühlen der ersten Liebe, schuf er in dieser Zeit eine Reihe von Gedichten, von denen uns ziemlich viele erhalten sind. Jedes von ihnen verräth, daß wir es noch mit einem sehr jungen, der Reife erst entgegenblühenden Talent zu thun haben. Was die Form anbetrifft, so stehen die in antiken Maßen abgefaßten ziemlich hoch über den gereimten, aber beide sind noch oft holprig und der rechten Feile bar, wozu bei den gereimten überdies eine erkleckliche Zahl unreiner Reime kommt. Dennoch zeichnen sie sich alle durch einen gewissen musikalischen Wohlklang, einen bald stärker, bald schwächer sich geltend machenden Sinn für melodischen Fluß der Sprache aus, die Keime jener Vorzüge, die Hölderlins späteren Schöpfungen in so hohem Maße eigen sind. Große eigene Gedanken enthalten sie begreiflicher Weise noch nicht; ihr Inhalt ist theils jugendlich unvollkommen, theils voll Reminiscenzen an die eben genannten Dichter, die dem jungen Poeten als Vorbilder dienten. Selbst einzelne Phrasen entlehnt er diesen, wie ihm Magenau einmal nachweist. Die Freunde pflegten sich nämlich ihre Poesien untereinander zuzuschicken und zu beurtheilen, wobei sie durchaus kein Blatt vor den Mund nahmen. Aber eins fällt uns an allen diesen Gedichten im Vergleich zu den Jugenderzeugnissen so mancher anderer Poeten vortheilhaft auf: sie enthalten so gar nichts gemachtes; der Leser gewinnt aus jedem einzelnen den Eindruck, daß er es mit Gedanken und Empfindungen zu thun hat, die den Dichter wirklich bewegten. Selbst aus dem Monolog „Hero", in dem doch das Seelenleben einer dritten Person uns vorgeführt werden sollte, hören wir dem Dichter sein eigenes Empfinden verkünden. Darüber hinaus hat er nie gekonnt, nicht im Hyperion, nicht im Empedokles, es war das sein wesentlichster Fehler, aber freilich auch sein wesentlichster Vorzug; wie von dem alten Ennius kann man von ihm rühmen, daß er „das Flammenlied kredenzte aus der tiefsten Brust". Besonders die Liebe regte ihn zum Dichten an. „Auf meinen Spaziergängen", schreibt er an Luise, „reim' ich allemal in meine Schreibtafel — und was meinst Du? — an Dich, an Dich!" Leider ist uns von diesen Liedern so gut wie nichts erhalten. Daß er das Dichten nicht als Dilettant betrieb, daß es ihm eine ernste, heilige Aufgabe war, bei der er sich die höchsten Ziele steckte, lehrt uns das aus dem Jahre 1788 stammende Gedicht „der Lorbeer" (Anhang Nr. 5), ein Gedicht, das uns einen tiefen Blick in die Seele des Achtzehnjährigen thun läßt, dem der Ehrgeiz keine Ruhe gönnt, den es hinausdrängt aus der herkömmlichen Laufbahn, und der jeder Lust und jedem Vergnügen absagt,

„bis mir ein Männerwerk gelinget,
bis ich ihn fasse, den ersten Lorbeer!"

Eine gefährliche Bahn war es, die er beschritt, eine Bahn, auf der er nur gar zu leicht zu Falle kommen konnte, ehe das ersehnte Ziel erreicht war, aber er unternahm das Wagniß, guter Hoffnungen voll und vertrauend auf seine Kraft. Er freute sich darum, als seine Zeit in Maulbronn ablief und er nach Tübingen übersiedeln sollte, und er gab dieser Freude in einem Briefe an Magenau, der bereits dort weilte, so unverhohlen Ausdruck, daß dieser ihm warnend zurück schrieb: „Bilden Sie sich kein Elysium im Traume . . . . Experire et vide!“ Aber was wollte diese Warnung für den ganz in den Gebilden seiner Phantasie lebenden Hölderlin bedeuten? Er war glücklich, Maulbronn hinter sich zu wissen, und wenn ihm auch der Abschied von Luise nahe ging, so tröstete er sich mit dem Gedanken an die Zukunft, die sie gemeinsam verleben würden. Zum Abschied schrieb er ihr die Verse:

Laß sie drohen, die Stürme, die Leiden,
Laß trennen — der Trennung Jahre
  Sie trennen uns nicht!
  Sie trennen uns nicht!
Denn mein bist Du! Und über das Grab hinaus
Soll sie dauern, die unzertrennbare Liebe.

O! wenns einst da ist,
Das große, selige Jenseits,
  Wo die Krone dem leidenden Pilger,
  Die Palme dem Sieger blinkt,
Dann, Freundin, lohnet auch Freundschaft
  — Auch Freundschaft — der Ewige.

II.

Auf der Universität.

„Am Fuße der rebenumgürteten Höhe, welche die alte Feste Hohentübingen trägt, an der Neckarhalde, welche der letzten Stufe des Bergs entlang sich hinzieht, in dem Raume zwischen Berg und Fluß hatten einst die Augustinermönche ihr Kloster gebaut; drunten vor der Mauer des Gartens der rasch hingleitende Fluß mit seinen Uferweiden, thalaufwärts die grünen Wiesengründe, von dem schöngeformten Vorsprung des Spitzberges abgeschlossen, thalab die hellschimmernde Straßenzeile mit der Stadtmauer davor bis zur steinernen Neckarbrücke und dem bekrönenden Oesterberg, gegenüber aber in breiter Fläche sich öffnend das Steinlachthal und dahinter über den waldigen Kuppen der näheren Höhen die duftigen Ketten der Alb und besonders hervortretend die freundliche Form des Berges, den die Salmendinger Kapelle ziert." Das war der Sitz des Tübinger Stiftes, in dem nach den Bestimmungen Herzog Christofs, seines Begründers, Kirchendiener zum Lehr- und Predigtamt förderlichst erzogen werden sollten. Nicht so schön, wie seine Umgebung, aus der ein Naturfreund täglich neue Freuden schöpfen konnte, sah sein Inneres aus. Dasselbe war so verwahrlost, daß ein Umbau sich schon längst als nothwendig herausgestellt hatte, wenn er auch erst im Jahre 1792 zur Ausführung kam. Vor allen Dingen reichte der Raum für die Zahl der Insassen nicht aus. Im Sommer, wo man die 45 „Musäa" mitbenutzen konnte, ging es noch an, im Winter war alles in 14 heizbaren Stuben zusammengedrängt, wenn der eine oder andre es nicht vorzog, in einer entfernteren Kammer eigenmächtig ein Oefchen aufzustellen und hier ungestört seinem Studium nachzugehen. Die Zucht war von der der niederen Klosterschulen nicht sonderlich verschieden; mönchisch strenge Regeln hielten die Zöglinge im Zaum, die Aufsicht wurde großentheils durch Famuli geübt, deren Denunziantenwesen die Studierenden nur zu oft empörte. Die Institution der Repetenten war nicht im Stande gewesen, sich einen nennenswerthen Einfluß zu erwerben; mehr gefürchtete Aufseher, als befreundete Berather, standen sie mit den Stipendiaten halb auf Kriegsfuß. Das machte sich in den Jugendstreichen bemerklich, die man ihnen nur zu gern spielte, indem man sie während der gemeinschaftlichen Mahlzeiten mit Brot warf, ihnen die für ihren Martinischmaus bestimmte Gans stahl und dergleichen mehr. Auch die Studienordnung mit ihrem Zwang gewisse Dozenten zu hören, hatte manche Mängel, und das Bedürfniß nach Reformen war nachgerade ein so dringendes geworden, daß Herzog Karl im Jahre 1790 ein Gutachten darüber einforderte, auf dessen Grundlage denn auch Veränderungen getroffen wurden. Am schärfsten äußerte sich in diesem Gutachten der junge weltliche Konsistorialrath Georgii. Als hervortretende Gebrechen der Zöglinge bei der damals bestehenden Einrichtung bezeichnete er unter anderen „Ekel vor dem soliden, mühsamen Studio, Verachtung der Theologie, Geringschätzung der Gesetze, Unbotmäßigkeit, falschen Freiheitssinn, Mangel an praktischer Lebensklugheit, entweder Blödigkeit oder Dreistigkeit, Abneigung gegen den geistlichen Stand, Wunsch, das nicht zu sein und zu scheinen, was man ist und sein sollte!" Wir werden an Hölderlin selber sehen, wie treffend Georgiis Urtheil war. Freilich wären alle die angeführten Mißstände nicht so schlimm gewesen, hätte sich unter den damaligen Lehrern ein genialer Mann befunden, der durch seine Unterweisung die Schüler mit sich fortgerissen, mit seinen Gedanken ihre wissensdurstigen Seelen befruchtet und durch den geistigen Genuß, den er ihnen gewährte, sie die sekundären Mängel hätte vergessen lassen. Aber ein solcher Mann fehlte unter den damaligen Professoren, wie Hegel und Schelling später in ihren Briefen direkt aussprechen. Der Ephorus Christian Friedrich Schnurrer, der an der Spitze des Stiftes stand, war ja einer seiner energischsten Leiter, und die Verwaltung lag bei ihm in den besten Händen, aber darauf kam es bei dem Punkt, den wir in's Auge fassen, ja nicht an; die übrigen Professoren aber standen fast alle nur auf dem Niveau platter Mittelmäßigkeit. Besser sah es mit den Repetenten aus, Karl Philipp Conz, einem großen Verehrer des Griechenthums, Karl Immanuel Diez, einem „kantischen enragé", Ernst Gottlieb Bengel, F. G. Süskind, H. E. G. Paulus und Joh. Fr. Gaab; sie hätten viel Gutes stiften können, wenn nicht ihr Einfluß auf die Stipendiaten unter den oben bereits erwähnten Verhältnissen ein so geringer gewesen wäre.

Magenau hatte also Recht gehabt, wenn er Hölderlin warnte, sich ein „Elysium im Traume" zu bilden. Wenn dieser es dennoch that, so sah er sich bald aus all seinen Himmeln gerissen. Der Aufenthalt in Denkendorf und Maulbronn hatte es ihn nicht lehren können, sich in die strenge Ordnung zu fügen, und sein Geist bäumte sich beständig gegen den Zwang auf, dem er in den Mauern des Stiftes unterworfen war, zum größten Kummer seiner Mutter, die sich darüber mit Recht schwere Sorgen machte. Sein erster uns aus der Tübinger Zeit erhaltner Brief an seine Mutter — nach der Ostervakanz 1789 geschrieben — beginnt mit der Versicherung, daß es ihn schmerze, sie so traurig und niedergeschlagen über ihn und sein Betragen zu sehen. Er nimmt sich auch vor, sich in dieser Hinsicht zu ändern und mit seinem Schicksal zufrieden zu sein. Aber es gelingt ihm nicht, da sein Temperament, wie es schon im nächsten Briefe heißt, „so wenig für Mißhandlungen, für Druck und Verachtung taugt". Diese Klagen über Druck kehren immer wieder. „Ueberhaupt ist's unbeschreiblich, unter welchem Druck das Stipendium wirklich ist", heißt es in einem Brief aus dem Sommer 1790. Und in dem Gedichte „Einst und Jetzt", (Anh. Nr. 7) dessen Entstehung in's Jahr 1789 zu setzen sein dürfte, lautete die vorletzte Strophe ursprünglich:

Zurück denn in die Zelle, Verachteter!
Zurück zur schwarzen Stätte, wo Menschenfurcht,
Wo Schurkenblick den deutschen Jüngling
Nieder zur mönchischen Schlange drücken.

Besonderen Anstoß scheint sein reizbarer, für äußere Eindrücke überaus empfindlicher Geist an der Stellung der Stipendiaten gegenüber der Außenwelt genommen zu haben. Ursprünglich hatten sie die alte Mönchskutte getragen, mit der Zeit war, während die Repetenten sie noch trugen, bei ihnen an die Stelle derselben der schwarze Mantel mit weißen Ueberschlägen, die frühere Tracht der protestantischen Geistlichkeit, getreten, und man rühmte Hölderlin nach, daß er den flatternden Mantel mit weißem Krägchen „mit Eleganz" zu tragen wußte. Aber behaglich fühlte er sich nicht darin, denn es schien ihm, als ob man im allgemeinen auf die Träger dieses Gewandes geringschätzig herabsehe. Das geht aus „Einst und Jetzt" überaus klar hervor, wo er sich selbstquälerisch ausmalt, wie die „frohen Reigen", in denen er früher sich bewegte, ihm jetzt vorübergehen, wie er „einsam an dem Gestade hinwandeln" muß, weil er „verachtet" wird, seit seine Wohnung die „Zelle" ist. Unter diesem Gesichtspunkt muß man den von Klaiber aus den Stiftsakten berichteten Fall betrachten, daß er einmal sechs-Stunden Karzer erhielt, weil er dem „Mägdleinprovisor" Majer, der ihn nicht gegrüßt hatte, den Hut vom Kopfe schlug. In dem Verhör, das der Ephorus mit ihm deswegen anstellte, leugnete er nicht, sondern „berief sich nur darauf, daß der Provisor sich's ganz eigentlich zur Gewohnheit mache, vor keinem Stipendiaten den Hut abzunehmen". Es wäre ja sonst auch ganz unbegreiflich, wie der stille, liebenswürdige Jüngling sich zu Thätlichkeiten hinreißen lassen konnte; es läßt sich nur so erklären, daß der ganze Groll, die ganze Bitterkeit, die er wegen der vermeintlichen Nichtachtung, in der er und alle Genossen stehen, in sich angesammelt hat, hier einem Manne gegenüber, der „sich's ganz eigentlich zur Gewohnheit macht", diese Nichtachtung durch Verweigerung des Grußes öffentlich zu bekunden, endlich einmal überwallt und in einem, der ganzen Charakteranlage Hölderlins an sich fremden, energischen Akt sich Luft zu machen sucht. Aber wie bedenklich, wie nahe an Verfolgungswahn streifend muß uns diese Reizbarkeit erscheinen, und wie muß die Wirkung sein, wenn sie einmal ernsthaft verletzt wird, und keine Möglichkeit gegeben ist, sich Genugthuung zu verschaffen!

In einer Beziehung allerdings weisen die Tübinger Briefe Hölderlins eine Besserung gegenüber Maulbronn auf; er fühlt sich offenbar im Verkehr mit den andren Stipendiaten wohl und hält sich von ihnen nicht mehr fern, wie das früher seine Art gewesen. Man kam ihm aber auch allgemein mit offenen Armen entgegen. J. G. Fischer erzählt in der bei der Einweihung des Homburger Hölderlindenkmals gehaltenen Festrede, er habe Männer gekannt, die noch als Greise von Jugendfeuer glühten, wenn auf Hölderlin die Rede kam, und ausriefen: „Unser Hölderlin, der schöne, der edle Mensch, den alle liebten, von dessen Nähe, von dessen sorgfältiger Erscheinung sich jeder gehoben fühlte, in dessen Gegenwart nichts gemeines sich wagte!“ So mächtig war der Eindruck, den seine Persönlichkeit auf alle machte, die mit ihm in Berührung kamen, daß Philipp Josef von Rehfues, der Kurator der Bonner Universität, der zehnjährig als Singknabe bei den Musikaufführungen im Stift mitwirkte, bei denen Hölderlin die erste Geige spielte, diesen Eindruck noch im Alter nicht vergessen hatte. „Seine regelmäßige Gesichtsbildung — sagt er in seinen Bildern aus dem Tübinger Leben — der sanfte Ausdruck seines Gesichts, sein schöner Wuchs, sein sorgfältiger, reinlicher Anzug und jener unverkennbare Ausdruck des höheren in seinem ganzen Wesen sind mir immer gegenwärtig geblieben.“ Am treffendsten schildert die Wirkung von Hölderlins Erscheinung auf alle, die mit ihm in Berührung kamen, die von Schwab berichtete Aeußerung seiner Studiengenossen, wenn er vor Tische im Eßsaal auf und abgegangen, sei es gewesen, als schreite Apollo durch den Saal.

Wenn er nun auch mit all seinen Genossen im Stift auf gutem Fuße stand, so waren es doch zwei unter ihnen, an die er sich auf das innigste anschloß und in deren vertrautem Verkehr er alles peinliche und widerwärtige zu überwinden suchte. Der eine war Magenau, mit dem er schon von Maulbronn her in Beziehung stand, der andre der Stuttgarter Ludwig

Neuffer, der, nachdem er das Stuttgarter Gymnasium absolviert hatte, zwei Jahre vor Hölderlin in's Stift eingetreten war. Gleiche Neigungen hinsichtlich des Studiums, gleicher Hang zur Poesie führte die drei zusammen. „Uebrigens kann ich Sie versichern — schreibt Hölderlin im dem schon oben erwähnten Briefe vom Sommer 1790 an seine Mutter — daß ich mit meinen Freunden, bes. Neuffer und Magenau, so zufrieden hier lebe, als möglich. Wir sitzen fleißig an unsern Schreibepulten, nicht weil wir müssen, sondern weil die Freude des Studierens mit jedem Tage, den ich weiter fortrücke, auch größer wird. Und da sind wir so wenig als irgend jemand Mißhandlungen ausgesetzt. Wir drei haben auch ein weiteres Feld vor uns, als jeder andre, weil die Muse gleich ein saures Gesicht macht, wenn ihre Söhne einzig und allein auf dem philosophischen und theologischen Altare opfern." Sie theilten sich unter einander ihre poetischen Versuche mit, kritisierten dieselben und bildeten schließlich einen förmlichen Dichterbund nach Klopstockischem Muster. Auf der Königlichen Bibliothek in Stuttgart befindet sich das dicke Bundesbuch, in Leder gebunden mit Goldschnitt, in welches an den Aldermannstagen des Bundes die besten Gedichte der Bundesglieder eingetragen wurden. Die darin aufgenommenen Gedichte Hölderlins sind bereits alle publiziert, diejenigen Neuffers und Magenau's noch nicht. Uebrigens ist das Buch, vermuthlich in Folge des Fortgehens der beiden letztgenannten von Tübingen, zum größten Theil leer geblieben.

Am ähnlichsten war Neuffer Hölderlin. Auch er war eine liebenswürdige, edle Natur, voll zarten Gefühls, zur Schwermuth geneigt, auch er schwärmte besonders für Klopstock, Schubert und Schiller und versuchte sich frühzeitig in der Hymnendichtung. Daneben arbeitete er an einer Uebersetzung der Aeneide, woran auch Hölderlin sich versuchte, wie das in seinem Nachlaß befindliche Bruchstück Aeneis IX 176—318 (Nachlaß XXXII) beweist. Die beiden schwärmerischen Gemüther fanden sich in einer Freundschaft zusammen, die alle Stürme überdauern sollte.

Zahlreiche Stellen in Hölderlins Briefen beweisen, wie sehr er an dem hing, „der seine erste Freundschaft und dessen Freundschaft ihm lieber, als seine erste Liebe war“. Der ganze Ueberschwang von Gefühl, der in diesem Verhältniß herrschte, spricht aus folgender Stelle eines Briefes Hölderlins an Neuffer aus Waltershausen vom 25. August 1794: „Unter allem, woran mein Herz hing mit Hoffnung einer Dauer, dauerte mir bisher einzig der Bund mit Dir. Ich weiß keine Seele, an die ich glaubte, wie an Dich. Ich war noch nie so reich, wie Du. Ich war nie glücklich durch Liebe, weiß nicht, ob ich es je werden werde, aber ich war oft unaussprechlich glücklich durch Dich, und hoffe es immer mehr zu werden auf diesem Wege. Kennst Du mich nimmer, bin ich Dir nichts mehr, mein Bruder? Laß uns zusammen aushalten in dieser finstern Zone, zusammen wirken, und nur vom Siege unser Herz nähren. Ich schwöre Dir's, zunächst der Menschheit, soll nichts auf Erden ein Recht auf mich haben, wie Du; ich werde Dein sein, wie Deine Seele, und wenn ich vor keinem Sterblichen mich beuge, so will ich's und werd' ich's ewig vor Dir.“

Anders geartet, als diese beiden übersinnlichen Schwärmer, war Rudolf Magenau. Ein kräftiger, gesunder Mensch, sorgte er dafür, daß sie nicht ganz in die Wolken entschwebten und den festen Boden unter den Füßen verloren, und würzte den Bund mit dem Salz des Humors, das Neuffer und — leider — auch Hölderlin völlig versagt war und blieb. Der natürliche, ein wenig derbe Ton seiner Briefe sticht von dem der Hölderlin'schen merkwürdig ab; selbst wo er schwärmt, ist es dem Leser immer, als sähe er zwischen den Zeilen hervor sein gutmüthig lächelndes Antlitz schauen. Bezeichnend für ihn ist es, daß er für Wieland, nach dessen Roman er sich Agathon nannte, und für Thümmel schwärmt, aus dessen „Reise in die mittäglichen Provinzen Frankreichs“ er den Namen Margot für seine Geliebte schöpft, während Hölderlin Luisen den Namen „Stella“ nach Plato gab. Thümmel und Plato! schlagender läßt sich der Unterschied in der Sinnesart der beiden Freunde nicht ausdrücken. Aber das ist unbestreitbar, daß eben der Verkehr mit Magenau für Hölderlin höchst nützlich gewesen ist, daß, wenn er uns in den ersten Tübinger Jahren heiterer erscheint, dies in erster Linie dem wohlthätigen Einfluß Magenaus zu danken ist, der mit seinen Scherzen und seinem heiteren Sinn dem unheilvollen Hang zur Schwermuth glücklich entgegentrat. Der Unstern Hölderlins wollte es, daß der Umgang mit Magenau nur von kurzer Dauer sein sollte; einen ähnlich gearteten Freund hat er später nicht wieder gefunden. Noch aber hatte er ihn und hatte Neuffer und genoß im Zusammensein mit ihnen die Wonne jener „heiligen Tage, wo — wie es im Hyperion heißt — unser Herz zum ersten Male die Schwingen übt, wo wir voll schnellen feurigen Wachsthums dastehen in der herrlichen Welt, wie die junge Pflanze, wenn sie der Morgensonne sich aufschließt und die kleinen Arme dem unendlichen Himmel entgegenstreckt".

Im Genusse dieser Freundschaft tröstete er sich auch über die Wendung, die sein Liebesleben nahm. Wohl hatte er Luisen zum Abschied aus Maulbronn versichert: „Der Trennung Jahre, sie trennen uns nicht!" Es kam gewiß, wie heute, so auch schon damals oft genug in Schwaben vor, daß eine solche früh begonnene Liebe sich durch mancherlei Wechselfälle hindurch beständig zeigte und endlich zur Ehe führte, aber wenn einer, so war Hölderlin viel zu sehr den Eindrücken des Augenblicks, der jedesmaligen Umgebung unterworfen, als daß er sich hier hätte ausdauernd zeigen können. Das Bild des Mädchens, an dem er in Maulbronn mit einer Leidenschaft gehangen hatte, die „seine Seele immer schwächer, seinen Körper immer kränklicher" machte, verblaßte in seiner Seele, seit er nicht mehr an einem Orte mit ihr weilte. In der Ferienzeit, die zwischen seinem Abgang aus Maulbronn und seinem Einzuge in Tübingen lag, hatte er durch Vermittlung des Freundes Nast noch eine Zusammenkunft in Leonberg mit ihr gehabt und auf dem Rückweg „Thränen des bittersten Schmerzes" vergossen, allein der Schmerz hielt vor den neuen Eindrücken, die die Universität bot, nicht Stand. Zunächst zwar sind seine Briefe an die Geliebte voll Leidenschaft und bekunden sein Festhalten an dem Bündnisse. „Mein Fritz ist ja noch mein — schreibt ihm Luise um Weihnachten 1788 — er ist mir noch so treu, wie hier, o, er ist noch mein! Auch mich soll nichts von Dir trennen, kein Unglück, kein Schicksal. Nur Dich und eine Hütte, so schlecht sie ist — sie ist mir ein Königreich. O, mit Dir sind auch dornige Wege mit Rosen bestreut.“ Und er antwortet darauf im Hinblick auf das Wiedersehen: „Ich kann sie nicht nennen, all die Seligkeit, die meiner in deinen Armen wartet!“ Und in einem späteren Brief, den Litzmann wohl mit Recht in den Herbst 1789 versetzt, träumt er von Ehe: „O lieber Gott! was müßten das für selige Tage sein, da wir auf ewig vereint, so ganz für einander leben — Luise — was werd' ich da an Dir haben! Du wirst mich aufheitern in trüben Stunden, Du wirst mir die Lasten, die ich zu tragen habe, versüßen, Du wirst mich mit der Welt versöhnen, wenn ich beleidigt bin, Du wirst mir alles, alles sein.“ Aber diesem Brief ist bereits ein andrer, in „trübsinniger Laune“ geschriebener vorausgegangen, in dem er Trennungsgedanken ausgesprochen haben muß, und wenn er sie gleich versichert, daß die Tübinger „Mädchen es seinetwegen wissen mögen“, in welchen Beziehungen er zu ihr steht, mit echt weiblichem Scharfsinn spürt es Luise, daß er angefangen hat, kälter zu werden. „Was würde aus mir werden — schreibt sie — wenn ich nur denke, ob es denn eine Möglichkeit geben könnte, daß Du mich verlassen könntest. Nein, nein! das kannst Du nicht, das wirst Du nicht. O, Du bist ja mein — ganz mein, o, ganz mein!“ So sucht sie mühsam den in ihr aufsteigenden Zweifel zu bannen, der nur zu bald seine Bestätigung finden soll. Denn schon im nächsten Briefe, der uns von ihm erhalten ist, lesen wir: „Ich schicke Dir den Ring und die Briefe hier wieder zurück. Behalt sie, Luise! wenigstens als Andenken jener seligen Tage, wo wir so ganz für uns lebten, daß uns kein Gedanke an die Zukunft trübte, keine Besorgniß unsere Liebe störte. Und weiß Gott! Luise! ich muß offenherzig sein — es ist und bleibt mein unerschütterlicher Vorsatz, Dich nicht um Deine Hand zu bitten, bis ich einen Deiner würdigen Stand erlangt habe. Unterdessen bitt' ich Dich, so hoch ich kann, gute, theure Luise! Dich nicht durch Dein gegebenes Wort, blos durch die Wahl Deines Herzens binden zu lassen.... So mancher liebenswerthe Jüngling wird indessen Dein Herz zu gewinnen suchen, so mancher achtungswürdige Mann um Deine Hand Dich bitten; ich will heute Dir Glück wünschen, wenn Du einen Würdigen wählst, und Du wirst dann erst einsehen, daß Du mit Deinem mürrischen, mißmuthigen, kränkelnden Freunde nie hättest glücklich werden können." So war denn der Bruch vollzogen, wenn er auch selbst sich Gewissensbisse darüber machte, und die tief gekränkte Luise ihm ihre Vorwürfe darüber nicht ersparte, wie aus einem Brief an seine Mutter aus dem Mai 1790 hervorgeht, in dem es heißt: „Und daß ich von einer Person, die mir so theuer war, über meine Veränderung, die sie selbst für nöthig einsah, und die mich tausend Kämpfe kostete, Vorwürfe hören muß, daß ich denken muß, Du machst dem Mädchen traurige Tage — o liebe Mama! so viel hab' ich doch nicht verdient!!" Als Grund zur Aufhebung des Verlöbnisses gibt Hölderlin Luisen an, daß er nicht wisse, ob sein Ehrgeiz jemals befriedigt werden könne, und daß er, so lange dies nicht der Fall sei, niemals „ganz heiter, ganz froh und gesund werden", sie aber ohne dies „nie ganz glücklich" machen könne. Eine Liebe, die aus solchem Grunde auf den Besitz der Geliebten verzichten kann, ist nicht sehr heiß. Dieser Grund erscheint vielmehr so fadenscheinig und dürftig, daß man ihn als vorgeschoben betrachten möchte. Hölderlin wird das Band als eine Fessel zu betrachten angefangen haben, je mehr er, worauf wir noch zu sprechen kommen, sich mit dem Gedanken vertraut machte, der theologischen Laufbahn Valet zu sagen. Festhalten an dem Verlöbniß mit Luisen, das hieß zugleich: sorgen, daß er sobald wie möglich in Amt und Brot komme, da ihm aber dies Amt und Brot nicht schmeckte, mußte er Luisen aufgeben. Im Kampf zwischen dem Geist und dem Herzen trug der erstere den Sieg davon. Leicht mag der Schritt Hölderlin nicht geworden sein. In der Ode an die

Ehre (Anh. Nr. 6) ruft er im Gedenken an die aufgegebene Liebe sehnsüchtig aus: „Ach, träumt' ich noch von Stellas Umarmungen!“ und als er im Dezember 1791 die Nachricht von der Verlobung Luisens mit dem ehemaligen Substituten ihres Vaters, C. A. Ludwig, von seiner Mutter erfährt, antwortet er: „Die Neuigkeit, die Sie mir schreiben, beruhigt mich sehr — aus Gründen, die Sie werden wohl errathen können. Alte Liebe rostet nicht! Das gute Kind dachte immer noch an mich, wie ich mehrmalen erfuhr — und hätte mich meine 21jährige Klugheit nicht geleitet, so wär' ich vielleicht manchem Rezidiv ausgesetzt gewesen. Freilich gesteh' ich auch mitunter, daß mir die Nachricht auf einige Augenblicke das arme Herzchen pochen machte“. Luise heirathete 1794, nachdem sie ein Jahr vorher ihre Eltern verloren hatte, und starb wenige Jahre vor Hölderlin, an dessen Schicksal sie bis zu ihrem Tode innigen Antheil nahm.

„Bei Gelegenheit muß ich Ihnen sagen — fährt er in dem eben erwähnten Briefe fort — daß ich seit Jahr und Tagen fest im Sinne habe, nie zu freien. Sie könnens immerhin für Ernst aufnehmen.“ Die Mutter wird ihren Sohn wohl gut genug gekannt haben, um diese Versicherung nicht für baare Münze zu nehmen. Vielleicht wußte sie auch jetzt schon, was späterhin bestimmt der Fall war, von dem neuen Herzensbündnisse, das er geschlossen hatte. Er war auch darin ein echter Dichter, daß er nicht ohne „Herzenskönigin“ sein konnte. Seit sich das poetische Gefühl lebendig in ihm regte, bedurfte er eines weiblichen Wesens, auf das er die Empfindungen seines liebedurftigen Herzens konzentrieren, das er mit einer Gloriole von den Eigenschaften umgeben konnte, die er als das höchste am Weibe ansah. Dies selbstgeschaffne Heiligenbild stellte er im Schrein seiner Seele auf, um in Andacht vor ihm knieen zu können. In Maulbronn war es Luise Nast gewesen, die er so verehrte. Wäre ihm in seiner Abgeschiedenheit dort ein andres Mädchen entgegengetreten, von anderem Aeußeren, von anderem Charakter, ohne Zweifel würde er auch ihr sein Herz geweiht und im Verkehr mit ihr dieselben Freuden, dieselben

Qualen durchgekostet haben, wie mit Luisen. Hier in Tübingen, wo er neue Menschen kennen lernte, war es Elise Lebret, die sechszehnjährige Tochter des Theologieprofessors und nachmaligen Kanzlers der Universität, die sein Herz gefangen nahm. Das Verhältniß mit ihr liegt sehr im Dunkeln, die Briefe, welche zwischen den beiden gewechselt wurden, sind vermuthlich vernichtet oder verloren gegangen. Schwab, der am ehesten noch in der Lage gewesen wäre, bestimmtes darüber zu erfahren und mitzutheilen, begnügt sich offenbar mit Rücksicht auf die Familie Lebret mit sehr unbestimmten Angaben; er sagt, Hölderlins „Neigung soll nicht unerwidert geblieben sein, die Eltern des Mädchens waren jedoch einem solchen Verhältniß entgegen, und da die Gelegenheit, sich öfter zu sehen und genauer kennen zu lernen, selten war, scheint sich dasselbe nicht sehr weit entwickelt zu haben". Die Briefe Hölderlins und das in diesem Buche zuerst veröffentlichte Gedicht „An Lida" (Anhang Nr. 12) lassen im Gegensatz hierzu feststellen, daß die Neigung des Dichters von Elise thatsächlich erwidert wurde, daß eine Heirath zwischen beiden ernstlich in's Auge gefaßt war, und daß das Verhältniß erst im Herbst 1795 sein Ende erreicht haben kann. Es entstand auf dieselbe Weise, wie dasjenige mit Luisen; es war nicht die Person, die in Hölderlins Herzen die Liebe weckte, sondern sein vorhandenes Liebebedürfniß suchte sich die Person, um sich an sie zu klammern. Er sagt das selber in seinem Briefe an Neuffer aus Jena am 19. Januar 1795: „Guter Gott! es waren selige Tage, da ich, ohne sie zu kennen, mein Ideal in sie übertrug und über meine Unwürdigkeit trauerte." Wann die erste Bekanntschaft zwischen ihnen gemacht wurde, läßt sich nicht feststellen. Zum ersten Male wird Elise in Hölderlins Briefwechsel erwähnt in seiner Antwort auf Neuffers Brief vom 24. Oktober 1790, die Litzmann in den Dezember des gleichen Jahres setzt. Es heißt hier: „Aus Gelegenheit einer Auktion, wo ich freilich keinen Beruf hatte, kam ich Ihr nahe — erst kalte Blicke — dann versöhnliche — dann Komplimente — dann Erinnerungen und Entschuldigungen —! so wars von beiden Seiten. Seelenvergnügt ging ich weg, nahm mir aber doch bei kälterem Blute vor, wie zuvor, den Zurückhaltenden zu spielen, und bin bisher meinem Vorsatz treu gewesen — das heißt — im Durchschnitt!" Auch ohne das Wort „Erinnerungen" würden wir aus dieser Stelle ersehen, daß der Beginn der Beziehungen zwischen den Beiden geraume Zeit vor der hier geschilderten Scene gelegen haben muß, denn dem Zwist, der sich vor ihr abgespielt hat, muß ja doch erst eine Periode der Vertrautheit vorangegangen sein. Und wenn wir uns nun andrerseits vergegenwärtigen, daß der Absagebrief Hölderlins an Luise spätestens in den ersten Monaten des Jahres 1790 geschrieben ist, zwischen diesem und dem Beginn der Liebe zu Elisen also höchstens ein paar Monate liegen können, so kommen wir zu dem Schlusse, daß das Ende seiner ersten Liebe im Herzen des Dichters keine allzutiefe Wunde hinterlassen hat. Uebrigens war dieses zweite Verhältniß auf einen ganz andren Grundton gestimmt, als das erste. Elise war nicht die schwärmerische Natur, die, wie Luise, zu ihrem Fritz in seliger Verzückung aufblickte und ihn wie eine Art höheren Wesens verehrte. Noch im Jahre 1798 erinnert sich Hölderlin mißmuthig daran, „daß er Leichtsinn und Geringschätzung dulden mußte, so lange er nicht der Einzige war, der sich bewarb". Und selbst da, als er „von ihr zum Liebling auserkoren", beglückt ausrufen durfte: „Lida mein! wie meine Seele mein!" war das Glück, das er genoß, kein ungestörtes. Die Tochter des Professors der Theologie hatte andre Rücksichten zu nehmen, als die des Klosterverwalters, und war nicht so sich selbst überlassen. Indeß scheinen sie sich doch öfters in heimlichen Zusammenkünften gefunden zu haben, worauf die Worte „am Rebenhügel, wo ich Dich und Deinen Himmel fand" anspielen dürften, und neben dem Kummer, den sie ihm durch ihre Koketterie zufügte, bereitete sie dem Liebenden auch selige Stunden. „Mein Herzensmädchen — schreibt er am 28. November 1791 an Neuffer — hält mich eben immer noch in süßen Banden, entfernt sie mich schon von ihr. Aber königlich wird mir's vergütet, wenn ich 14 Tage und länger darben mußte. So war's gestern."

Uebrigens nahm ihn diese Liebe nicht so ausschließlich in Anspruch, daß er nicht den Wunsch gehabt hätte, auch noch andern Mädchen zu gefallen. Wenn er nicht gewußt hätte, daß er ihm damit eine Freude mache, hätte ihm Neuffer vermuthlich nicht in einem Briefe vom 24. Oktober 1790 mitgetheilt, daß er bei Lotte Stäudlin, der Schwester des Dichters, „in gar gutem Register stehe, daß sie sich mannigmal nach ihm erkundige, ihn mitunter einen artigen bescheidenen Menschen heiße, und ihn nebst ihrer Schwester grüßen lasse, sogar wegen seiner von der Nanette sekiert werde". Hölderlin versäumt auch nicht, in seiner Antwort dem Freunde „tausend Grüße" an das „Stäudlinische Haus" aufzutragen. Und in einem Briefe an Neuffer aus dem Juli 1793 äußert er sich über die Gründe, die ihn zur Abfassung seines Romans antrieben, ganz offen folgendermaßen: „Ich fand bald, daß meine Hymnen mir doch selten in dem Geschlechte, wo doch die Herzen schöner sind, ein Herz gewinnen werden, und dies bestärkte mich in meinem Entwurfe eines griechischen Romans. Laß Deine edlen Freundinnen urtheilen . . . . . Besonders ist mir an dem Urtheil der Person gelegen, die Du nicht nennst". Das ist gewiß eine Schwäche, aber es reicht doch noch lange nicht an Klopstock, der vor seinem Besuche bei Bodmer in der Schweiz sich erkundigt, ob es dort auch Mädchen gibt und wie weit entfernt sie wohnen. Und so unbedeutend der kleine Zug auch sein mag, er darf in einem Gesammtbilde Hölderlins nicht fehlen, denn er trägt dazu bei, ihn, den die Tradition zu einem blutleeren Heiligen gestempelt hat, menschlicher, natürlicher und darum liebenswürdiger erscheinen zu lassen. Daß das Interesse, welches er am weiblichen Geschlechte nahm, erwidert wurde, kann uns nicht Wunder nehmen. Dem so schönen und im Umgange so angenehmen Jünglinge mußten ja alle Herzen zufliegen; der Hauch des Schwermüthigen, der über seinem Wesen lag, war nur noch mehr dazu angethan, zu fesseln. Auch seine musikalischen Talente mögen dazu beigetragen haben, ihn beliebt zu machen. Neben der Violine und dem Klavier widmete er sich in Tübingen besonders der Flöte. Als der bedeutende blinde Flötenspieler Dulon sich dort aufhielt, nahm Hölderlin bei ihm Unterricht, bis der Meister erklärte, daß er ihn nichts mehr lehren könne.

Ueber diesen Nebenzwecken vergaß er aber die Hauptsache nicht. Nach dem Lehrplan des Stiftes waren die ersten zwei Jahre für philosophische Studien bestimmt. Hölderlin lag ihnen mit Fleiß und Eifer ob, so daß er sich im Herbst 1790 das Magisterdiplom erwerben konnte. Wenn er auch seiner Mutter schrieb: „Meinetwegen könnten alle Magisters und Doktors Titel, sammt hochgelehrt und hochgeboren, in Morea sein", so freute er sich doch des Erfolges und war auf den Magistertitel, wie später auf den Titel Bibliothekar, nicht wenig stolz. Die mündliche Disputation fand unter dem Professor August Friedrich Böck statt, als schriftliche Arbeit mußte ein sogenanntes Specimen, bestehend aus zwei Abhandlungen, geliefert werden. Hölderlin lieferte eine Parallele zwischen den Sprüchen Salomonis und Hesiods *ἔργα καὶ ἡμέραι* sowie eine Geschichte der schönen Künste unter den Griechen. Die letztere Abhandlung hatte er auf Grund seiner eingehenden Beschäftigung mit der Kunstgeschichte Winkelmanns geschrieben, deren reiffste Frucht die Ausführungen über die alten Athener im Hyperion sind, ein Juwel feinsinniger Darstellung.

Unter denjenigen, welche zugleich mit ihm die Magisterwürde erlangten, befand sich auch einer, der später für geraume Zeit die Führung in Deutschland auf dem Gebiet der Philosophie übernehmen sollte. Es war dies Georg Wilhelm Friedrich Hegel. Geboren am 27. August 1770 in Stuttgart, hatte er das dortige Gymnasium absolviert und war dann gleichzeitig mit Hölderlin in's Stift eingetreten. Fleißig und trocken, dabei den landläufigen studentischen Vergnügungen hold und in Folge kleiner Excesse ziemlich häufig die Strenge der Strafe im Stift fühlend, während die Strafen Hölderlins, meist durch Wegbleiben vom Gebet, Kirche oder Lektüre veranlaßt, sich im mäßigen Durchschnitt halten, verrieth er noch in nichts seine künftige Größe. Aber er fühlte, wie Hölderlin, die strenge Stiftsordnung, die die jungen, nach unbehinderter Entwicklung strebenden Geister einengte und niederhielt, als ein kaum erträgliches Joch, gegen das seine innerste Seele sich aufbäumte. Das wird, im Verein mit der gemeinsamen Verehrung des klassischen Alterthums, die beiden einander näher gebracht haben, und der gemeinschaftliche Studiengang, die Vorbereitungen zur Magisterprüfung thaten das ihrige, aus dieser Annäherung ein dauerndes freundschaftliches Verhältniß zu entwickeln. Mit Feuereifer gaben sie sich vereint dem Studium der Philosophie hin. Sie lasen Plato — „Götterstunden“ nennt es Hölderlin, wenn er „aus dem Platanenhaine am Ilissus zurückkehrt, wo er, unter Schülern Platos hingelagert, dem Fluge des herrlichen nachsah“ — sie machten sich durch Beschäftigung mit den Briefen Jakobis über Spinoza mit den Lehren dieses scharfen Denkers bekannt, und sie gingen gemeinschaftlich „in Herrn Kants Schule“. Die Kantische Philosophie hatte damals begonnen, sich allgemein geltend zu machen; in Tübingen galt von den damaligen Repetenten, wie bereits erwähnt, Diez als „kantischer enragé“. Wie Hölderlin zu Muthe war, als er sich durch tausend Schwierigkeiten zum Verständnis des Kritizismus durchzuringen suchte, hat er später in einem Briefe vom 2. November 1797 seinem Halbbruder geschildert: „Der Geist des Mannes war noch ferne von mir. Das ganze war mir fremd, wie irgend einem. Aber jeden Abend hatte ich neue Schwierigkeiten überwunden! Das gab mir ein Bewußtsein meiner Freiheit, und das Bewußtsein unserer Freiheit, unserer Thätigkeit, worin sie sich auch äußere, ist recht tief verwandt mit dem Gefühl der höhern göttlichen Freiheit, das zugleich Gefühl des Höchsten, des Vollkommenen ist“. Darin liegt die Antwort auf die Frage, wie die mehr schwärmerisch, als philosophisch angelegte Natur Hölderlins dazu kam, sich dem klaren kühlen Denker so bedingungslos hinzugeben; der Freiheitsdrang war es, der den sich geknechtet fühlenden dazu antrieb.

Auch mit Leibnitz hat er sich damals beschäftigt, und zwar, wie es scheint, ziemlich eingehend, ohne daß derselbe einen wesentlichen Einfluß auf ihn gewonnen hätte. Weit lebhafter war das Interesse, das die Lektüre Rousseaus in ihm erweckte; diesem Sprenger konventioneller Ketten zollte er seine ganze Bewunderung, plante sogar, wie ein paar Konzepte in seinem Nachlaß beweisen, eine Ode auf ihn, die jedoch nie ausgeführt zu sein scheint.

Die Liebe zur Philosophie einte mit Hölderlin und Hegel den genialen Schelling, der erst, nachdem sie Magister geworden waren, in's Stift eintrat. Der noch nicht sechszehnjährige Jüngling, dessen so frühe Aufnahme in Tübingen der Vater erst nach manchem Bittgange durchsetzen konnte, war bald als voll- und gleichberechtigter von ihnen anerkannt. Seine lebhafte Liebe zur Natur war ein weiteres Band zwischen ihm und Hölderlin, mit dem er vielleicht schon von der Zeit her, als er die Lateinschule in Nürtingen besuchte, bekannt war, obschon Hölderlin damals bereits in Denkendorf war und ein Verkehr nur während der Ferien hätte stattfinden können. Jetzt wurde er jedenfalls Hölderlins Stubengenosse und kam schon hierdurch mit ihm in intime Beziehungen. An das Studium Kants ging er erst ein Jahr nach seinem Eintritt in's Stift, dann aber so begeistert, daß er eine kleine Anzahl seiner Genossen eigens zu dem Zweck an sich heranzog, um ihnen die Werke Kants zu erläutern. Von allen damaligen Stiftsinsassen waren Hölderlin, Hegel und Schelling die bedeutendsten und dem entsprechend diejenigen, welche von der neuen Strömung des geistigen Lebens am mächtigsten erfaßt wurden. „Unter ihnen dreien — sagt Klaiber mit Recht — vertieft und verdichtet sich die Gährung der Zeit. Sie lesen Plato, Kant, Spinoza, Rousseau, sie fassen, was anderen zerstreut und auseinander liegend erscheint, als Elemente eines neuen Weltbildes auf und streben sich mit dem Lebensinhalt der neuen Zeit zu erfüllen.“ In diesem Sinne schlossen die drei einen Bund, dessen Hegel im Jahre 1796 gedenkt als

des Bundes, den kein Eid besiegelte,
Der freien Wahrheit nur zu leben,
Frieden mit der Satzung,
Die Meinung und Empfindung regelt,
Nie, nie einzugehen!

und Hölderlin wenigstens ist dem Geist dieses Bundes treu geblieben.

Es braucht wohl kaum gesagt zu werden, daß die drei Feuer und Flammen für die französische Revolution waren, wie so ziemlich alle Insassen des Stiftes. Diese machten aus ihren Gesinnungen so wenig ein Hehl, daß die Kunde davon bis zum Herzog Karl drang. Am 13. August 1793 erließ derselbe ein Reskript, daß „Hochdieselben von sicherer Hand in Erfahrung gebracht, wie in dem Herzoglichen theologischen Stift die Stimmung äußerst demokratisch sein solle, besonders aber ohne Scheu die französische Anarchie und der Königsmord öffentlich vertheidigt werden." Die Untersuchung, die daraufhin angestellt wurde, verlief im Sande, das Inspektorat forderte die Repetenten zur Berichterstattung auf und diese bekundeten, daß eher das Gegentheil der Fall sei. Indeß erzählt die Ueberlieferung von einem Freiheitsbaum, den die Stipendiaten auf offener Straße errichtet und umtanzt hatten, und jedenfalls bestand ein politischer Klub, vermuthlich durch die im Stift befindlichen Mömpelgarder angeregt, wo man heimlich die französischen Zeitungen las und Reden über Menschenrechte und Völkerglück hielt. Ihm gehörten Hölderlin und Hegel an, welch letzterer für einen „derben Jakobiner" galt und mehrfach als Redner auftrat, auch Schelling wurde trotz seiner Jugend als erster seiner Promotion in ihn aufgenommen. Daß Hölderlin, begeistert von der Lektüre des Don Carlos und der Werke „des großen Jean Jaques", von der Revolution die Erfüllung seiner kühnsten Träume erhoffte, geht aus einer Stelle eines Briefes an seinen Bruder hervor, wo es heißt: „Diese Keime, diese stillen Wünsche und Bestrebungen einzelner zur Bildung des Menschengeschlechtes werden sich ausbreiten und verstärken und herrliche Früchte tragen." Im Kriege zwischen Frankreich und Oesterreich stand sein Herz auf Seiten des ersteren. „Glaube mir, liebe Schwester — schreibt er dieser in der zweiten Hälfte des Juni 1792 — wir kriegen schlimme Zeit, wenn die Oesterreicher gewinnen. Der Mißbrauch fürstlicher Gewalt wird schrecklich werden. Glaube das mir! und bete für die Franzosen, die Verfechter der menschlichen Rechte." Als aber die Schreckensherrschaft in die Höhe kommt, wird er stutzig. Im Oktober 1793 schreibt er an Neuffer: „Schreib mir's doch, wenn Du früher das nähere von dem Schicksal der Deputirten Guadet, Vergniaud, Brissot p. p. hörst. Ach! das Schicksal dieser Männer macht mich oft bitter. Was wäre das Leben ohne eine Nachwelt?" Im allgemeinen finden sich in seinen Briefen sehr wenig Beziehungen zu den politischen Ereignissen seiner Zeit. Es paßt auf sie, was Hyperion von den seinen sagt: „Sie sind das wärmste Bild aus jenen Tagen meines Lebens. Vom Kriegslärm sagen sie Dir wenig. Destomehr von meinem eignen Leben und das ist's ja, was Du willst."

Mit der wachsenden Fülle neuer Eindrücke, die seine junge, wissensdurstige Seele begierig in sich aufnahm, wuchs auch seine dichterische Produktivität und schoben sich die Grenzen des Gebietes, aus dem er seine Stoffe erlas, weiter und weiter hinaus. Immer deutlicher und klarer erwuchs in ihm die Ueberzeugung, daß er zum Dichter geboren sei und mit heiligem Ernste verfolgte er die Bahn, auf die es ihn so mächtig und unwiderstehlich zog. Das Gedicht „Der Lorbeer" (Anh. Nr. 5), das nach einer hier nicht benutzten, von Litzmann eingesehenen Abschrift bereits im Jahre 1788 entstanden ist, darf als sprechender Beleg dafür dienen. Der junge Genius, der die Kraft seiner Schwingen erproben will, bäumt sich dagegen auf, „die kurzen, vorgemessenen Schritte ewig zu wandeln". Die Ruhe, die Sicherheit des Alltagslebens ekelt ihn an, er „will verfolgt sein", wenn er nur frei seinen Flug nehmen darf. So wie er jetzt lebt, dünkt er sich „ein siecher Schwächling", es drängt ihn, die Schranken zu durchbrechen und dem Ziele zuzueilen, das er sich steckte. Und allen Freuden sagt er ab mit heiligem Schwur:

„nimmer genieß' ich Dein,
Du Kelch der Freuden, blinktest Du noch so schön,
Bis mir ein Männerwerk gelinget,
Bis ich ihn fasse, den ersten Lorbeer!"

Zwar fühlt' er wohl, daß er sich keine leichte Aufgabe gestellt hat, und empfindet es schmerzlich, daß der Aufstieg ihm nicht gleich und ohne Verzug glückt, daß — wie es in der „Weisheit des Trauerns" (Anh. Nr. 11) heißt:

Zurück aus den Lorbeerhainen
Stieß unerweicht die Ehre den Trauernden,

aber andrerseits stärkt ihn der Gedanke, daß im Busen ihm „die Flamme rein und klar und ewig" glüht und so klimmt er „in des Herzens Durst nach Ehre rastlos auf der Felsenbahn", und tröstet sich in „An die Ehre" (Anh. Nr. 6), wenn seine Anstrengungen ihn „wenige Schritte nur, bemerkbar kaum" weiter vorwärts bringen, mit dem Gedanken, daß „auch Streben ziert, auch der Schwächeren Schweiß ist edel".

Uebrigens war sein Gefühl „wenige Schritte nur" vorwärts gekommen zu sein, höchstens in Betracht des ersten Jahres in Tübingen ein richtiges; fassen wir die ganze Universitätszeit in's Auge, so müssen wir sagen, daß seine Entwicklung reich und schnell vor sich ging. In erster Linie ist das dem intimen Verkehr mit Neuffer und Magenau zu danken. Das Bewußtsein, von ihnen verstanden zu sein, spornte ihn ebenso sehr zur Produktion an, wie der Drang, mit ihnen zu wetteifern, sie zu übertreffen. Auch blieb er mit ihnen in Beziehung, als sie im Herbst 1791 das Stift verließen und in Pfarrgehilfenstellen eintraten. Er empfand zwar das Ende des täglichen persönlichen Verkehrs sehr schmerzlich, denn — so klagte er in einem Briefe an Neuffer, „philosophieren und politisieren läßt sich mit manchem, aber die Zahl der Menschen, denen man sein Schwächstes und sein Stärkstes offenbart, die mag man nicht so leicht verdoppeln". Indeß fand er einen Ersatz in dem regen Briefwechsel, der sich nun zwischen ihm und besonders Neuffer entspann und für die Beurtheilung Hölderlins von einzigem Werthe ist. Da theilen sie sich gegenseitig ihre Bestrebungen, ihre Arbeiten mit, muntern sich auf zum Fortschreiten auf dem begonnenen Wege und lassen einander die Hoffnungen sehen, die jeder von ihnen vor den Augen der übrigen Welt auf dem Grunde seines Herzens sorgfältig verbirgt. „Nun sollen die Keime endlich reifen und die Schale abspringen. Noch viele Blumen blühen auf der Flur der Grazien; noch manche goldne Frucht ist in Uranias himmlischen Gärten verschlossen, eine reiche Beute für den Suchenden. ... Es giebt noch unentdeckte Gegenden in dem Gebiete der Dichtkunst, aber verborgene Wege leiten zu ihnen, wo der Muth und die Kühnheit ferne dämmernde Strahlen hinwerfen. Laß uns auf unversuchten Bahnen sie entdecken ... Sollten wir uns durch Versuche abschrecken lassen oder gar durch ein hämisches Urtheil der Afterkritik. Die Nachwelt soll unsere Richterin sein und wenn ich das nicht in prophetischer Gewißheit mir selbst weißsagen kann, so reiß' ich jede Saite von meiner Leier und vergrabe sie unter dem Schutt der Zeit." So schreibt Neuffer am 20. Juli 1793 an Hölderlin und dieser antwortet, indem er ihm zugleich ein Fragment seines „Hyperion" übersendet: „Was Du so schön von der terra incognita im Reiche der Poesie sagst, trifft ganz genau besonders bei einem Romane zu. Vorgänger genug, wenige, die auf neues schönes Land geriethen, und noch eine Unermeßheit zur Entdeckung und Bearbeitung. Das versprech' ich Dir heilig: wenn das Ganze meines Hyperions nicht dreimal besser wird, als dieses Fragment, so muß er ohne Gnade in's Feuer. Ueberhaupt, wenn nicht die Nachwelt meine Richterin wird, wenn ich das mir nicht bald mit prophetischer Gewißheit sagen kann, so reiß' ich, wie Du, jede Saite von meiner Leier und begrabe sie in den Schutt der Zeit."

Durch Neuffer machte Hölderlin auch die persönliche Bekanntschaft Schubarts und Stäudlins im Frühjahr 1789. Der Neuffer'sche Brief, in dem er dem Freunde mittheilt, wie er dessen Besuch bei Schubart eingeleitet hat, ist uns erhalten. „Ich habe bald auch die Rede auf Dich gebracht. Es werde in der Vakanz ein sehr guter Freund, der mit vollem Enthusiasmus für Dichtkunst eingenommen sei, hierher kommen und werde seinem Wunsche, den Herrn Professor, den er in seinen Schriften so sehr verehre, persönlich verehren zu können, ein Genüge thun. Das waren meine Worte. Deinen Namen weiß er und er hat Verlangen Dich zu sehen. Meine Schilderung, die ich ihm ferner von Dir machte, war aufrichtig und wahr. Du seiest besonders für's Ernsthafte, Erhabene und etwas Schwärmerische eingenommen. Für's Tändelnde habest Du eine gewisse Antipathie und dem Epigramm seiest Du Todfeind. Griechische Litteratur sei Dein Steckenpferd. Der Jüngling verspricht viel, war seine Gegenrede, er soll zu mir kommen, sobald er hier ist." Hölderlin versäumte denn auch nicht, den von ihm damals hoch verehrten Dichter aufzusuchen. „Daß ich bei Schubart war — schreibt er seiner Mutter — und daß er mich so freundschaftlich, mit solcher väterlichen Zärtlichkeit aufnahm, werden Sie schon wissen. Er erkundigte sich auch viel nach meinen Eltern, fragte mich, ob ich auch zu den oft großen Ausgaben eines Poeten gehörig unterstützt werden könne — und als ich's ihm mit Ja beantwortete, empfahl er mir so inständig, Gott, so hoch ich könnte, dafür zu danken, daß ich ganz gerührt darüber wurde. O es ist eine Freude, so eines Mannes Freund zu sein. Einen ganzen Vormittag bracht' ich bei ihm zu."

Indeß — Schubart war ein gebrochener Mann und starb ohnedies bereits am 10. Oktober 1791, so daß die mit ihm angeknüpfte Bekanntschaft nicht besonders folgenreich für Hölderlins Entwicklung werden konnte. In weit höherem Maße war dies bei dem anderen schwäbischen Poeten der Fall, dessen Bekanntschaft er um die gleiche Zeit und auch durch Neuffers Vermittlung machte, bei Gotthold Friedrich Stäudlin. Dieser, am 15. October 1758 geboren, hatte in Tübingen die Rechte studiert, durch seinen beißenden Witz und seine offen ausgesprochne Neigung für die französische Revolution sich alle Aussichten auf Anstellung im Staatsdienst verscherzt und lebte nun der Schriftstellerei: Von 1782—1787 hatte er im Cotta'schen Verlage eine Schwäbische Blumenlese herausgegeben, und da er in den ersten Band derselben von Schiller, den er wie die andern jungen schwäbischen Dichter zu Beiträgen aufgefordert hatte, nur die Entzückung an Laura, und obendrein verstümmelt aufgenommen hatte, so antwortete dieser darauf mit der Herausgabe seiner Anthologie und es entspann sich daraus eine litterarische Feindschaft zwischen den beiden. Indeß war Stäudlin geistvoll genug, die Bedeutung und Größe Schillers einzusehen, und war aus seinem Feinde sein warmer Verehrer geworden, als Hölderlin mit ihm in Berührung trat. Stäudlin nahm dem Tübinger Dichterkleeblatt gegenüber eine Art Mentorstellung ein und es erkannte ihm willig die Führung zu. So schreibt Magenau am 6. März 1793 an Hölderlin: „O, warum hast Du mir nicht geschrieben, daß Du nach Stuttgart kommen wollest; ich wäre auf Flügeln der Liebe zu Dir geeilt. Wir, ich, Du und Neuffer, den die Hofluft feist macht, hätten eine Akademie der edlen Wissenschaften in irgend einem Weinhause gebildet; Stäudlin hätte vielleicht den Scepter des Präsidenten dabei übernommen.“ Das Wichtigste aber war zunächst, daß Stäudlin jetzt die schwäbische Blumenlese wieder aufnahm. In den beiden neu erscheinenden Bänden auf die Jahre 1792 und 1793 war neben Magenau und Neuffer auch Hölderlin vertreten und zwar mit einer Reihe von Hymnen. Der junge Dichter trat damit zuerst vor das größere Publikum, denn von den Gedichten, die er nach seinen Briefen an Luise und an Nast aus Maulbronn an Schubart für dessen vaterländische Chronik schickte, scheint dort nichts gedruckt worden zu sein. Auch ein Journal wollte Stäudlin im Verein mit Hölderlin und Neuffer herausgeben. Hölderlin interessierte sich sehr für den Plan und verhandelte noch auf der Reise nach Waltershausen in Nürnberg mit Ludwig Schubart, einem Sohne des Dichters, wegen dessen Mitarbeiterschaft. Er selber hatte Hesiods ἔργα καὶ ἡμέραι für das Journal übersetzt, indeß ist die Uebersetzung verloren gegangen. Als Mitarbeiter an dem Unternehmen, das übrigens nicht zu Stande kam, war auch Matthisson in Aussicht genommen, der sich damals viel in Württemberg aufhielt. Seine Bekanntschaft machte Hölderlin im letzten Jahre seiner Universitätszeit; er theilte ihm seinen Hymnus an die Kühnheit mit, der Matthisson so sehr entzückte, daß er ihn deswegen umarmte.

Das Gebiet der Hymne ist es in erster Linie, auf dem sich Hölderlins dichterische Thätigkeit während seiner Tübinger Zeit bewegt, nachdem sie sich schon in Maulbronn ihr zugewandt hat. Daneben pflegt er nun auch die reimlose Ode in antiken Metren. Hier wie dort beginnt er sich gewandter zu bewegen, eine größere Herrschaft über die Sprache, einen glatteren Fluß der Diktion sich anzueignen, ohne indeß jetzt schon zur Stufe der Vollendung auch nur auf formalem Boden vorzudringen. Zur Freiheit und Selbstständigkeit ringt er sich erst langsam gegen Schluß dieser Periode durch; auch wenn man nicht wüßte, welche Dichter er damals mit Vorliebe las, würde man es aus seinen Gedichten mit positiver Sicherheit schließen können. Da ist zunächst Klopstock, vor dessen zu sklavischer Nachahmung ihn Magenau schon 1788 gewarnt hatte, da ist Ossian, an den neben manchem anderen auch der Schwur „beim grauen Mana“ erinnert, da ist vor allem Schubart und Schiller, an die wir in den Gedichten der Tübinger Zeit reichliche Reminiscenzen und Anklänge finden. Die beiden letztgenannten haben unverkennbar den stärksten Einfluß auf ihn ausgeübt. Bezüglich Schillers lassen sich genau zwei Epochen unterscheiden. Ehe Hölderlin sich gründlicher mit Kant vertraut gemacht hat, ist der Schiller der Räuber und der Anthologie sein Vorbild. In den Gedichten Hölderlins aus dieser Zeit finden wir dieselbe schwülstige, unnatürlich bombastische Sprache, wie dort, dieselbe blumenreiche Redeweise, die sich in Zierworten, wie Elysium, Orione, Aeonen, Aether, Urania, Himmelsmaienglanz, gefällt, dieselbe häufige Wiederholung der gleichen Worte, dieselben krassen Bilder. Die Unmanier der überlangen Vordersätze wird er eher von Matthisson entnommen haben, obwohl auch dafür bei Schiller Vorgänge sich finden, wie zum Beispiel in dem Gedicht „Im Oktober 1788“. Ja, die Anlehnung an Schiller geht so weit, daß Hölderlin die gleichen Stoffe wählt, wie dieser: beide besingen die „Freundschaft" und „Rousseau", Schillers Elegie auf den Tod eines Jünglings findet in Hölderlins „An Thills Grab" ihr Gegenstück, besingt jener „die Blumen", so dichtet dieser „die Rose" an, und preist jener den Grafen Eberhard, so feiert dieser den Herzog Christoph (Anh. Nr. 8). Nach dem Studium Kants gewinnt er an Schillers philosophischen Gedichten mehr Geschmack und seine Gedichte, die nun entstehen, mahnen in Aufbau, und Sprache bis in einzelne Phrasen hinein an „Resignation", „Götter Griechenlands" „An die Freude" und „An die Künstler". So vortheilhaft diese Schulung auf der einen Seite für ihn war, so hatte sie auf der andern einen großen Nachtheil: er abstrahierte zuviel und nahm seiner Dichtung dadurch das frische Blut, daß sie dort, wo er nur subjektiv ist und sich selbst zu Worte kommen läßt, so reizvoll wirkt. Man halte nur das Gedicht „An Lida" (Anh. Nr. 12) neben die „Melodie an Lida", in der er ganz auf Schillerschen Spuren wandelt, und man wird sehen, wie viel ursprünglicher und lebendiger das erste wirkt, als das zweite, in dem die Reflexion die Oberhand hat. Außer diesen beiden Gedichten kennen wir nur noch eines auf Lida „Meine Genesung" das etwa in die Mitte des Jahres 1791 zu setzen sein dürfte. Daß er Elise Lebret, die er unter diesem Namen besang, noch mehrere Gedichte gewidmet hat, dürfen wir aber unbedingt annehmen. Neben der Geliebten besang er die Freiheit, die Kühnheit, die Ehre, die Muse, die Ruhe, die Schönheit, den Genius der Jugend, die Menschheit und selbstverständlich auch sein heißgeliebtes „Griechenland". Die Natur tritt in dieser Epoche merkwürdig zurück; wenn die Bücher ihn ihr auch nicht ganz entfremdet haben, so haben sie sie jedenfalls zurückgedrängt. Einmal begeistert ihn die „Burg Hohentübingen", zu der er täglich aufsah, zu einem Gedicht, doch geht auch dies bald in allgemeine Erörterungen über und das Mittelalter wird nur kurz berührt. Es ist überhaupt eigenthümlich, wie völlig kalt dasselbe ihn ließ; in Denkendorf und vor allem in Maulbronn übten die alten Klostergebäude ganz und gar keine Anregung auf ihn aus, im Gegentheil, als er von einer Reise nach Speier wieder ins Maulbronner Kloster zurückkehrte, schrieb er seiner Mutter: „Da wäre ich nun wieder im Kloster. Es war mir noch nie so eng.“ Für den Reiz der Gothik war er blind. Wir werden später noch darauf zu sprechen kommen, wenn wir von seiner Stellung zur Romantik handeln.

Etwa um die Mitte der Zeit seines Tübinger Aufenthaltes muß er den Plan zu einem Roman gefaßt haben, denn im Juni 1792 schreibt ihm Magenau, dem er davon Mittheilung gemacht zu haben scheint: „Du willst Romanist werden. Thalia leite Dich sicher zwischen den Abgründen hin, die dem unerfahrenen Waller da drohen.“ Mit Plänen zu größeren Werken ist er offenbar schon früher beschäftigt gewesen; wenigstens finden wir in seinem Nachlaß auf einem Doppelblatt, das die Jugendgedichte „der nächtliche Wandrer“ und „das Erinnern“ enthält, auch ein Fragment, beginnend: „Adramelechs Grimm erwachte, des Höllenbewohners“, das sehr viel Korrekturen enthält und schwer zu entziffern ist, aber jedenfalls den Schluß zuläßt, daß wir es hier mit dem Bruchstück eines Epos im Klopstock'schen Stil zu thun haben, das der Jüngling begann, aber nicht vollendete. Später scheint ihn das Leben Gustav Adolfs zu epischer Bearbeitung gereizt zu haben. Aus einem Brief an Neuffer, der, wie Litzmann nachweist, im Jahre 1792 aus Nürtingen geschrieben ist, geht hervor, daß Hölderlin mehrere Gedichte auf den großen Schwedenkönig damals bereits geschrieben hatte. Das bisher in den Sammlungen allein veröffentlichte Gedicht „Gustav Adolf“ beginnend

„Wir wollten segnen
In Deinem Thale, Du Herrlicher,
Und schänden die heilige Stätte mit Fluch?“

ist, wie schon diese Zeilen ersehen lassen, Fragment einer der Hymnen des Cyklus, zu dem die hier zum ersten Mal veröffentlichte Ode (Anh. Nr. 4) das Prooemium gewesen zu sein scheint. Auf demselben Oktavdoppelblatt, auf dem diese Ode geschrieben ist, befindet sich ein Bruchstück in Jamben aus einem Gedicht, das gleichfalls Gustav Adolf behandelt und, wenn gleich sich bestimmte Angaben darüber nicht finden, den Schluß zuläßt, daß Hölderlin eine Zeit lang sich mit dem Gedanken trug, auch diesen Stoff in einem längeren erzählenden Gedichte zu behandeln. Auch der Hyperion — der Name ist, wie Teuffel fein bemerkt, „ohne Zweifel wegen der Gleichheit seiner äußersten Umgrenzungen mit denen am Namen des Dichters selbst gewählt" — war ursprünglich als jambisches Gedicht geplant, was ein im Nachlaß vorhandenes Fragment beweist. Später wurde er in Prosa umgearbeitet und einiges daraus Stäudlin zur Beurtheilung mitgetheilt. Vollendet scheint er auch in dieser Form nicht geworden zu sein und er hatte noch verschiedene Wandlungen durchzumachen, ehe sein Schöpfer ihn in die Oeffentlichkeit hinaus ließ.

Die Dichtkunst und die Beschäftigung mit seinen Büchern, das war das geweihte Land, wo er Ruhe und Frieden fand, wohin er sich flüchtete, wenn die düstren Gedanken ihn zu überwältigen drohten. „Wenn ich mir nicht immer Beschäftigung verschaffte — oft aufzwänge, so wär ich wieder der Alte". Es war ihm unmöglich, sich dauernd in einer gleichmäßig heiteren, ruhigen Stimmung zu erhalten. „Ich bin zum Stoiker ewig verdorben — schreibt er an Neuffer — das seh ich wohl. Ewig Ebb' und Fluth". Schon während der ersten Jahre seines Tübinger Aufenthalts fällt er gelegentlich in seinen menschenflüchtigen Hang zur Einsamkeit zurück und macht es sich „zur Natur, für sich zu leben". Er hoffte dadurch „manchem Verdrusse nicht ausgesetzt zu sein", aber darin täuschte er sich, die Einsamkeit war das gefährlichste Gift für ihn, er bedurfte des Umgangs, um aufgeheitert zu werden. Das sieht man am klarsten daraus, daß seine Schwermuth wieder wächst, sobald Neuffer und Magenau Tübingen verlassen haben. „Das mußtest Du wissen — schreibt er im ersten Brief an Neuffer nach dessen Fortgang — daß ich Deiner Theilnahme bedürfe und daß es öde sein müsse um mich und in mir". Dann wieder klagt' er ihm: „So sitz ich zwischen meinen dunkeln Wänden und berechne, wie bettelarm ich bin an Herzensfreude und bewundre meine Resignation. Du und die holde Gestalt erscheinen mir wohl in helleren Stunden. Aber die lieben Gäste finden eben keinen gar freundlichen Wirth". Das schlimmste aber war, daß er nicht nur seinen Gästen kein freundlicher Wirth war, sondern daß seine Schwermuth in ihrem Wachsthum ihn dazu führte, sich gegen sich selbst zu wenden, selbstquälerisch sein Inneres auf seine Schattenseite zu durchforschen. In solcher Stimmung entstand das nachstehende Fragment, das sich in seinem Nachlaß findet und das mit erschreckender Deutlichkeit seinen gefährlichen Zustand schildert:

„Ich hasse mich! Es ist ein ekles Ding,
Des Menschen Herz, so kindisch schwach, so stolz,
So freundlich, wie Tobias Hündlein ist,
Und doch so hämisch wieder! weg! ich hasse mich!
So schwärmerisch, wenn es des Dichters Flammen wärmt!
Und ha! wenn sich ein freudeloser Junge
An unsere Seite schmiegt — so stolz! so kalt,
So fromm, wenn uns des Lebens Sturm
Den Nacken beugt —"

Wir begreifen es, daß er aus solcher Stimmung hinaus die Spannkraft verliert und resigniert ausruft: „Ich habe den Muth verloren und so ist's gut, nicht zuviel zu wünschen. Ich hänge mich an alles, wovon ich glaube, daß es mir Vergessenheit geben könne, und fühle jedesmal, daß ich verstimmt und unfähig bin, mich zu freuen, wie andere Menschenkinder". Wohl weiß er dann auch wieder „von manchem seeligen Stündchen" zu berichten, „von kühnen Hoffnungen", die in ihm leben, aber sie sind selten genug und nur die Folgen äußerer Anregungen. Seine ganze Trostlosigkeit spricht sich in den Worten aus, die er im Herbst 1792 an Neuffer schreibt: „Ich las neulich im Propheten Nahum; der sagte von den assyrischen Burgen und Festen, sie seien wie überreife Feigenbäume, sodaß einem die Früchte in's Maul fallen, wenn man sie schüttle. Und ich war scherzhaft genug, es so ganz für mich auch auf mich anzuwenden. Meiner Treu, o lieber Bruder! ich glaube, man dürfte nimmer viel schütteln, so stände der junge Baum nackt da mit dürren Zweigen. Ich habe hier schlechterdings keine

Freude". Scherzhaft genug! Es schneidet dem Leser in die Seele, dieses „scherzhaft".

Zum Theil mag diese Stimmung ihren Grund mit in körperlichem Uebelbefinden gehabt haben. Hölderlin war nie ganz gesund; besonders Klagen über Kolik wiederholen sich häufig in seinen Briefen und er scheint sehr darunter gelitten zu haben. Das mochte nicht ohne Rückwirkung auf sein psychisches Leben bleiben. Die Hauptursache aber sehen wir in der immer mehr in ihm anwachsenden Abneigung gegen den Beruf, für den er bestimmt war. Vollgesogen mit den Ideen der neuen Zeit, der jungen geistigen Bewegung, bäumte sich seine Seele gegen jede Tyrannei auf und war von Haß gegen Despoten und Priester, die sie mit jenen zusammenwarf, erfüllt.

„Da schläft in Deiner Halle der Jammermann,
Dem Priesterhaß das Herz zerfleischte,
Den ihr Gericht im Gewahrsam folterte"

heißt es in einem später gestrichenen Vers in der ersten Niederschrift der „Weisheit des Trauerns" und freudig malt der junge Dichter es sich in einem Fragmente aus dieser Zeit aus:

„Wenn die Starken vor Despoten treten,
Sie zu mahnen an der Menschheit Recht,
Hinzuschmettern die Tyrannenketten,
Fluch zu donnern jedem Fürstenknecht."

Und nun sollte er selbst einer jener Priester, einer dieser Fürstenknechte werden? Schon davor scheute jede Faser seines Herzens zurück. Und weiter: die strenggläubige Frömmigkeit, die aus seinen Jugendgedichten spricht, hatte vor der Beschäftigung mit der Philosophie nicht Stand gehalten. Der Schüler Kants, Rousseaus, Spinozas war kein bibelgläubiger Christ geblieben, er begann sich dem Pantheismus zuzuwenden, vielleicht nicht gerade dem strengen Pantheismus Spinozas, aber doch jedenfalls einer Weltanschauung, die abwich von den Dogmen des Christenthums. Schon im Winter 1790/91 schreibt er seiner Mutter einen Brief über religiöse Dinge, der uns zeigt, daß sein Glaube in's Wanken gekommen ist, daß die anerzogene Frömmigkeit und das neue Wissen in ihm im Streit liegen. Das Christenthum, die Person Christi, sie verschwinden jetzt aus seiner Poesie, um erst nach dem letzten schweren Schicksalsschlag in Frankfurt darin wieder eine Stelle zu finden. Als er im Spätsommer 1793 seiner Mutter über seine Predigten schreibt, finden wir, daß sich dieselben nicht auf dogmatischem, sondern auf rein ethischem Gebiet bewegen. „Wenn man seiner Brüder Noth mit ansehen muß — heißt es da — und doch mit aller Mühe nicht abhelfen kann, das ist bitter! Dieser große Stoff ist auch der gewöhnlichste Inhalt meiner Predigten an das Volk. Sie können glauben, daß ich aus warmem Herzen spreche.“ Es ist begreiflich, daß er sich bemühte, von dem Berufe loszukommen, der ihm äußerlich und innerlich nicht zusagte. Schon im Jahre 1789 bat er seine Mutter um die Erlaubniß, aus dem Stift austreten und Jura studieren zu dürfen. Aber die Mutter widerrieth ihm auf das ernstlichste und so entschloß er sich endlich, ihr zu folgen und im Stift zu bleiben. Im Sommer 1792 scheint er nochmals einen Versuch gemacht zu haben; wenigstens schreibt er an Neuffer in dieser Zeit „Stäudlin ist wahrlich ein herrlicher Mann. Wenn meine Mutter noch den Rath einiger einsichtsvollen Männer gehört hat und dieser nach meinem Wunsch ausschlägt, so werd' ich ihn bald auch im Brotstudium zum Muster nehmen können.“ Auch diesmal kam es nicht dazu; sein höchster Wunsch „in Ruhe und Eingezogenheit einmal zu leben und Bücher schreiben zu können, ohne dabei zu hungern“, blieb unerfüllt. Hätte er sich doch zu einem energischen Entschluß aufraffen, durch einen kühnen Schritt, wie Schiller es that, eine vollendete Thatsache schaffen können, vielleicht wäre alles besser und anders gekommen, als es so kam. Sein weiches Gemüth konnte sich leider dazu nicht entschließen und verzehrte sich lieber langsam und allmählig in unerquicklichen Verhältnissen, statt sich mit einem kühnen Schnitt davon loszutrennen, selbst auf die Gefahr hin, dabei rasch zu verbluten.

Inzwischen war der Herbst 1793 herangekommen und damit die vorgeschriebene Studienzeit abgelaufen. Mit welcher

Stimmung Hölderlin zu seiner Mutter nach Nürtingen zurückkehrte, wo er die Zeit bis zum Examen verbringen sollte, geht aus dem Briefe hervor, den er ihr kurz vor seiner Abreise schrieb: „So sehr ich mich freue, die lieben Meinigen nun bald wieder um mich zu haben, so macht mich doch zuweilen die so schnell und doch oft so langsam verschwundene Zeit etwas ernsthaft. Ich soll mich nun bald vollkommen ausgebildet haben zu meiner künftigen Bestimmung und doch bleibt mir so viel zurück. Glauben Sie, liebe Mama, so zufrieden ich wirklich meist mit der Welt bin, so bitter unzufrieden bin ich oft mit mir. O, was ich mir vor ungefähr sechs Jahren für Vorstellungen machte von dem, was ich in meinen jetzigen Jahren sein werde!“ Er hatte den Plan gefaßt, nach Jena zu gehen — offenbar um in Schillers Nähe zu kommen — und sich dort eine Stellung zu suchen; auch an eine Hofmeisterstelle dachte er. Die Mutter hatte ihm vorgeschlagen, sich bis auf weiteres zu Hause aufzuhalten, allein das war nicht nach seinem Sinn. „Ist man auch nicht unthätig — schreibt er ihr darauf — so sagen die Leute doch, er verzehrt seiner Mutter Brot und nützt ihr auf der Welt nichts. Auch muß ich fürchten, wenn ich zu lange keinen Platz bekomme, das Konsistorium möchte mich beim Kopfe kriegen und mich auf irgend eine Vikariatstelle zu einem Pfarrer hinzwingen, der keinen freiwilligen Vikar bekommen kann.“ Der letztere Grund war ihm offenbar die Hauptsache. So kehrte er nach fünfjährigem Studium in Tübingen in das Haus seiner Mutter zurück, voll Widerwillen gegen den Beruf, in dem er erzogen war, und voll heißer Sehnsucht, seiner Neigung zur Poesie sich ganz hingeben und, gleich Schiller, seinem Vorbilde, seinen Namen berühmt machen, den ersehnten Lorbeer sich auf's Haupt setzen zu dürfen.

III.

Der erste Flug in's Freie.

Das Leben, welches Hölderlin nun in Nürtingen führte, war ein sehr „einförmiges"; nur dadurch unterbrochen, daß er „so viel möglich, auf den umliegenden Dörfern" predigte, „um sich, so lange er noch Zeit hatte, zu üben". Auch sonst war er „so thätig, als möglich; aber es will nichts gedeihen" unter der Unruhe und Ungewißheit, wie sich seine Zukunft gestalten würde. „Ich zähle die Augenblicke — schreibt er an Neuffer — bis ich erfahre, daß und wenn ich in die Welt hinaus darf." Nachdem die Mutter seinen Plan, sich in Jena um eine freie Stellung zu bemühen, nicht gebilligt hatte, war er entschlossen, eine Hofmeisterstelle anzunehmen. Ein Freund, den er in dem letzten Jahre in Tübingen gewonnen hatte, Isaar von Sinclair, der letzte Sproß einer alten schottischen Familie, die sich in Homburg niedergelassen hatte, hing mit treuer, opferwilliger Liebe an ihm, die sich bis in die trübste Zeit des Lebens Hölderlins bethätigen sollte. Er war auch jetzt bereits thätig für ihn und suchte ihm im Oktober 1793 einen Platz im Hause des Hofraths Jung in Mainz, der den Ossian übersetzt hatte und ein reges Interesse an der Poesie nahm, zu verschaffen. Indessen kam Hölderlin nicht dazu, sich über die Annahme dieses Vorschlages zu entscheiden, da ihm inzwischen eine andre Stelle angeboten war. Sie gewährte ihm die Möglichkeit, ohne gegen den Wunsch seiner Mutter zu handeln, seiner Sehnsucht, in Schillers Nähe weilen zu können, gerecht zu werden. Frau Charlotte von Kalb hatte Schiller, der gerade in diesem Jahre seine Heimath besuchte, gebeten, sich nach einem Hofmeister für ihren Sohn umzusehen. Nachdem ein erster Vorschlag Schillers von ihr abgelehnt war, faßte dieser Hegel in's Auge, der aber zu Gunsten Hölderlins ablehnte und eine Stelle in der Schweiz annahm. Für Hölderlin verwendete sich Stäudlin in einem warm geschriebenen Briefe an Schiller, der darauf hin seinen

Verehrer zu sich beschied, um mit ihm persönlich Rücksprache zu nehmen. Wie mag Hölderlin zu Muthe gewesen sein, als er hier zum ersten Male seinem großen Vorbilde Aug' in Auge gegenüber stand, wie mag ihm sein Herz geschlagen haben, als er Rede und Gegenrede mit ihm tauschte, über seine Kenntnisse und Anschauungen, seine pädagogischen Prinzipien von ihm befragt wurde! Leider ist uns keine schriftliche Aeußerung Hölderlins über diese denkwürdige erste Begegnung im September 1793 erhalten. Dagegen ist der Bericht vorhanden, den Schiller darüber am 1. Oktober seiner Freundin erstattete: „Einen jungen Mann habe ich ausgefunden — schreibt er — der eben seine theologischen Studien in Tübingen vollendet hat und dessen Kenntnissen in Sprachen und den zum Hofmeister erforderlichen Fächern alle, die ich darüber befragt habe, ein gutes Zeugniß ertheilen. Er versteht und spricht auch das Französische und ist (ich weiß nicht, ob ich dies zu seiner Empfehlung oder seinem Nachtheile anführe) nicht ohne poetisches Talent, wovon Sie in dem Schwäbischen Musenalmanach vom Jahre 1793 Proben finden werden. Er heißt Hölderlin und ist Magister der Philosophie. Ich habe ihn persönlich kennen lernen und glaube, daß Ihnen sein Aeußeres sehr wohl gefallen wird. Auch zeigt er vielen Anstand und Artigkeit. Seinen Sitten giebt man ein gutes Zeugniß; doch völlig gesetzt erscheint er noch nicht und viele Gründlichkeit erwarte ich weder von seinem Wissen noch von seinem Betragen. Ich könnte ihm vielleicht hierin Unrecht thun, weil ich dies Urtheil bloß auf die Bekanntschaft einer halben Stunde und eigentlich bloß auf seinen Anblick und Vortrag gründe." Befangen genug mag Hölderlin während dieses Besuchs gewesen sein; war er doch Fremden gegenüber stets scheu, wie viel mehr gegenüber dem Manne, den er so hoch über alle andern stellte. Begierig lauschte er den Vorschriften, die Schiller ihm ertheilte; als er im November Magenau in Vaihingen besuchte, schreibt dieser in seiner drastischen Ausdrucksweise an Neuffer: „Er wiederkäute mir Schillers Regeln an ihn". Noch ehe die Verhandlungen zum Abschluß kamen, bestand er im Anfang des Dezembers die Staatsprüfung. Sein Zeugniß bekundet, daß er dem Studium der Theologie mit großem Erfolg obgelegen, seine Predigten gut ausgearbeitet und angemessen vorgetragen habe; der Philologie, besonders des griechischen, der Philosophie, besonders der Kantischen, und der schönen Wissenschaften mit Eifer sich beflissen habe. Bald darauf erhielt er aus Waltershausen, dem Kalb'schen Gute, die Nachricht, daß die Wahl auf ihn gefallen sei, und so reiste er denn nach einem Besuche bei seinen Verwandten in Löchgau und Blaubeuren am 20. Dezember „gutes Muths seiner Bestimmung entgegen".

Ueber Nürnberg, Erlangen, Koburg ging die Reise nach Waltershausen, wo er am 27. Dezember ankam. Der erste Eindruck, den sein neuer Aufenthaltsort und die Menschen dort auf ihn machten, war ein sehr freundlicher. „Morgen sinds acht Tage — schreibt er seiner Mutter am 3. Januar 1794 — daß ich hier ankam und noch nicht einer war mir unangenehm. Der Herr Major von Kalb, der gebildetste, gefälligste Mann von der Welt, empfing mich wie einen Freund, und hat sich noch nicht geändert bisher. Die Frau von Kalb ist noch in Jena. Meinen Kleinen muß man lieb haben, so ein guter, geschcidter, schöner Bube ist er. Meine Lebensart ist folgende: Morgens zwischen 7 und 8 Uhr wird mir mein Kaffee auf's Zimmer gebracht, wo ich dann mir selbst leben kann bis 9 Uhr. Von 9 Uhr bis 11 geb ich Unterricht. Nach zwölf wird zu Mittag gespeist. Nach dem Essen kann ich, wie auch Nachts, bei dem Major bleiben oder nicht, mit dem Kleinen ausgehen oder nicht, arbeiten oder nicht, wie ich will. Von 3 bis 5 Uhr geb' ich wieder Unterricht. Die übrige Zeit ist mein. Auch Nachts wird hier gespeist. Und ich vergesse unsern Neckarwein leicht bei dem trefflichen Biere, das, wie von mir, auch von der Herrschaft getrunken wird. Ich fühle mich ganz gesund dabei. Die Gegend ist sehr schön. Das Schloß liegt über dem Dorfe auf dem Berge und ich habe eines der angenehmsten Zimmer. Auch sind die Menschen hier, soviel ich sie bisher kennen lernen konnte, recht guter Art. Mit dem Pfarrer besonders bin ich schon recht gut Freund. Ich möchte unter solchen Umständen in keine Stadt."

Und diese zufriedene Stimmung hielt lange hindurch an; sie wurde sogar noch befestigt, als Charlotte von Kalb im April nach Waltershausen zurückkehrte. Die so hoch veranlagte edle Frau kam ihm auf das liebenswürdigste entgegen und nahm ihn ganz für sich ein, wie wir aus seinem Briefe an Hegel vom 10. Juli 1794 ersehen. Dort heißt es „... leb ich im Kreise eines seltenen, nach Umfang und Tiefe, Kühnheit und Gewandtheit ungewöhnlichen Geistes. Eine Frau von Kalb wirst Du schwerlich in Deinem Bern finden. Es müßte Dir sehr wohlthun, an diesem Strahl Dich zu sonnen. Wäre unsre Freundschaft nicht, Du müßtest ein wenig ärgerlich sein, daß Du Dein gutes Schicksal mir abtratest." Seine Briefe nach Hause in dieser Zeit athmen alle volle Zufriedenheit. „Ich bin glücklich — schreibt er seiner Mutter um Ostern — wenn es Ihnen und den lieben Meinigen allen so gut geht, wie mir. Ich bin gesunder als je, thue, was ich zu thun habe, mit Lust und finde für das Wenige, was ich thun kann, eine Dankbarkeit, die ich nie erwarten konnte. Meine Lage ist in der That sehr günstig; in freundschaftlichem Umgange mit guten geistreichen Menschen, bei ungestörter Thätigkeit, bei wohlthätigen Freuden des Geistes und Herzens, bei der zuvorkommenden Gefälligkeit, womit man die kleinste Bequemlichkeit, die ich wünsche, mir verschafft, bei den Aussichten auf eine meiner Bildung noch günstigere Lage, müßte ich wirklich großen Geschmack am Klagen finden, wenn ich jetzt Sie nicht versicherte, daß ich sehr zufrieden sei." Und im Mai schreibt er seinem Bruder: „Ich erinnere mich nur weniger Perioden aus meinem Leben, die ich immer so mit gleicher Fassung und Ruhe zugebracht hätte".

Seine Aufgabe als Erzieher nahm er sehr ernst. Er hatte bei der Besprechung mit Schiller in Stuttgart diesem versprochen, „der Menschheit Ehre zu machen in seinem jetzigen, durch die Folgen so ausgebreiteten Wirkungskreise" und dementsprechend lag er seinem Geschäft mit vollem Eifer ob. Ueber seine

Methode schreibt er Schiller um Ostern herum: „Meinen Zögling zum Menschen zu bilden, das war und ist mein Zweck. Ueberzeugt, daß alle Humanität, die nicht mit anderen Worten Vernunft heißt oder auf diese sich genau bezieht, des Namens nicht werth ist, dacht ich in meinem Zögling nicht frühe genug sein Edelstes entwickeln zu können . . . . Ich suchte nicht seine Gunst — daß er um die meinige sich nicht bewarb, suchte ich auch zu verhüten und die Natur bedurfte hier keines großen Widerstandes. Ich folgte aber dem Zuge meines Herzens, der in guten Stunden mich recht innig mit der fröhlichen, redsamen und bildsamen Natur des Knaben verbündete. Er verstand mich und wir wurden Freunde. An die Autorität dieser Freundschaft, die unschuldigste, die ich kenne, sucht' ich alles, was zu thun oder zu lassen war, anzuknüpfen. Weil aber doch jede Autorität, woran der Menschen Denken und Handeln angeknüpft wird, über kurz oder lange gewisse Inkonvenienzen mit sich führt, wagt' ich allmählig den Zusatz, daß alles, was er thue und lasse, nicht blos um meinetwillen zu thun und zu lassen sei, — und ich bin sicher, wenn er mich hierin verstanden hat, so hat er das Höchste verstanden, was noth ist. Hierauf gründen sich die Mittel zu meinem Zwecke in näherer und entfernterer Beziehung." Er erzielte auch in der That zunächst bei dem jungen Fritz von Kalb Resultate, die dessen Eltern hoch entzückten. „Ich kann — heißt es in einem Briefe der Mutter an Schillers Gattin — Schiller nicht genug für die Empfehlung des guten Hölderlin danken. Wenn je Fritz ein hoffnungsvoller Knabe wird, so ist es einzig durch ihn. Er ist einsichtsvoll und unabläßig thätig in seinem Beruf." In gleich lobender Weise äußert sie sich in einem Briefe an Herder und sie fühlte sich gedrungen, auch der Mutter Hölderlins gegenüber ihre Befriedigung auszusprechen über ihren „theuren Freund Hölderlin, der mir durch seine außerordentlichen Bemühungen um meinen Sohn — mir auch das Glück bereitet, mich wohl einst eine glückliche Mutter nennen zu können. Mein Mann und alle, die ihn kennen, schätzen ihn sehr. Möchten wir ihn überzeugen können, wie dankbar wir sind — und daß wir alles gerne thun, was seine Zufriedenheit befördern kann."

Seine Pflichten als Erzieher ließen Hölderlin noch genugsam Zeit für seine Studien und sein poetisches Schaffen, an dem Frau von Kalb, wenn sich auch ein bestimmter Einfluß ihrerseits darauf nicht nachweisen läßt, jedenfalls lebhaftes Interesse nahm. Seine Studien scheinen sich hauptsächlich auf philosophischem Gebiete bewegt zu haben. Besonders war es Kant, der ihn in Anspruch nahm. Wohl schreibt er gelegentlich an Neuffer, daß er jetzt so ziemlich von der Region des Abstrakten zurückkomme, in die er sich mit seinem ganzen Wesen verloren hatte, aber das Netz, in das er sich selbst eingesponnen, löste sich nicht so leicht, und bald darauf theilt er schon wieder seinem Bruder mit: „Meine einzige Lektüre ist Kant für jetzt. Immer mehr enthüllt sich mir dieser herrliche Geist". Auch Schillers Abhandlung über Anmuth und Würde regte ihn lebhaft an. Er „erinnerte sich nicht, etwas gelesen zu haben, wo das beste aus dem Gedankenreiche und dem Gebiete der Empfindung und Phantasie so in eines verschmolzen gewesen wäre". Sie regte ihn an, einen Aufsatz über die ästhetischen Ideen zu schreiben, eine Art Kommentar zu Platos Phädrus. „Im Grunde soll er — heißt es in einem Briefe an Neuffer — eine Analyse des Schönen und Erhabenen enthalten, nach welcher die Kantische vereinfacht und von der andern Seite vielseitiger wird, wie es schon Schiller zum Theil in seiner Schrift über Anmuth und Würde gethan hat, der aber doch auch einen Schritt weiter über die Kantische Grenzlinie gewagt hat, als er nach meiner Meinung hätte wagen sollen. Lächle nicht! Ich kann irren; aber ich habe geprüft und lange und mit Anstrengung geprüft?" Man sieht, der junge Geist beginnt jetzt seine Schwingen freier zu regen und begnügt sich nicht mehr damit, seinen Vorbildern kritiklos zu folgen.

Unter seinen dichterischen Arbeiten in dieser Zeit nimmt der Hyperion die Hauptstelle ein, an den er alles setzte. Er war fest entschlossen, von der Kunst zu scheiden, wenn er sich hierüber auch am Ende auslachen müsse. Die Morgenstunden, die einzigen, wo er Muße zu ungestörter Arbeit hatte, verbrachte er den ganzen Sommer über an diesem Werke, mit dessen erstem Theile er im Oktober beinahe ganz zu Ende war. „Fast keine Zeile" blieb von seinen „alten Papieren", so gründlich war die Umarbeitung, der er das Manuskript unterzog. „Der große Uebergang aus der Jugend in das Wesen des Mannes, vom Affekte zur Vernunft, aus dem Reiche der Phantasie ins Reich der Wahrheit und Freiheit schienen ihm immer einer solchen langsamen Behandlung werth zu sein." Erhalten ist uns von dieser Bearbeitung die Vorrede und fünf Briefe. Er hatte dieselben im Sommer an Schiller geschickt und Frau von Kalb zu gleicher Zeit an dessen Gattin geschrieben: „Ersuchen Sie Schiller, daß er diesem jungen Manne bald auf seinen Brief antworte, und mit einiger Vorliebe das Bruchstück in die Hand nehme, welches er ihm zusendet. Sein Urtheil über diesen Versuch seines bildenden Geistes sei gerecht, aber auch gütig. Er zürne nicht, nicht Zweifel, sondern Antheil an Hölderlin, Besorgnisse verleiten mich zu dieser Aeußerung." Schiller nahm das Fragment in seine „Neue Thalia" auf, ein Erfolg, auf den Hölderlin nicht wenig stolz war und der ihn mit neuen Hoffnungen erfüllte. Es gibt zwei Ideale unseres Daseins — führt die Vorrede aus — einen Zustand der höchsten Einfalt und einen Zustand der höchsten Bildung. Die excentrische Bahn, die der Mensch von einem Punkte zum andern durchläuft, „scheint sich nach ihren wesentlichen Richtungen immer gleich zu sein. Einige von diesen sollten nebst ihrer Zurechtweisung in den Briefen, wovon die folgenden ein Bruchstück sind, dargestellt werden". Die Briefform, die jetzt an die Stelle des ursprünglichen Ichromans getreten ist, bleibt nun bestehen bis zur definitiven Gestaltung des Werkes, das im übrigen noch viele Veränderungen erfährt. Die Handlung, welche den Briefen des Fragments zu Grunde liegt, ist dürftig und kurz. Hyperion erzählt seinem Freunde Bellarmin, wie er ausgegangen ist, Wahrheit zu finden und Ruhe. Erst sucht er sie in der Verbindung mit Menschen und glaubt das Endziel seiner Wünsche verkörpert zu finden in Melite, einer Verwandten seines Bekannten Gorgonda Notara. Nach einem kurzen, übersinnlichen, vor der Gluth der Leidenschaft scheu zurückbebenden Liebesleben wird sie ihm, während einer kurzen Reise, unvermuthet geraubt; ihr Vater hat sie abholen lassen, ohne daß man wußte, wohin. Als er das erfährt, ist ihm, als würde ihm sein Todesurtheil gesprochen; alles, was irgend sein Gemüth bewegen kann, flieht er, Abgezogenheit von allem Lebendigen ist es, was er sucht. Aber sein Herz schlägt noch zu jugendlich, sie ist noch nicht in ihm gestorben, die Mutter alles Lebens, die unbegreifliche Liebe, und er weiht jetzt sein Herz der Natur, die ihm aus dem Innern des Hains, aus den Tiefen der Erde und des Meeres zuzurufen scheint: warum liebst Du nicht mich? Und weiter wandert er über das Meer, um Wahrheit zu finden, die er vorläufig nur ahnt. Er sieht einen Knaben am Wege liegen, über den die Mutter eine Decke gebreitet hat, damit ihn die Sonne nicht blendet, sieht, wie er immer wieder die Decke fortreißt und versucht, das freundliche Licht anzusehen, bis ihn das Auge schmerzt und er weinend sein Gesicht zur Erde kehrt. „Armer Knabe, dacht' ich, andern ergehts nicht besser, und hatte mir auch beinahe vorgenommen, abzulassen von dieser verwegenen Neugier. Aber ich kann nicht! ich soll nicht! Es muß heraus, das große Geheimniß, das mir das Leben giebt oder den Tod!"

So schließt das Fragment in der Thalia und wir wissen nicht, in welcher Weise Hölderlin die weitere Ausführung sich gedacht, auch nicht, wie weit er mit der Ausführung überhaupt gekommen ist. Nur das Ende, das er geplant hat, können wir aus dem ersten Briefe ersehen. Hyperion kehrt wieder in sein Vaterland zurück, das er umsonst verlassen hat; was er suchte, hat er nicht gefunden. Daß Litzmann mit seiner Vermuthung, Hölderlin habe der Liebe auf Erden damals keinen hervorragenden Platz in seinem Werke einräumen wollen, das richtige getroffen hat, erscheint zum mindesten fraglich. Er stützt sich auf Hölderlins Klage an Neuffer in dieser Zeit, er habe bisher „nur im Traume geliebt“, die doch höchstens eine Selbsttäuschung des Dichters, der Ausfluß einer augenblicklichen düstern Stimmung war. Er, den Luisens Küsse schon als achtzehnjährigen so beseligten, daß er „hätte die ganze Welt umarmen mögen“ der dann, Lidas „Zauber hingegeben, Erd' und Himmel über ihr vergaß, ach, so selig in der Liebe Leben“ — konnte diese Klage unmöglich ernsthaft aufrecht erhalten. Es ist auch nicht richtig, daß Hölderlin seine zweite Liebe damals schon längst als eine Fessel empfunden habe, die nur sein Pflichtgefühl ihm zu lösen verbot. Unser Gedicht „An Lida“, das die Geliebte darstellt, wie sie allein „stille am Rebenhügel“ wandelt, ist nach Hölderlins Fortgang von Tübingen, frühestens in Nürtingen, wahrscheinlich aber erst in Waltershausen entstanden. Die Klage, daß „nimmer wieder auf dem Erdenrunde sich die trauten Arme nah'n“, hat doch nur dann einen Sinn, wenn eine räumlich sehr weite Entfernung die Liebenden trennt. Und daß zur Zeit der Abfassung dieses Gedichts die Neigung Hölderlins noch keineswegs geschwächt war, das beweist uns sein warmer Ton, die Ursprünglichkeit der Empfindung, die aus ihm spricht, die Lebhaftigkeit, mit der sich der Dichter die entschwundenen Freuden in's Gedächtniß zurückrufen kann.

Sonst war diese Zeit auf lyrischem Gebiete für Hölderlin wenig ergiebig. „Lyrisches hab' ich seit dem Frühling noch wenig gedichtet“ schreibt er im Oktober an Neuffer, der sich erboten hatte, Arbeiten von ihm im Reinhard'schen Almanach, der Akademie und dem von Conz herausgegebenen Museum unterzubringen. Das Gedicht „An das Schicksal“, das er bereits in Nürtingen begonnen und den Winter über durchgearbeitet hatte — wie überaus sorgfältig und gründlich er an seinen Gedichten feilte, lehrt ein Blick auf seine Konzepte, deren Lesbarkeit durch die zahlreichen oft vier- und fünffachen Korrekturen sehr erschwert wird — sandte er an Schiller, der es sehr gut aufnahm und ebenso wie die Hymne „An den Genius der Kühnheit“ in der Neuen Thalia zum Abdruck brachte.

In die Waltershauser Zeit dürfte auch das schöne Gedicht „An Herkules“ (Anh. Nr. 10) zu setzen sein, in dem das Gefühl der Kraft und des Könnens einen so stolzen Ausdruck findet. Abgesehen davon, daß sein Inhalt sich berührt mit dem Gedanken im eben jetzt entstandenen „Schicksal“ an den Sieg, „den ein Götterknabe den Ungeheuern abgewann“, ist es aus einem Gefühl seelischen Gleichgewichts, aus einem festen Glauben an Sieg heraus geschrieben, wie sie Hölderlin weder vor, noch nach dieser Zeit wieder eigen gewesen sind. Auch Wendungen, wie „Den Knaben hast zum Manne Du gemacht“, „von der Mutter Tisch und Haus“ passen am besten in diese Zeit, wo Hölderlin ferne der Heimath zum ersten Mal auf eigenen Füßen stand und der ersten Erfolge sich freuen durfte. Stolz sah er der Unsterblichkeit entgegen, die „seine Seele sich geschworen“ hatte, überzeugt, daß sie der Lohn seines dichterischen Strebens sein werde.

Je mehr die Ueberzeugung, daß sein eigentlicher Beruf auf diesem Boden liege, sich in ihm festigte, um so entschiedener wies er es von sich ab, in ein theologisches Amt einzutreten. Wohl bestieg er in Waltershausen hie und da die Kanzel, um „die wenige Fertigkeit, die er hatte“, nicht zu verlieren, aber wenn seine Mutter, die offenbar darauf bedacht war, ihm eine feste Stellung zu sichern, ihn auf eine solche hinwies, lehnte er immer wieder ab. So im April des Jahres, so im Juli, wo Elise Lebret ihre Bitten mit denen der Mutter dahin vereinigte, er möge sich um das betreffende Amt bewerben. „Es ist, wie ich glaube, weder Unbescheidenheit noch Träumerei — schreibt er seiner Mutter — wenn ich für mein Wesen, so weit ich seine Bedürfnisse kenne, für jetzt noch eine Lage nothwendig halte, in der ich mehr Möglichkeit vor mir sehe, an mannigfaltigen Gegenständen ohne die Einschränkung eines fixierten bürgerlichen Verhältnisses meinen Geist und mein Herz zu nähren . . . Sie sagen mir, daß Sie die Lebret bedauern. Ich denke aber, wenn sie mir im Ernste gut ist, so kann sie nichts wünschen, was gegen meinen Charakter ist. Ist es ihr aber nur so halb

Ernst, nun so wird sie sich trösten, und ich muß mich auch zu trösten suchen."

Inzwischen begann sich seine Stimmung schon im Sommer zu verschlechtern. Zwar war ihm eine Reise, die er im Juni durch die Rhön und das Fuldaer Land gemacht hatte, sehr gut bekommen, aber schon im nächsten Monat begann er über Hypochondrie zu klagen. Der Hauptgrund davon war der, daß sein Zögling nicht die Fortschritte machte, die man nach dem ersten Anlauf erwartet hatte. Das ging ihm sehr nahe. Lange schwieg er in seinen Briefen darüber, aber endlich klagt er Neuffer sein Leid: „Ich muß doch wohl gewissenhaften, oft sehr angestrengten Bemühungen Erfolg wünschen. Es muß mir also wehe thun, wenn dieser Erfolg beinahe gänzlich mangelt durch die sehr mittelmäßigen Talente meines Zöglings und durch eine äußerst fehlerhafte Behandlung in seiner früheren Jugend und andere Dinge, womit ich Dich verschonen will. Daß mir das wehe thut, wäre an sich nicht sehr bedeutend, aber daß mich das unvermeidlich in meinen anderen Beschäftigungen stört, scheint mir nicht so unbedeutend." Charlotte von Kalb und ihr Gatte sahen, „daß sein physisches, mit seinen andern Kräften, etwas Noth litt in dieser Lage". Sie ermunterten ihn daher in der guten Jahreszeit zu kleinen Ausflügen auf den Gleichberg und auf ein ihnen gehöriges Gut auf dem Staigerwald und schickten ihn im November mit seinem Zögling nach Jena. Der Aufenthalt dort sollte ein halbes Jahr dauern.

So war denn sein im Stillen längst gehegter Wunsch erfüllt; er war in der Stadt, in der Schiller weilte, deren Universität, wie Frau von Kalb an seine Mutter schrieb, sowohl durch Aufklärung als durch Energie der Ideen, die dort im Schwunge waren, sich auszeichnete. Hier fand er „alle Resultate der Wissenschaften vereinigt und konnte sie auf die eigne Kultur seines Geistes fruchtbar wirken lassen". Und wenn ihn auch, wie er Neuffer gestand, „die Nähe der wahrhaft großen Geister, und auch die Nähe wahrhaft. großer selbstthätiger muthiger Herzen" manchmal niederschlug, so erhob sie ihn auch wieder, und er hatte „jetzt den Kopf und das Herz voll von dem, was er durch Denken und Dichten hinausführen" wollte. Eigenthümlicherweise fesselte ihn zunächst am meisten Fichte. „Fichte ist jetzt die Seele von Jena — schreibt er begeistert dem Freunde — und Gottlob, daß ers ist! Einen Mann von solcher Tiefe und Energie des Geistes kenn' ich sonst nicht. In den entlegensten Gebieten des menschlichen Wissens die Prinzipien dieses Wissens und mit ihnen die des Rechts aufzusuchen und zu bestimmen, und mit gleicher Kraft des Geistes die entlegensten, kühnsten Forderungen aus diesen Prinzipien zu denken und trotz der Gewalt der Finsterniß sie zu schreiben und vorzutragen, mit einem Feuer und einer Bestimmtheit, deren Vereinigung mir Armen ohne dies Beispiel vielleicht ein unauflösliches Problem geschienen hätte, — dies, lieber Neuffer, ist doch gewiß viel, und ist gewiß nicht zu viel gesagt von diesem Manne. Ich hör' ihn alle Tage. Sprech' ihn zuweilen." Wie viel früher würde er zur Reife gelangt sein, wenn er solchen Lehrer bereits in Tübingen gehabt hätte. Uebrigens vernachlässigte er Schiller über ihm nicht, sondern suchte ihn zu wiederholten Malen auf. Gleich das erste Mal traf er bei ihm mit Goethe zusammen, der zum Besuch des Freundes von Weimar herübergekommen war. Er überhörte seinen Namen bei der Vorstellung und ignorierte ihn, „ganz im Innern und Aeußern mit Schillern beschäftigt". Als er Abends erfuhr, wer der Fremde gewesen, gerieth er außer sich; Schiller, bei dem er zu Nacht speiste, tröstete ihn soviel möglich und ließ ihn „durch seine Heiterkeit und seine Unterhaltung, worin sein ganzer kolossalischer Geist erschien, das Unglück vergessen".

Mit vollen Zügen sog er all die neuen und großen Eindrücke ein, die sich ihm hier boten und es war sehr wenig nach seinem Geschmack, als Frau von Kalb, die „den Aufenthalt auf dem Lande jetzt plötzlich zu langweilig fand" und den Winter in Weimar zubringen wollte, im Dezember in Jena erschien, um ihn und ihren Sohn mit dorthin zu nehmen. Da zudem der letztere ihm vielen Kummer machte und „die ganze Unmöglichkeit, auf das Kind reell zu wirken und ihm zu helfen, seine Gesundheit und sein Gemüth auf das härteste angriff, das ängstliche Wachen bei Nacht seinen Kopf zerstörte und ihn für sein Tagewerk unfähig machte", beschloß er seine Stellung aufzugeben. Die Vorstellungen der Majorin im Verein mit denen Schillers bewogen ihn, es noch einmal zu versuchen, und er ging mit nach Weimar. Hier lernte er Goethe näher kennen und der Olympier bezauberte ihn, wie alle, die in seine Nähe kamen. „Ruhig, viel Majestät im Blicke, und auch Liebe, äußerst einfach im Gespräch, das aber doch hie und da mit einem bittern Hiebe auf die Thorheit um ihn, und eben so bittern Zuge im Gesichte — und dann wieder von einem Funken seines noch lange nicht erloschnen Genies gewürzt wird — so fand ich ihn" schreibt er an Neuffer. „Man sagte sonst, er sei stolz; wenn man aber darunter das Niederdrückende und Zurückstoßende im Benehmen gegen unser einen verstand, so log man. Man glaubt oft einen recht herzguten Vater vor sich zu haben." Auch Herder suchte er auf, den Frau von Kalb ihm schon brieflich geschildert hatte, und „die Herzlichkeit, womit ihm der edle Mann begegnete, machte auf ihn einen unvergeßlichen Eindruck". Von sonstigen Bekanntschaften, die er hier in Weimar schloß, erwähnt er die des Malers Majer, eines „einfachen, ehrlichen Schweizers, aber strengen Künstlers".

Indeß war seines Bleibens in Weimar nicht lange. Da trotz seiner beständigen Bemühungen und der Thätigkeit der Aerzte das Uebel, an dem sein Zögling litt, stets zu-, „seine Gesundheit, sein Muth, seine Heiterkeit mit jedem Tage abnahm", verzichtete Frau von Kalb aus freien Stücken auf seine ferneren Dienste, rieth ihm, nach Jena zurückzukehren und sich dort zu halten, so lange er könne. Sie zahlte ihm noch für ein Vierteljahr sein Gehalt und versprach ihm „ihren ganzen Einfluß zu seinem künftigen Glücke aufzubieten". Außerdem schrieb sie an seine Mutter, um sie über diese Veränderung in seiner Lage zu beruhigen, einen Brief, in dem sie von ihm mit der größten Achtung spricht. „Hölderlin muß sich so bilden — heißt es darin — daß er einst zum Vortheil des allgemeinen Guten und Schönen mitwirken kann. Es wäre der ärgste Raub gewesen, wenn ich ihn in dieser Lage — das Kind an ihn und ihn ans Kind — länger hätte fesseln wollen. Ich möchte auch nicht, daß Hölderlin je durch Umstände in den Fall versetzt würde, wieder eine Erziehung zu übernehmen. Sein Geist kann sich zu dieser kleinlichen Mühe nicht herablassen . . . Erleichtern Sie ihm also, so viel in Ihren Kräften steht, seinen jetzigen Aufenthalt und diese wichtige Epoche seines Lebens. Er hat wenig Bedürfnisse, er wird selbst durch litterarische Arbeiten einiges dafür thun können. Aber entfernen Sie alle kleinlichen Sorgen von ihm, daß keine unnütze Bekümmerniß seine Zeit trübe und seine Bildung verzögere! Das Pfund, welches Sie ihm jetzo von seinem Eigenthum geben, wird tausendfältig wuchern."

Die Unabhängigkeit, die völlige Freiheit, dem Drange zu leben, der ihn so mächtig erfüllte, war also nun wie durch einen Zufall unerwartet ihm zu Theil geworden. Nun war es seine Aufgabe, dafür zu sorgen, daß sie ihm auch fernerhin erhalten bliebe. In eine feste bürgerliche Stellung eintreten wollte er nicht; noch ehe er nach Weimar ging, hatte er es abgelehnt, sich um die Pfarre in Neckarhausen, auf die ihn die Mutter aufmerksam machte, zu bewerben; er wollte seinem dichterischen Berufe leben. Da er die Mittel dafür von seiner Mutter nicht verlangen konnte, so mußte er sie sich selbst schaffen, mußte sie, schon um zu beweisen, daß der Weg, den er gehen wollte, der rechte war, sich durch seine Feder schaffen. Das erwartete auch offenbar Schiller, der sich seiner in der gütigsten und liebevollsten Weise annahm, und dazu bot er ihm die Möglichkeit, indem er ihn zur Mitarbeiterschaft an den Horen, seinem neuen Journal, aufforderte. „Von vier Bogen könnt' er bequem ein halbes Jahr leben", sagte er ihm, wie Hölderlin seiner Mutter berichtete. Aber Hölderlin wurde sich, so sehr er sich der gewonnenen Freiheit freute, offenbar über seine Verpflichtungen nach dieser Richtung hin gar nicht recht klar, wenn er sie auch unbestimmt fühlte. Statt geradenwegs auf das Ziel loszugehen, das er erreichen mußte, wenn er in seiner Unabhängigkeit bleiben wollte, zersplitterte er seine Kraft in Arbeiten, die zwar sehr löblich waren und seinem Geist Förderung brachten, aber ihm das nicht eintrugen, worauf er jetzt in erster Linie sehen mußte, — Geld. Er hörte Fichtes Vorlesungen und gab sich mit philosophischen Studien ab, die für seine poetische Thätigkeit ohne jeden Ertrag waren. Er brachte die Uebersetzung des „Phaethon" aus den Ovidischen Metamorphosen, auf die Schiller ihn hingewiesen hatte, zwar zu Stande, aber sie war ihm so wenig gelungen, daß Schiller sie in sein Journal nicht aufnahm — mit Recht, wie Hölderlin selbst später einsah — und so war die darauf verwendete Mühe ohne Erträgniß geblieben. Auch hinsichtlich des Hyperion war Schiller thätig gewesen und hatte Cotta dafür zu interessieren gewußt. Dieser erklärte sich auf seine Empfehlung hin bereit, das auf zwei Bände berechnete Werk in Verlag zu nehmen und dem Autor das Honorar nach Empfang des Manuskriptes auszuzahlen. Das war doch etwas. Aber statt daß Hölderlin sich nun beeilt hätte, mit der Arbeit zum Abschluß zu kommen, konnte er kein Ende finden mit Feilen, Umarbeiten, Verwerfen und Neuschreiben; schließlich verlor er die rechte Lust an seinem Werke, schrieb es nur aus, „weil es einmal angefangen und besser als gar nichts ist" und tröstete sich „mit der Hoffnung, bald mit etwas anderem seinen Kredit zu retten". Das andere, worauf er hier anspielt, war vermuthlich der Plan zu einem Trauerspiel „der Tod des Sokrates", den er später fallen ließ, damals jedenfalls noch nicht ernstlich in Angriff genommen hatte. So jagte er immer dem fernen Luftgebilde dichterischer Größe und Ruhmes nach und ließ das zunächstliegende, nothwendige, darüber außer Augen.

Was wollte es demgegenüber heißen, daß er überaus sparsam und eingezogen lebte, des Tages nur einmal ziemlich mittelmäßig aß, sich an einem Kruge Bier genügen ließ und sich im Winter im Zimmer wohl einpackte, um Holz zu sparen? Zwar konnte er in Folge dessen etwas länger mit seiner geringen Baarschaft auskommen, aber andrerseits schädigte er dadurch seine Gesundheit, die ohnedies schwach genug war. Er mußte sich selber sagen, daß unter diesen Umständen sein Aufenthalt in Jena nur von kurzer Dauer sein werde, und brütete über neuen Plänen, sich seinen Lebensunterhalt zu schaffen. Theils dachte er daran, nach abgelegtem Examen in Jena Vorlesungen zu halten, theils erwog er die Frage, ob er nicht wieder eine Hofmeisterstelle annehmen solle. Zu allem Ueberflusse begann ihn auch Heimweh zu quälen, das mit jedem Monat mächtiger wurde. „Es würde mir auch wohl thun — schreibt er seiner Mutter — in mein Vaterland zurückkehren zu können, auf einen Posten, der meiner Natur nicht unangemessen wäre ... Ich denke so manchen lieben Abend, wenn ich ausruhe von meiner Arbeit: säßest Du jetzt am Tische neben den Deinigen! Das goldne Wiedersehen!“

Sein Verkehr in Jena beschränkte sich auf wenige Personen, zumeist Landsleute, mit denen er in den wenigen Stunden zusammen war, die er nicht über seinen Büchern saß. Neben Schiller war es besonders Niethammer, den er häufig aufsuchte, um mit ihm zu philosophieren, dann der Mediziner Diez und von Studenten seine Kompromotionalen Hesler und Camerer, welch letzterer ihn „fast alle Tage an Leib und Seele im höchsten Negligé“ sah und „ihm durch diesen Umgang auf's ganze Leben lieb“ wurde. Mit Sinclair, den er in seinen Briefen gar nicht erwähnt, scheint er nichts destoweniger in einen regen Verkehr getreten zu sein. Wenigstens schreibt dieser in einem Briefe vom 26. März 1795: „Für diese Legion von Bekannten, die ich verlor, habe ich aber die Zeit einen Herzensfreund instar omnium erhalten, den Magister Hölderlin. Er ist Jung und Leutwein in einer Person: seine Bildung beschämt mich und giebt mir zur Nachahmung einen mächtigen Reiz; mit diesem liebenswürdigen, strahlenden Vorbild werde ich künftigen Sommer auf einem einsamen Gartenhaus zubringen. Von meiner Einsamkeit und diesem Freund verspreche ich mir sehr viel. Ich habe seinetwegen an die Hofmeisterstelle bei den Prinzen gedacht; ich möchte um alles ihn wenigstens in unserer Nähe einst haben.“

Uebrigens lenkten die von Hölderlin in der Thalia gedruckten Arbeiten auch die Aufmerksamkeit Fremder auf ihn, was ihn mit besondrem Stolz erfüllte. „Mein bischen Schreiberei in Schillers Thalia — berichtet er der Mutter — trägt mir manchen freundlichen Gruß und manche höfliche Einladung ein. Es freut mich immer, wenn so ein ganz fremder Mensch nach meinem Namen fragt und den Büchermacher zum Kaffee bittet, den ich mir dann recht gut schmecken lasse".

Von den Frauen, mit denen er in dieser Lebensepoche in Berührung trat, dürfte keine auf sein Herz einen tieferen Eindruck gemacht haben. Zwar der Gesellschafterin der Frau von Kalb gegenüber scheint er in der Einsamkeit von Waltershausen nicht ganz kühl geblieben zu sein. Wenigstens schreibt er seiner Schwester im Januar 1794: „Die Gesellschafterin der Majorin, eine Wittwe aus der Lausitz, ist eine Dame von seltenem Geist und Herzen, spricht Französisch und Englisch und hat soeben die neuste Schrift von Kant bei mir geholt. Ueberdieß hat sie eine sehr interessante Figur. Daß Dir aber nicht bange wird, liebe Rike! für Dein reizbares Brüderchen, so wisse 1), daß ich um 10 Jahre klüger geworden, seit ich Hofmeister bin, 2) und vorzüglich, daß sie versprochen und noch viel klüger ist, als ich." Und an Neuffer im Januar des folgenden Jahres aus Jena: „Hier lassen mich die Mädchen und Weiber eiskalt. In Waltershausen hatt' ich im Hause eine Freundin, die ich ungerne verlor, eine junge Wittwe aus Dresden, die jetzt in Meiningen Gouvernante ist. Sie ist ein äußerst verständiges, festes und gutes Weib und sehr unglücklich durch ihre schlechte Mutter. Es wird Dich interessieren, wenn ich Dir ein andermal mehr von ihr sage und ihrem Schicksal." Man darf aus der Gegenüberstellung schließen, daß sie ihn nicht eiskalt gelassen hat. Und in der That mußte die junge Wittwe mit der interessanten Figur und der schlechten Mutter, Kantschwärmerin obendrein, auf den harmlosen Phantasten in Waltershausen, wo er außer ihr und der Majorin kein gebildetes weibliches Wesen sah, einen gewissen Eindruck machen. Daß er seine Freundin — so nannte er auch Luisen in den ihr beim

Abschied aus Maulbronn gewidmeten Versen — ungerne verlor, giebt er selbst zu. Daß das Interesse, welches er ihr entgegenbrachte, ein tiefergehendes wurde, verhinderte schon die Kürze des Zusammenseins. In Jena scheint er mit der Dichterin Sophie Mereau ziemlich häufig verkehrt zu haben, so daß man ihm später, worüber er sehr entrüstet war, nachsagte, er habe einen Liebeshandel mit ihr gehabt. Mit Elise Lebret blieb er während der ganzen Dauer seines Aufenthaltes in Waltershausen und Jena in — allerdings nicht sehr häufiger — Korrespondenz. Dieselbe wurde durch seine Mutter vermittelt, die ihm die Briefe Elisens in ihre eignen eingelegt übersandte und umgekehrt. Das geht hervor aus einer Stelle seines Briefes an die Mutter vom 30. Juli 1794, wo es heißt: „Daß in den Briefen, die ich eingeschlossen bekomme, das Datum immer um ein paar Monate früher angesetzt ist, als der Brief wirklich geschrieben ist, ärgert mich. Denn das weiß ich doch gewiß, daß der Brief nirgends ein paar Monate liegen bleibt. Ich kann so eine Falschheit nicht leiden und auch die Briefe sind etwas leer.“ Es erging ihm bei Elise nicht anders, wie bei Luisen: je länger er von ihr entfernt lebte, desto mehr erkaltete in ihm die Liebe zu ihr, und schließlich führte er das Verhältniß nur weiter, weil er es für unedel hielt, es aufzulösen. „Meiner Freundin in Tübingen schreib' ich heute noch — heißt es in einem Brief vom Dezember an seine Mutter — Ich gestehe Ihnen, daß ich nach allem, wie ich sie beurtheilen muß, nicht wünschen kann, ein engeres Verhältniß mit ihr geknüpft zu haben oder noch zu knüpfen. Ich schätze manche gute Eigenschaften an ihr. Aber ich glaube nicht, daß wir zusammen taugten. Und so schreib' ich ohne irgend eine Ursache als aus der einzigen, weil ich indessen oft unbefangen über ihren Charakter und ihr ehemaliges Benehmen gegen mich nachdachte.“ Trotzdem war das Verhältniß mit ihr noch im Sommer 1795 so bedeutend für ihn, daß er um seinetwillen eine Stelle, die ihm in Stuttgart angeboten wurde, ausschlug, und fand erst im Herbst dadurch sein Ende, daß Elise den letzten Brief Hölderlins unbeantwortet ließ. Im

Frühjahr 1798 verlangte Elise ihre Briefe zurück. Wenn Hölderlin bei dieser Gelegenheit seinem Bruder schreibt: „Ich hab' es genug gebüßt, daß ich noch die zwei letzten Jahre in Tübingen in einem solchen interesselosen Interesse lebte", so mag sich in den dazwischen liegenden drei Jahren seine Anschauung wohl so umgewandelt haben; daß sie aber unrichtig war, dafür ist das mehrfach angezogene Gedicht „An Lida" ein vollgiltiger Beweis. Als sich Elise im Herbst 1799 verlobte, schrieb er seiner Mutter: „Es freut mich, daß die gute Lebret einen so guten Mann sich wählte, wie Ostertag ist. Sie wird glücklicher mit ihm sein, als sie mit mir es geworden wäre. Wir taugten nicht recht zusammen, und es ist das traurige bei solchen jugendlichen Bekanntschaften, daß man sich erst kennen lernt, wenn man sich schon gegenseitig attachiert hat."

Wir haben oben gesehen, daß Hölderlin versäumte, seine Thätigkeit so anzulegen, daß er sich die nöthigen Subsistenzmittel durch sie erwerben konnte. Anfänglich mochte ihn das weniger beunruhigen, als aber seine Baarschaft zusammenschmolz und er sich genöthigt sah, seine Mutter um ihre Unterstützung anzugehen, da mußte ihm seine Lage klar werden. Er begriff, daß er auf die Dauer dieses Leben nicht werde fortführen können, und das mußte seinen Stolz und Ehrgeiz tief verletzen. Da er sich auch körperlich nicht wohl fühlte, unternahm er zu seiner Erholung im April eine Fußreise. Er besuchte Halle, Leipzig, Dessau, sah unterwegs das Schlachtfeld von Roßbach und das von Lützen, „wo der große Gustav Adolf fiel", den er in seiner Jugend besungen. Daß er nach seiner Rückkehr von dieser Wanderung, die ihm „sehr gesund und zuträglich" war, glaubte, noch längere Zeit in Jena bleiben zu können, geht daraus hervor, daß er sich dort an der Universität am 15. Mai noch immatrikulieren ließ. Aber er fühlte sich dort doch nicht mehr wohl; an Neuffer, dessen Braut Rosine Stäudlin in dieser Zeit gestorben war — ein Ereigniß, das auch Hölderlin tief bewegte — schrieb er am 8. Mai: „Ich habe Dir geschrieben, daß ich auf den Herbst kommen wollte. Ist's möglich, so komm' ich bälder. Wärest Du hier, so möcht' ich wohl bleiben. Aber so halt' ich es wohl schwerlich aus." Und aus dem letzten Briefe aus Jena an seine Mutter vom 22. Mai, in dem er ihr von seiner Aussicht auf eine Hofmeisterstelle in Offenbach, die er übrigens aus unbekannten Gründen nicht erhielt, berichtet, spricht ein leises Heimweh. Trotzdem erscheint seine bald darauf erfolgte Abreise von Jena überraschend. Ihr genaues Datum läßt sich ebensowenig feststellen, als man über ihre Gründe mehr als Vermuthungen anführen kann. Hölderlin wird, nachdem er seine Mittel erschöpft hatte und die Mutter nicht zum zweiten Mal um ihre Unterstützung angehen wollte, sich plötzlich entschlossen haben, ein Ende zu machen. In welche Stimmung ihn die Ueberzeugung versetzen mußte, daß sein Versuch, auf eignen Füßen zu stehen und seinen Neigungen zu leben, damit für absehbare Zeit endgiltig zu Grabe getragen war, können wir uns denken. In das Vaterhaus, aus dem er mit tausend Hoffnungen und frohem Sinn in die Fremde gezogen war, kehrte er zurück, einen Stachel im Herzen, ein enttäuschter, in seinem Selbstgefühl schwer verwundeter Mann. Und das schlimmste dabei war, daß er, wenn er offen sein wollte, die Schuld daran sich selbst, seinem Mangel an Energie und Zielbewußtsein zuschreiben mußte.

IV.

Diotima.

Der erste Brief, den wir von Hölderlin aus seiner nunmehrigen Rast in Nürtingen besitzen, ist an Schiller gerichtet. Er bekundet, wie hoch der junge Dichter seinen Meister schätzte und wie er an ihm hing, obwohl er sich von seiner Größe und Klarheit niedergedrückt fühlte. Zugleich verräth er, daß Hölderlin sich in einer sehr traurigen Stimmung befand. Wie sollte es auch anders sein? Das Bewußtsein, jetzt gezwungen sich als Gast bei der Mutter aufzuhalten, was er vor seiner Reise nach Waltershausen selbstbewußt ausgeschlagen hatte, um nicht von sich sagen zu lassen, er verzehre seiner Mutter das Brot, — dieses Bewußtsein mußte ihm bei seiner Empfindlichkeit einen tiefen Schmerz bereiten, der auf sein Denken und Schaffen lähmend einwirkte. „Ich bin wie ein hohler Hafen (Topf), seit ich wieder hier bin — schreibt er an Neuffer — und da mag ich nicht gern einen Ton von mir geben. Das Unbestimmte meiner Lage, meine Einsamkeit und der Gedanke, daß ich hier allmählig ein lästiger Gast sein möchte, drückt mich nieder, und so wird mir meine Zeit ganz unnütz." Zu Kant nahm er seine Zuflucht, wie immer, wenn er sich nicht leiden konnte; dieses Studium und die philosophischen Gespräche, die er mit Schelling, der noch in Tübingen war, bei ihren gelegentlichen Zusammenkünften pflegte, waren sein einziger Trost in dieser Zeit. Ergreifend spricht sich sein Seelenzustand in dem damals entstandenen Gedicht „An die Natur" aus, in dem er die „goldnen Tage" seiner Kindheit in scharfen Gegensatz zu dem Leben stellt, das er nach dem Scheitern seiner Hoffnungen führt:

Todt ist nun, die mich erzog und stillte,
Todt ist nun die jugendliche Welt,
Diese Brust, die einst ein Himmel füllte,
Todt und dürftig wie ein Stoppelfeld!
Ach, es singt der Frühling meinen Sorgen
Noch, wie einst, ein freundlich tröstend Lied,

Aber hin ist meines Lebens Morgen,
Meines Herzens Frühling ist verblüht.

Er sandte es mit mehreren anderen zusammen an Schiller, der aber nur den bereits in Waltershausen gedichteten „Gott der Jugend“ für seinen Almanach annahm. Hölderlins ohnedies stark erschütterter Glaube an sein poetisches Können erhielt dadurch einen neuen harten Stoß, die Ablehnung von „An die Natur“ empfand er als unverdiente Zurücksetzung. Zu Hause mochte er nicht bleiben, eine Pfarrstelle nicht annehmen, nach Jena zurückzugehen, wie er jetzt gerne gewollt hätte, „fand er hundert Schwierigkeiten“, so blieb ihm nichts andres übrig, als sich nach einer neuen Hofmeisterstelle umzusehen. Unter denen, welche er in's Auge faßte, war auch eine im Hause des Frankfurter Banquiers Jakob Friedrich Gontard. Sinclair, der in seine Vaterstadt Homburg zurückgekehrt war und den Freund gern in seiner Nähe gehabt hätte, bemühte sich, ihm dieselbe zu vermitteln. Der Handel wurde perfekt, und in der letzten Dezemberwoche des Jahres 1795 ging Hölderlin an seinen neuen Bestimmungsort ab. Die Mutter wird es mit Freuden begrüßt haben, daß er wieder in eine geregelte Thätigkeit eintrat. Hätte sie ahnen können, daß er seinem Verhängniß entgegenging!

Krassere Gegensätze, als Hölderlin und den Herrn des Hauses, in dem er nun für fast drei Jahre seinen Wohnsitz aufschlagen sollte, wird man kaum ersinnen können. Jakob Friedrich Gontard war Geschäftsmann vom Wirbel bis zur Sohle. Zwar war er für das Wohlergehen seiner Familie unablässig besorgt und bemüht, und die Kundgebungen dieser Regungen waren nicht selten vom wohlthuenden Dufte des Gemüthlichen und des guten Herzens durchweht, aber dennoch erschienen sie selbst jemandem, der, wie Jügel, ihm persönlich nahe stand, stets „wie Duft und Blüthe der Nachtviolen, die an Zeit und Stunde gebunden sind. Mit der ankommenden Morgenpost fingen sie sich zu schließen an, zur Börsenzeit war alles fest zu und erst nach Abgang der Nachmittagspost fing der Kelch der Gemüthlichkeit an, sich allmählig wieder zu erschließen, um Abends bei der Partie jenen wohlthuenden Eindruck zu verbreiten, den ein affables Benehmen oder ein freundlicher Händedruck hervorbringen." In Folge seiner kränklichen, von allen möglichen Kinderkrankheiten heimgesuchten Jugend war er mit einer heftigen Reizbarkeit und nervösen Erregbarkeit behaftet. Noch als Knabe hatte er sich in einem Wuthanfall das rechte Auge mit der Gabel ausgestoßen, „dessen Verlust sowohl, als auch das dadurch entstandene starke Schielen des anderen sein sonst wohlgebildetes Aeußere nicht unerheblich beeinträchtigten".

Um seine kaufmännischen Kenntnisse weiter auszubilden, trat er eine Reise nach England an. In Hamburg, wo er Station machte, lernte er Susette Borkenstein, die Tochter des damals bereits verstorbenen dänischen Kommerzienraths Borkenstein und seiner Gattin Susanna, geb. Brugier, kennen. Susette wurde Jügel von Personen, die sie kannten, als eine vollendete Schönheit von edler, griechischer Gestalt geschildert. Ihr langes, schwarzes Haar und ihr sprechendes Auge von gleicher Farbe erhöhten noch um so mehr die blendende Weiße ihres Teints, und je länger man die wundervollen Formen dieser Gesichtsbildung betrachtete, je mehr steigerte sich der bezaubernde Eindruck, den das Imponierende dieser Erscheinung auf einen jeden machte, der sich ihr nahte. Sie war der Abgott ihrer Mutter, welche darum auch unablässig bemüht gewesen, ihre Erziehung mit der größten Sorgfalt zu leiten. Sprachstudium, Literatur, Musik und so weiter bildeten mit den feineren weiblichen Handarbeiten die Hauptgegenstände ihrer täglichen Beschäftigung, bei denen ihr natürlich die Wirksamkeit einer Hausfrau fremd bleiben mußte. Dem ungeachtet konnte man sie keineswegs als verwöhnt betrachten, da ihr die natürlichste Einfachheit geblieben war und sie den Willen ihrer Mutter als ihr stets heilig betrachtete.

Gontard fühlte sich von dem liebenswürdigen Mädchen unwiderstehlich angezogen. Seine Werbung wurde unter der Bedingung angenommen, daß Mutter und Tochter nie von einander getrennt werden sollten, und die Trauung fand am 9. Juli 1786 in der französischen, reformierten Kirche in Hamburg statt. In der Gontard'schen Familie erzählte man sich, die siebzehnjährige Braut sei auf dem Wege zur Kirche durch den Anblick eines Leichenzuges, der eine im Wochenbett gestorbene Frau zu Grabe geleitete, so erschüttert worden, daß es erst der dichterischen Beredsamkeit des der Familie Borkenstein befreundeten Klopstock gelungen sei, ihre Thränen zu stillen und ihre Besorgnisse zu verscheuchen. Bald darauf reiste das junge Paar nach Frankfurt ab, wo das Haus Gontard sein neues Mitglied auf das glänzendste empfing und ihm Feste über Feste veranstaltete. Frau Borkenstein folgte ihrer Tochter nach ein paar Monaten in die neue Heimath, aber die Tochter sollte sich des Zusammenseins mit ihr nur wenige Jahre erfreuen. Ein Uebel, an dem die Mutter schon in Hamburg gelitten, verschlimmerte sich jetzt, und trotz der Amputation, welche der Gontard befreundete Doctor Ebel vornahm, erlag sie ihm im Jahre 1793.

Susettens Schmerz um ihren Hingang war tief und heiß. Der Tod hatte eine Kluft in ihr Lebensglück gerissen, die kaum auszufüllen schien. Die Mutter hatte ihr die Sorge um die Leitung des großen Hauswesens abgenommen, sie hatte ihr bei der Erziehung ihrer vier Kinder, eines Knaben und dreier Mädchen, beigestanden, sie war ihre Vertraute gewesen, die ihre Interessen theilte, mit der sie sich aussprechen konnte über alles, was ihr Herz bewegte. Zwar war ihr der Gatte geblieben, aber was konnte er ihr sein, er, dessen Devise war „les affaires avant tout!" und der zu sagen pflegte: „Den Börsencours verstehe ich aufs Haar, aber wie die Kinder geleitet werden müssen, oder was sie lernen sollen, das ist nicht meine Sache, dafür muß die Mutter sorgen"? Herr Jakob Friedrich Gontard sah selbst ein, daß er bemüht sein müsse, seiner Frau für den Verlust einen Ersatz zu schaffen, und er that, was er thun konnte. Für das Hauswesen wurde eine tüchtige Haushälterin engagiert, die Sorge für die Erziehung der Kinder sollte einem Hauslehrer vertraut werden. Daß nach längerem Suchen Hölderlin für diese Aufgabe ausersehen wurde, mag vielleicht seinen Grund mit darin gehabt haben, daß sein beginnender Dichterruhm Frau Gontard bei ihren Interessen für Poesie auf ihn aufmerksam gemacht hatte.

Als Hölderlin in den letzten Tagen des Dezembers 1795 in Frankfurt eintraf, um seine materiell recht angenehme Stelle — er bekam, „jährlich 400 Gulden, bei dem, daß er alles frei hatte“ — anzutreten, war sein Zimmer im Gontard'schen Hause noch nicht ganz hergerichtet, so daß er die ersten Wochen im Gasthof zur Stadt Mainz wohnen mußte. Der Eindruck, den die Familie Gontard zunächst auf ihn machte, war ein höchst günstiger. Der erste Besuch, den sein Zögling Henri ihm abstattete, gab ihm allen Grund zu glauben, daß er ihn in nicht geringem Grade schadlos halten werde für die traurige Zeit, die Fritz von Kalb ihm zuvor bereitet hatte. Nachdem er wirklich sein Verhältniß angetreten, schreibt er seinem Bruder, daß er nach seinem, freilich noch nicht festen Urtheil die besten Menschen zu Freunden und an den Kindern dieser Menschen Zöglinge habe, wie man sie wohl nicht leicht wieder finden dürfte, wenn man Unbefangenheit, reine Natur, ohne Rohheit sucht, daß er bei seinem Verhältniß in keiner Weise geniert sei. In dem wenige Tage später an Neuffer geschriebenen Briefe schränkt er dies Urtheil zwar bereits etwas ein, indem er gesteht, er habe wieder finden müssen, daß bei aller Vorsicht das Unbekannte leicht mehr für ihn werde, als es wirklich für ihn sein könne, daß er bei jeder neuen Bekanntschaft von irgend einer Täuschung ausgehe, daß er die Menschen nie verstehen lerne, ohne einige goldne, kindische Ahndungen aufzuopfern. Aber er fügt sofort bei: „Glaube übrigens deswegen nicht, als wäre meine neue Lage nicht so, daß man nicht gewissermaßen damit zufrieden sein könne. Ich lebe, wie es scheint, unter sehr guten und wirklich, nach Verhältniß, seltenen Menschen.“ Dann aber schweigen seine Briefe gänzlich über die Personen, unter denen er sich täglich bewegt, im direkten Gegensatz zu seinen Briefen in Waltershausen.

Eine Bemerkung nur in dem Briefe an seinen Bruder vom 2. Juni, „von wichtigen Bekanntschaften in dem Sinne, wie Du es meinst, kann ich Dir leider wenig oder gar nichts schreiben“, läßt darauf schließen, daß er wenigstens eine Bekanntschaft gemacht hat, die ihm in anderem Sinne wichtig erscheint. Welcher Art sie ist, offenbart er dem Freunde Neuffer in einem gleichfalls Anfangs Juni geschriebenen Briefe: „Ich bin in einer neuen Welt! — ruft er aus — Ich konnte wohl sonst glauben, ich wisse, was gut und schön sei, aber seit ich's sehe, möcht' ich lachen über all mein Wissen. Lieber Freund! Es gibt ein Wesen auf der Welt, worin mein Geist Jahrtausende verweilen kann und wird, und dann noch sehen, wie schülerhaft all unser Denken und Verstehn vor der Natur sich gegenüber findet. Lieblichkeit und Hoheit, und Ruh und Leben, und Geist und Gemüth und Gestalt ist ein seeliges Eins in diesem Wesen. Du kannst mir glauben, auf mein Wort, daß selten so etwas geahndet und schwerlich wieder gefunden wird in dieser Welt. Du weißt ja, wie ich war, wie mir gewöhnliches entleidet war, weißt ja, wie ich ohne Glauben lebte, wie ich so karg geworden war mit meinem Herzen und darum so elend. Konnt' ich werden, wie ich jetzt bin, froh, wie ein Adler, wenn mir nicht dies, dies Eine erschienen wäre und mir das Leben, das mir nichts mehr werth war, verjüngt, gestärkt, erheitert, verherrlicht hätte mit seinem Frühlingslichte? Ich habe Augenblicke, wo all' meine alten Sorgen mir so durchaus thöricht erscheinen, so unbegreiflich, wie den Kindern. Es ist auch wirklich oft unmöglich, vor ihr an etwas sterbliches zu denken und eben deswegen läßt so wenig sich von ihr sagen. Vielleicht gelingt mir's hie und da, einen Theil ihres Wesens in einem glücklichen Zuge zu bezeichnen, und da soll Dir keiner unbekannt bleiben. Aber es muß eine festliche, durchaus ungestörte Stunde sein, wenn ich von ihr schreiben soll. Daß ich jetzt lieber dichte, als je, kannst Du Dir denken.“

Es war geschehen, was geschehen mußte: die große Liebe, nach der Hölderlin sich bisher vergebens gesehnt hatte, war nun in sein Herz eingezogen, das Ideal, nach dem er auf seinem Lebenswege vordem vergebens ausgespäht hatte, in Susette Gontard fand er es verkörpert. Der tägliche Verkehr, die gemeinsame Sorge um die Kinder brachten die beiden schönen Menschen rasch einander näher, die Abendstunden, die sie zusammen allein in Gespräch und Lektüre verbrachten, während Herr Gontard im Klub beim Kartenspiel saß, thaten das ihre dazu: so erwuchs unvermerkt in ihnen ein Gefühl der Zusammengehörigkeit, eine innige gegenseitige Zuneigung. Man erzählte, Susette habe sich darum besonders zu Hölderlin hingezogen gefühlt, weil er ihrem Bruder auffallend ähnlich gesehen habe. Das mag sein, aber auch ohne das würden die Dinge sich kaum anders entwickelt haben. Zwei Seelen, die so ganz auf einen Grundton gestimmt waren, konnten einander gegenüber nicht kalt bleiben. Susette fand bei dem Erzieher ihrer Kinder alles das, was sie an ihrem Gatten vermißte und wonach ihr Herz sich sehnte, Aufschwung vom Alltäglichen und Materiellen, Begeisterung für das Große und Edle, eine reine, hohe Anschauung von der Bestimmung der Welt und des Menschengeschlechts, feines Empfinden, Liebe zur Kunst. Und Hölderlin? Er hatte erst Luise Nast, dann Elise Lebret in seiner Phantasie mit jenen Eigenschaften umkleidet, die ihm die schönsten am Weibe schienen, die ihm allein das Weib liebenswerth machten; er hatte beide verlassen, als er einsah, daß sie diese Eigenschaften in Wirklichkeit nicht besaßen. Nun trat ihm Susette entgegen mit ihrem ganzen Zauber und Reiz; in sie brauchte er nichts hinein zu tragen, sie besaß alles das wirklich, was er sich bislang als höchste Vollkommenheit erträumt hatte, sie war das fleischgewordene Luftgebilde seiner Phantasie. Das war es, was ihn ausrufen ließ:

Ich habe Dich gefunden!
Schöner, als ich ahnend sah,
In der Liebe Feierstunden —
Hohe, Gute! bist Du da.
O, der armen Phantasien!
Dieses eine bildest nur

Du in ewigen Harmonien
Froh vollendete Natur!

Sie war ihm keine Fremde, sie schien ihm eine längst bekannte Freundin zu sein, deren Spur er nur im Wechselspiel des Lebens eine Zeitlang verloren hatte, um sie jetzt wieder zu finden und mit ihr auf's neue vereint das Glück zu genießen, das ihm in der Kindheit stillen Tagen lachte:

Diotima, edles Leben!
Schwester, heilig mir verwandt!
Eh' ich Dir die Hand gegeben,
Hab' ich ferne Dich gekannt.
Damals schon, da ich in Träumen,
Mir entlockt vom heitern Tag,
Unter meines Gartens Bäumen,
Ein zufriedner Knabe, lag,
Da in leiser Lust und Schöne
Meines Lebens Mai begann:
Säuselte, wie Zephyrstöne,
Göttliche! Dein Hauch mich an.

Man macht immer wieder auf's neue den Versuch, das Verhältniß zwischen Hölderlin und seiner Diotima — so nannte er Susette Gontard anklingend an Plato — als eine zwar schwärmerische, aber harmlose Freundschaft hinzustellen, der jeder Gedanke an Liebe fern gelegen habe. Er ist ebenso überflüssig als eitel. Von dem Verdacht einer niedrigen, blos sinnlichen Leidenschaft braucht man die beiden nicht reinzuwaschen; zwei so edle, schöne Seelen sind darüber an sich erhaben; jedes Wort nach dieser Richtung hin wäre zu viel. Daß ihre Beziehungen aber rein freundschaftlicher Natur gewesen seien, diese Behauptung wird durch die Thatsachen selbst widerlegt. Allerdings spricht sich in den Briefen an seine Familie keine heftige Leidenschaft zu Diotima aus, weil er ihrer in diesen Briefen überhaupt vermeidet Erwähnung zu thun, ebenso wie er in denen an Neuffer ihren Namen geflissentlich verschweigt. (S. o.) Aber das spricht doch eher dafür, daß er thatsächlich Liebe für sie fühlte. Sah er in ihr nichts als die Freundin, so bleibt es doch völlig unverständlich, warum er dies Verhältniß so geheim hielt. Ganz abgesehen davon, daß, wenn seine Mutter eine Ahnung davon bekommen hätte, in welcher Beziehung er zu Frau Gontard stand, die schlichte, fromme Frau ihren ganzen Einfluß eingesetzt haben würde, um ihn zum Aufgeben seiner Stellung zu bringen. Die Briefe an Neuffer aber, in denen er sich darüber ausspricht, braucht man doch nur flüchtig anzusehen, um zu der Ueberzeugung zu kommen, daß die Schilderung, die er hier von seinem Empfinden giebt, vollständig seiner Schilderung der Liebe Hyperions entspricht. Und so war auch seine Liebe zu Diotima, keusch und rein, bei aller Gluth und Leidenschaft, das Schwergewicht auf den seelischen Einklang, nicht auf das Sinnliche legend. So hatte sich uns auch seine Liebe zu Luise, zu Lida gezeigt. Auch diese beiden hatte er Freundinnen, seine Neigung zu ihnen Freundschaft genannt; im gleichen Sinne nennt er jetzt sein Verhältniß zu Diotima „eine ewige, fröhliche, heilige Freundschaft“. Anfänglich mag er sich selber über den Charakter seines Gefühls im Unklaren gewesen sein, später war das aber nicht mehr der Fall. Dafür bieten seine Dichtungen selbst Belege. So der „Achill“, in dem er dem herrlichen Göttersohn sein Leid klagt, der sich seiner göttlichen Mutter Thetis vertraute, als er Briseis, „die Geliebte verloren“, und von ihr das Versprechen der Hilfe erlangte. Dann fährt er fort:

Göttersohn! o wär ich, wie Du, so könnt' ich vertraulich
  Einem der Himmlischen klagen mein heimliches Leid.
Sehen soll ich es nicht, soll tragen die Schmach, als gehört' ich
  Nimmer zu ihr, die doch meiner mit Thränen gedenkt.

Wozu die Beziehung auf Achill, der „die Geliebte verloren“, wenn Diotima ihm nur Freundin war. Und klarer noch spricht er sich im „Abschied“ aus, wo er sich das künftige Wiedersehen malt:

Hingehn will ich! Vielleicht seh' ich in langer Zeit,
Diotima, Dich hier. Aber verblutet ist
  Dann das Wünschen und friedlich,
  Gleich den Seeligen, fremd sind wir.
Und ein ruhig Gespräch führet uns auf und ab,
Sinnend, zögernd, doch jetzt faßt die Vergessenen

Hier die Stelle des Abschieds,
Es erwarmet ein Herz in uns.

Von der langjährigen Trennung also erwartet er, daß sie die Liebe, die er jetzt fühlt, zur Freundschaft abkühlen, das Wünschen, das ihn jetzt bewegt, schweigen machen werde. Aber selbst dann noch wird in ihnen, wenn sie an die Stelle treten, wo sie einst Abschied genommen, die alte Liebe wieder erwachen, das Herz auf's neue erwarmen. Es scheint, als wenn die Gegner dieser Auffassung, die offenbar die allein richtige ist und allein seine Verzweiflung über die Trennung von Diotima erklärt, Hölderlin von dieser Liebe wie von einem häßlichen Flecken reinigen zu müssen glaubten. Sie vergessen dabei erstens, daß bei aller Reinheit des Charakters Hölderlin schließlich doch auch nur ein Mensch und kein Heiliger war, und zweitens, daß man dieses Verhältniß nicht nach dem Maßstab unsrer jetzigen moralischen Anschauung, sondern nach dem seiner Zeit messen muß. Was bei Schiller und Goethe kein Mensch bezweifelt, warum soll das gerade bei Hölderlin mit aller Gewalt wegdisputiert werden? Der warmblütige Mensch, der unser tiefstes Mitgefühl für sich hat, wenn wir sein Gefühl für Diotima als Liebe auffassen, wird andernfalls zu einem marklosen Diener eines Freundschaftskults, für dessen Verstiegenheit wir jeden Verständnisses baar sind.

Das Geschick fügte es, daß schon im Sommer 1796 Hölderlin und Frau Gontard sich näher und in einen intimeren Verkehr traten, als es im gewöhnlichen Gange des Lebens in Frankfurt der Fall war. Vor den Franzosen unter Jourdan traten die Oesterreicher den Rückmarsch von Wetzlar an, und es gewann den Anschein, als wenn der Kriegsschauplatz in die Nähe von Frankfurt verlegt werden würde. Gontard schickte deshalb seine Familie unter dem Schutze des Hofmeisters von Frankfurt fort, um sie den Unbilden zu entziehen, die in diesem Falle zu erwarten standen. Er selbst blieb zurück. Die Reise sollte nach Hamburg gehen, aber Kassel, wo man Station machte, erschien Frau Gontard in so manchen Rücksichten interessant, daß sie beschloß, einige Zeit dort zu verweilen. Es gab damals in der hessischen Hauptstadt allerlei zu sehen in Folge des Besuches König Friedrich Wilhelms III. von Preußen, dem der Landgraf glänzende Feste gab. Hölderlin erfreute sich besonders an der lieblichen Gegend und den schönen Anlagen des Augartens und des Weißensteins, wie die Wilhelmshöhe damals noch hieß, sowie an der Gemäldegallerie und dem Museum, die ihm „wahrhaft glückliche Tage" machten. Außer mit mehreren Künstlern knüpfte er hier auch persönliche Bekanntschaft mit Heinse, dem greisen Dichter des „Ardinghello", an, der sich von Aschaffenburg, seinem Wohnsitz, gleichfalls vor den Franzosen nach Kassel geflüchtet hatte. Er gehörte zu den Schriftstellern, die Hölderlin auf der Universität besonders entzückt hatten; die Hymne an die Göttin der Harmonie trägt ein Motto aus dem Ardinghello. Der persönliche Umgang bestärkte Hölderlin in diesem Urtheil; er fand in ihm einen „durch und durch trefflichen Menschen" und bewunderte ihn wegen seines heiteren Alters. Von Kassel reiste man in Gemeinschaft mit Heinse nach dem westfälischen Bade Driburg. Dort „lebten sie sehr still, machten weiter keine Bekanntschaft, brauchten auch keine, denn sie wohnten unter herrlichen Bergen und Wäldern und machten unter sich selbst den besten Zirkel aus". Hölderlin brauchte das Bad ein wenig und trank den Mineralbrunnen, wobei er sich ungewöhnlich gut befand. Bei einem Ausflug in das Thal, wo nach der damaligen Annahme der Forschung Hermann die Legionen des Varus schlug, dachte er an den schönen Sommernachmittag, an dem er einst mit seinem Bruder Karl „in dem Walde bei Hahrd bei einem Kruge Obstwein auf dem Felsen die Hermannsschlacht" Klopstocks gelesen hatte.

Im September kehrte man nach Frankfurt zurück. Die größere Vertraulichkeit, die eine solche Reise naturgemäß im Gefolge hat, konnte nur dazu beitragen, die Neigung Hölderlins für Diotima zu erhöhen. Sie war seine Vertraute geworden, der er sich ganz und rückhaltlos mittheilte. Mit allen Fasern sog seine Seele das neue Glück in sich ein. Es ist wieder Neuffer, dem er nach einer langen Periode des Schweigens im Februar 1797 sein Herz erschließt. „Ich habe eine Welt von Freude umschifft — jauchzt er ihm zu — seitdem wir uns nicht mehr schrieben. Ich hätte Dir gerne indeß von mir erzählt, wenn ich jemals stille gestanden wäre und zurückgesehen hätte. Die Woge trug mich fort; mein ganzes Wesen war immer zu sehr im Leben, um über sich nachzudenken. Und noch ist es so! noch bin ich immer glücklich, wie im ersten Moment. Es ist eine ewige, fröhliche, heilige Freundschaft mit einem Wesen, das sich recht in dies arme, geist- und ordnungslose Jahrhundert verirrt hat. Mein Schönheitssinn ist nun vor Störung sicher. Er orientiert sich ewig an diesem Madonnenkopfe. Mein Verstand geht in die Schule bei ihr und mein uneinig Gemüth besänftiget, erheitert sich täglich in ihrem genügsamen Frieden. Ich sage Dir, lieber Neuffer! ich bin auf dem Wege, ein recht guter Knabe zu werden. Und was mich sonst betrifft, so bin ich auch ein wenig mit mir zufrieden. Ich dichte wenig und philosophiere beinahe gar nicht mehr. Aber was ich dichte, hat mehr Leben und Form; meine Phantasie ist williger, die Gestalten der Welt in sich aufzunehmen, mein Herz ist voll von Lust; und wenn das heilige Schicksal mir mein glücklich Leben erhält, so hoff' ich künftig mehr zu thun, als bisher. Ich denke mir wohl, lieber Bruder, daß Du begierig sein wirst, umständlicher von meinem Glücke mich sprechen zu hören. Aber ich darf nicht. Ich habe schon oft genug geweint und gezürnt über unsre Welt, wo das Beste nicht einmal in einem Papiere, das man einem Freunde schickt, sich nennen darf. Ich lege Dir ein Gedicht an Sie bei, das ich zu Ende des vorigen Winters machte." Es war dies das Gedicht: An Diotima.

Obschon Gontards ein großes Haus in Frankfurt machten, in dem die beste Gesellschaft verkehrte, finden wir doch nicht, daß Hölderlin hier zahlreiche Bekanntschaften angeknüpft hätte. Kein Wunder zwar! Diotima genügte ihm, im Verkehr mit ihr fand er alles, wonach er sich sehnte, ging er völlig auf. Wozu bedurfte er da noch andrer Menschen? Indessen trat er doch zu einigen Männern in nähere Beziehung, so zu Dr. Ebel, dem oben genannten Arzt und Verfasser eines Reisehandbuches durch die Schweiz, so zu einem andern bedeutenderen Mediziner, zu Samuel Thomas von Sömmering. Die gemeinsame Liebe zur Plastik mag den Dichter zu dem bedeutenden Anatomen und Physiologen hingezogen haben; der im Jahre 1796 erschienenen Schrift desselben „Ueber das Organ der Seele“, die Kant gewidmet war, hat er ein paar Distichen gewidmet, welche zeigen, wie hoch ihm der Verfasser stand. Auch mit dem jungen Dichter Siegfried Schmidt, der später in österreichische Dienste trat, stand er in Beziehung; ob dieselbe erst in Frankfurt, oder schon in Jena begann, wo beide gleichzeitig studierten, läßt sich nicht feststellen. Sinclair kam von Homburg öfters zum Besuch des Freundes herüber, durch ihn wurde er auch mit dem Mainzer Hofrath Jung befreundet, in dessen Haus er, wie bereits erwähnt, bei seinem Fortgang von Tübingen beinahe gekommen wäre. Am meisten verkehrte er wohl mit Hegel, der im Januar 1797 durch seine Vermittlung im Hause eines Frankfurter Kaufmannes Gogel Hauslehrer geworden war. Er freute sich unendlich, den Freund in seine Nähe zu bekommen und gedachte brüderlich Müh' und Freude mit ihm zu theilen. Das Wiedersehen enttäuschte ihn jedoch einigermaßen; Hegel war in der Zwischenzeit stiller, in sich gekehrter und kühler geworden und hatte sich aus der Schwärmerei der Universitätsjahre losgerungen. Indeß bot grade so sein Umgang ein heilsames Gegengewicht zu Hölderlins Neigung, sich ganz im Gefühl zu verlieren. Das erkennt dieser selbst an, indem er Neuffer schreibt: „Hegels Umgang ist sehr wohlthätig für mich. Ich liebe die ruhigen Verstandsmenschen, weil man sich so gut bei ihnen orientieren kann, wenn man nicht weiß, in welchem Falle man mit sich und der Welt begriffen ist“. Ob er ihm freilich seine Neigung zu Diotima anvertraute, erscheint unter diesen Umständen als sehr fraglich; er mußte sich wohl selbst sagen, daß er dafür bei diesem nüchternen, spekulativen Kopfe kein Verständniß finden werde. Und doch hätte er sich so gern einer mitfühlenden Seele offenbart, doch ertrug er es kaum, all das, was ihn bewegte, fest verschlossen in seinem Busen halten zu müssen. „Ich schweige und schweige", schreibt er an Neuffer, „und so häuft sich eine Last auf mir, die mich am Ende fast erdrücken, die wenigstens den Sinn unwiderstehlich mir verfinstern muß".

Erleichtern konnte er sich endlich, als im Frühjahr 1797 Neuffer ihm einen Besuch abstattete. Zwar kam der Freund unter ziemlich traurigen Verhältnissen bei ihm an; er hatte seine Braut Rosine Stäudlin an der Schwindsucht verloren, ihr Bruder, der von uns mehrfach erwähnte Dichter, hatte in einem Anfall von Schwermuth seinen Tod in den Fluthen des Rheins gesucht, und der Verlust dieser beiden lieben Menschen hatte ihn tief darnieder gebeugt. Nun kam er zu Hölderlin, bei ihm Trost zu suchen. Und wenn er ihn fand, so wird er doch auch zugleich den Mittheilungen des Freundes ein offenes Ohr haben leihen müssen und gern geliehen haben. Er wurde auch — so erzählt Schwab — der Frau des Hauses vorgestellt und bewunderte ihre hohe Schönheit. Hölderlin sandte der sorglich hin und her wandelnden das höchste Lob nach, das er ertheilen konnte, indem er dem Freunde zuflüsterte: „Nicht wahr? Eine Griechin!" Noch vor dem Freunde hatte ihn sein Bruder Karl besucht und ihm dadurch sehr heitere Tage gemacht. Er besuchte mit ihm Sinclair in Homburg, zeigte ihm Mainz und machte mit ihm einige kleinere Ausflüge in die Umgegend von Frankfurt. Da indeß gerade in dieser Zeit die kriegerischen Unruhen sich bis dicht an die Stadt zogen, mußte der Bruder seine Abreise beschleunigen. Am zweiten Tage nach dem Abschied, der Hölderlin sehr schwer wurde, erschienen die Franzosen unter Hoche vor Frankfurts Thoren, und nur der Umstand, daß eben jetzt ein Kurier von Bonaparte eintraf, verhinderte ihr Eindringen in die Stadt. Sie zogen sich hinter die Nidda zurück und Frankfurt war von ihnen befreit.

Im August des gleichen Jahres stattete Goethe seiner Vaterstadt einen Besuch ab. Schiller hatte Hölderlin vorher davon in Kenntniß gesetzt, aber dieser scheint sich nur schwer entschlossen zu haben, den großen Mann aufzusuchen, vor dem er stets eine gewisse Scheu empfand trotz der freundlichen Aufnahme, die er in Weimar bei ihm gefunden hatte. Erst in den letzten Tagen des Monats ging er zu ihm. „Gestern ist auch Hölderlin bei mir gewesen — berichtet Goethe Schiller am 23. August — er sieht etwas gedrückt und kränklich aus, aber er ist wirklich liebenswürdig und mit Bescheidenheit, ja mit Aengstlichkeit offen. Er ging auf verschiedene Materien auf eine Weise ein, die Ihre Schule verrieth, manche Hauptideen hatte er sich recht gut zu eigen gemacht, so daß er manches auch wieder leicht aufnehmen konnte. Ich habe ihm besonders gerathen, kleine Gedichte zu machen und sich zu jedem einen menschlich interessanten Gegenstand zu wählen. Er schien noch einige Neigung zu den mittlern Zeiten zu haben, in der ich ihn nicht bestärken konnte".

Aehnlich diesem Rath hatte sich Goethe schon früher in Bezug auf Hölderlins Talent ausgesprochen. Schiller hatte ihm im Juni zwei Gedichte Hölderlins „Der Wanderer" und „An den Aether", welche ihm dieser für den Musenalmanach geschickt hatte, zur Beurtheilung zugesandt, weil er über Produkte in dieser Manier kein rechtes Urtheil habe. Goethe antwortete darauf eingehend: „Denen beiden mir überschickten Gedichten bin ich nicht ganz ungünstig und sie werden im Publiko gewiß Freunde finden. Freilich ist die Afrikanische Wüste und der Nordpol weder durch sinnliches noch durch inneres Anschauen gemalt, vielmehr sind sie beide durch Negationen dargestellt, da sie denn nicht, wie die Absicht doch ist, mit dem heiteren, deutsch-lieblichen Bilde genugsam kontrastieren. So sieht auch das andre Gedicht mehr naturhistorisch als poetisch aus und erinnert einen an die Gemälde, wo sich die Thiere alle um Adam im Paradiese versammeln. Beide Gedichte drücken ein sanftes, in Genügsamkeit sich auflösendes Streben aus, der Dichter hat einen heiteren Blick über die Natur, mit der er doch nur durch Ueberlieferung bekannt zu sein scheint.

Einige lebhafte Bilder überraschen, ob ich gleich den quellenden Wald als negierendes Bild gegen die Wüste nicht gern stehen sehe. In einzelnen Ausdrücken, wie im Versmaß, wäre noch hie und da einiges zu thun. — Ehe man mehreres von dem Verfasser gesehen hätte, daß man wüßte, ob er noch andere Moyens und Talent in andern Versarten hat, wüßte ich nicht, was ihm zu rathen wäre. Ich möchte sagen, in beiden Gedichten sind gute Ingredienzien zu einem Dichter, die aber allein keinen Dichter machen. Vielleicht thäte er am besten, wenn er einmal ein ganz einfaches idyllisches Faktum wählte und es darstellte. So könnte man eher sehen, wie es ihm mit der Menschenmalerei gelänge, worauf doch am Ende alles ankommt. Ich sollte denken, der Aether würde nicht übel im Almanach und der Wanderer gelegentlich ganz gut in den Horen stehen."

Schiller entschied nach diesem Vorschlag des Freundes. „Es freut mich", antwortet er ihm, „daß Sie meinem Freunde und Schutzbefohlenen nicht ganz ungünstig sind. Das Tadelnswürdige an seiner Arbeit ist mir sehr lebhaft aufgefallen, aber ich wußte nicht recht, ob das Gute auch Stich halten würde, das ich darin zu bemerken glaubte. Aufrichtig, ich fand in diesen Gedichten viel von meiner eigenen sonstigen Gestalt, und es ist nicht das erste Mal, daß mich der Verfasser an mich mahnte. Er hat eine heftige Subjektivität und verbindet damit einen großen philosophischen Geist und Tiefsinn. Sein Zustand ist gefährlich, da solchen Naturen so gar schwer beizukommen ist. Indessen finde ich in diesen neuen Stücken doch den Anfang einer gewissen Verbesserung, wenn ich sie gegen seine vormaligen Arbeiten halte; denn kurz, es ist Hölderlin, den Sie vor etlichen Jahren bei mir gesehen haben."

Die Beurtheilung, welche die beiden Könige der deutschen Poesie Hölderlin zu Theil werden lassen, ist interessant genug, im Wortlaut wiedergegeben zu werden, aber völlig gerecht ist sie nicht. Sie enthält viel zutreffendes, sie trifft manchen ihm charakteristischen Zug, aber sie erfaßt ihn nicht ganz und würdigt seinen eigenthümlichen Werth nicht. Der Grund davon ist leicht einzusehen. Ganz abgesehen davon, daß sie nur nach den wenigen, ihnen bekannten Stücken urtheilen konnten, ist es begreiflich, daß sie als ausübende Künstler die Wege für die richtigen hielten, auf denen sie selber wandelten. Und das waren nicht die, die Hölderlin ging. Von der getreuen Nachahmung Schillers hatte er sich losgerungen und verfolgte nun seine eigne Bahn, die „zwischen der rhetorischen Gedankendichtung Schillers und der anschauungsklaren seelenvollen Lyrik Goethe's“ hinziehend, zwar dieser und jener manchmal sehr nahe kam, ganz sich aber mit keiner von beiden deckte. Die Liebe zu Diotima theilt alles, was er auf dem Gebiete der Lyrik schuf, scharf in zwei Hälften; vor ihr sehen wir ihn immer noch in der Anlehnung an Vorgänger haftend; mit ihrem Eintritt ringt er sich zur Freiheit, zur vollen Selbstständigkeit durch. Und wie, um dies auch äußerlich zu dokumentieren, gibt er jetzt den Reim auf, vielleicht in dem Gefühl, hier über Schiller nicht hinaus zu können, und wendet sich der reimlosen Ode, den antiken Metren zu, die er mit einer Sicherheit und Gewandtheit handhabt, wie sie Klopstock nie besaß, und mit einer Wahrheit und Wärme der Empfindung füllt, die wir bei Platen, dem Meister der Form, vergebens suchen. Zunächst zwar dichtet er wenig, die Eindrücke des Lebens stürmten zu mächtig auf ihn ein, als daß er sie hätte meistern und im Gewande der Poesie darstellen können. Aber er sog jetzt all die Seligkeiten ein, deren wehmüthiges Gedenken sein ganzes späteres Dichten mit goldigem Lichte durchfluthet. Von der Philosophie kehrte er sich ab; anfänglich hatte er sich mit philosophischen Briefen für Niethammers Journal auf dessen Anregung hin beschäftigt; er ließ sie bald liegen und wird sie nicht vollendet haben; in seinem Nachlaß findet sich nichts davon. Dagegen brachte er in dieser Zeit seinen Hyperion so weit zum Abschluß, daß Ostern 1797 der erste Band erscheinen konnte. Wir gehen wohl nicht fehl, wenn wir annehmen, daß der Wunsch, Diotima einen Beweis seines Könnens zu geben, ihn veranlaßte, endlich dem ewigen Umändern ein Ende zu machen und das Werk vor die Oeffentlichkeit zu stellen. Ganz brach er zwar mit dieser Untugend auch jetzt noch nicht. Ursprünglich hatte er geplant, das Ganze auf einmal erscheinen zu lassen, dann aber hielt er doch den zweiten Band zurück aus Gründen, die unbekannt geblieben sind. Daß es unklug war, den ersten Band ohne den zweiten auszustellen, sah er selbst ein. Aber auch so zog das Werk die Aufmerksamkeit auf sich und trug ihm manches schöne Wort ein. Heinse urtheilte darüber in einem Brief an Sömmering: „Hyperions Briefe sind voll lebendiger Empfindung und tiefem Gefühl. Er ist ein Apostel der Natur. Es sind Stellen darin, so warm und eindringend, daß sie selbst den alten Kant ergreifen und von seinem bloßen Schein aller Dinge bekehren sollten“. Und in einem andern Briefe: „Zarter Sinn und Gefühl für Schönheit der Natur ist darin unverkennbar und lebhafte Darstellung derselben“. Noch während Hölderlin am Hyperion arbeitete, hatte er schon den ganzen detaillierten Plan zu einem Trauerspiele gemacht, dessen Stoff ihn hinriß. So schreibt er seinem Bruder im Sommer 1797. Der Gedanke, sich auf dem Gebiete der Tragödie zu versuchen, war schon früher in ihm aufgetaucht. Seinen Plan, einen „Tod des Sokrates“ zu schreiben, haben wir bereits erwähnt. Daß die Mittheilung Schwab's von einem Drama „König Agis“ auf einem Irrthum beruht, hat Litzmann nachgewiesen. Das Trauerspiel, von dem der Dichter hier andeutungsweise spricht, ist ohne Zweifel der „Empedokles“, den wir später noch eingehend behandeln werden. Neben seinen poetischen Arbeiten scheint er sich besonders mit Mathematik beschäftigt zu haben; er fand, daß diese und die Rechtslehre, „wie sie werden kann und muß“, die einzigen in diesem Grunde vollkommenen reinen Wissenschaften im ganzen Gebiete des menschlichen Geistes seien. Daneben blieb seine liebste Erholung immer die Musik; sie war seine Trösterin in den dunklen Stunden, die sich allmählig wieder in sein glückliches Leben mischten.

Daran, daß das Glücksgefühl, in welches der Umgang mit Diotima ihn versetzt hatte, schon bald getrübt wurde, trug sein fast krankhafter Ehrgeiz, sein bei aller Bescheidenheit im Verkehr sehr stark entwickeltes Selbstbewußtsein mit eine Hauptschuld. Gontards machten ein großes Haus, in dem die Besuche und Feste kein Ende nahmen: bei allem mußte der Hofmeister „der Schicklichkeit wegen" dabei sein, und die Gäste besaßen in ihrer Mehrheit nicht das Zartgefühl, ihm zu verhehlen, daß sie in ihm nur den bezahlten Diener des Hauses sahen. Was kümmerte diese Leute, die größtentheils der Plutokratie angehörten, der Dichter, was fragten sie nach den Idealen, die ihm hoch und heilig waren? Da er keinen materiellen Besitz aufzuweisen hatte, behandelten ihn diese „Frankfurter Gesellschaftsmenschen" herablassend und geringschätzig. Vor allem aber scheint Herr Gontard selbst ihm ziemlich deutlich zu verstehen gegeben haben, daß er in ihm nichts weiter als einen Domestiken sah, der nur seine Schuldigkeit that, wenn er für das anständige Salär, das man ihm bezahlte, sein ganzes Talent auf die Erziehung der Kinder des Hauses verwandte. Darunter mußte ein so reizbarer Charakter, wie der Hölderlins, empfindlich leiden. Nicht als wenn in seiner Seele der Neid erwacht wäre; er sah wohl, „wie die Prunkwelt freudelos und trostlos ist auch für solche, die drin leben und viel daraus zu machen scheinen, indeß geheimer Unmuth, den sie selbst nicht verstehen, ihnen an der Seele nagt". Grade aus dem Leben in diesen Kreisen zog er sich die Lehre: „je mehr Rosse der Mensch vor sich vorausspannt, je mehr der Zimmer sind, in die er sich verschließt, je mehr der Diener sind, die ihn umgeben, je mehr er sich in Gold und Silber steckt, um so tiefer hat er sich ein Grab gegraben, wo er lebendig todt liegt, daß die andern ihn nicht mehr vernehmen und er die andern nicht, trotz all des Lärmes, den er und andre machen. Der einzige, den diese traurige Komödie noch glücklich macht, ist der, so zusieht und sich täuschen läßt". Er ließ sich nicht täuschen, er sah durch die glänzende Schale den morschen Kern, er konnte keine „großen Augen machen vor der Herrlichkeit der Welt". Man konnte ihm nicht imponieren, wenn man ihm nicht „durch Charakter imponierte und durch Genie" und in dieser Hinsicht fühlte er sich der ganzen hochmüthigen Gesellschaft weit überlegen.

Hätte bei diesem stolzen und wohlbegründeten Selbstgefühl seine Seele statt der ihr verhängnißvollen Weichheit nur ein wenig Trotz und Energie besessen, gerade die Lage, in der er sich hier befand, würde ihn angestachelt haben, die Stirne doppelt hoch zu tragen, dem Banausenthum Schach zu bieten, ihm durch Thaten seines Geistes zu zeigen, daß er auf sie herabsehen dürfe. Dem Muthigen gehört die Welt! Aber diese Gaben gerade waren ihm versagt geblieben, darum erhob ihn seine Situation nicht, sondern sie drückte ihn nieder. Sein Stolz war nicht groß genug, um ihn über all die kleinlichen Demüthigungen kühl hinwegsehen zu lassen, er fühlte sich tief verletzt durch sie und empfand sie doppelt beschämend, weil sie ihm vor Diotima widerfuhren. Er meinte wohl, es müsse ihn in ihren Augen herabsetzen, wenn sie ihn verkannt und hintangesetzt sähe, und er bedachte nicht, daß in den Augen der liebenden Frau ein solches Märtyrerthum den Geliebten nur mit einer neuen Glorie umgibt.

Sollte nicht in diesem Gefühl der Nichtachtung, das ihn quälte, mit ein Grund zu den Zweifeln an sich selbst und an seinem Können zu suchen sein, die jetzt wieder in ihm aufstiegen? Er bedauerte es nicht, in der Jugend oben hinaus gewollt zu haben, aber er kam sich vor, „wie einer, der Schiffbruch gelitten hat". Des Ruhms lockender Silberton hatte auch auf ihn seinen Reiz ausgeübt, mit Ueberspannung seiner Kräfte war er ihm nachgeeilt; nun, da die süße Frucht nicht gleich in seine ausgestreckten Hände fiel, glaubte er, sie bleibe ihm unerreichbar, und maß sich selbst die Schuld daran bei. „Ich habe offenbar zu früh hinausgestrebt — klagte er — zu früh nach etwas Großem getrachtet und muß es wohl, so lange ich lebe, büßen; schwerlich wird mir etwas ganz gelingen, weil ich meine Natur nicht in Ruhe und anspruchloser Sorgenlosigkeit ausreifen ließ". Seine Seele wurde zerrissen von dem Wunsch, sich ganz der Poesie widmen zu können, und dem Bangen, in ihr nie etwas rechtes leisten zu können. „Weißt Du die Wurzel meines Uebels? — schreibt er seinem Bruder — Ich möchte der Kunst leben, an der mein Herz hängt, und muß mich herumarbeiten unter den Menschen, daß ich so oft herzlich lebensmüde bin. Und warum das? Weil die Kunst wohl ihre Meister, aber den Schüler nicht nährt. Aber so etwas sag' ich nur Dir. Nicht wahr, ich bin ein schwacher Held, daß ich die Freiheit, die mir nöthig ist, mir nicht ertrotze. Aber sieh', Lieber, dann leb' ich wieder im Krieg und das ist auch der Kunst nicht günstig. Laß es gut sein! Ist doch schon mancher untergegangen, der zum Dichter gemacht war. Wir leben in dem Dichterklima nicht."

Doch für diese Schmerzen konnte er wenigstens Linderung finden, wenn er sie Diotima mittheilte. Daß er es that, gesteht er in der „Abbitte":

Heilig Wesen! gestört hab' ich die goldene
Götterruhe Dir oft, und der geheimern
Tiefern Schmerzen des Lebens
Hast Du manche gelernt von mir.

Aber das Leiden, das ihm aus seiner Liebe erwuchs, mußte er allein tragen. Er hatte wohl kaum daran gedacht, als die Leidenschaft in ihm aufkeimte, daß diese Rose ihm auch Dornen tragen würde, er hatte das Glück, das sie ihm bereitete, hingenommen, ohne zu fragen, wie lang seine Dauer sein würde. Er war eben ganz der naive, lebensunerfahrene Mensch geblieben, der Luise Nast in seinem Abschiedsbrief schreiben konnte: „Du würdest immer noch, als beglückende Gattin eines andern, an den Freund Deiner Jugend denken und Deine vorherige Liebe zu ihm würde blos durch den Gedanken eingeschränkt werden, wegen seiner unbezwinglichen drückenden Schwachheiten würdest Du nie ganz glücklich mit ihm haben sein können. Und so würdest Du gewiß (mir) nie treulos. Und ich würde denken, meine Liebe ist nicht für diese Welt! und mich Deines Glückes freuen, wollte mir sogar getrauen, Dich an der Seite Deines Gatten zu sehen — und Euer beider Freund zu sein". So etwa dachte er sich auch sein Verhältniß zu Diotima, so mag sie selber es verstanden haben; aber die Welt, der es schließlich nicht ganz unbekannt bleiben konnte, faßte es anders auf. Ihr kann sich auch „das Reine nur darstellen im Unreinen und versuchst du es, das Edle zu geben ohne Gemeines, so wird es als das allerunnatürlichste, ungereimteste dastehen." Sie sah also auch hier nur einen landläufigen Liebeshandel gewöhnlicher Sorte, und Andeutungen und Anspielungen blieben Hölderlin nicht erspart. Sie trafen ihn ins Mark. „Ach, Lieber! — klagte er Neuffer — es sind so wenige, die noch Glauben an mich haben; und die harten Urtheile der Menschen werden wohl so lange mich herumtreiben, bis ich am Ende, wenigstens aus Deutschland fort bin." Je länger, desto deutlicher sah er ein, daß seine Situation auf die Dauer unhaltbar sei und trug sich mit Plänen, das Gontard'sche Haus zu verlassen. Als er 1798 eine lange geplante Reise in die Heimath aufgab, schrieb er seiner Schwester: „Ein Hauptgrund ist der, daß ich mich nicht wohl von allem Gelde entblößen kann, um nicht durch diese Fessel an mein Verhältniß gebunden zu sein und im Fall einer Veränderung etwas gesammelt zu haben, was für den Anfang wenigstens hinreicht." Er dachte daran, in Frankfurt, Mannheim oder sonst einer größeren Stadt sich als Privatlehrer niederzulassen. Auch Diotima scheint ihm zu einer Veränderung gerathen zu haben. Aber wenn es ernst wurde, fühlte er sich nicht stark genug, sich loszureißen. Er spricht es selbst aus im „Abschied":

Trennen wollten wir uns, wähnten es gut und klug?
Da wir's thaten, warum schreckte wie Mord die That?
Ach, wir kennen uns wenig,
Denn es waltet ein Gott in uns.

Den verrathen? ach, ihn, welcher uns alles erst,
Sinn und Leben, erschuf, ihn, den beseelenden
Schutzgott unserer Liebe?
Dies, dies eine vermag ich nicht!

Seine Mutter hielt nach wie vor Ausschau nach passenden Stellen in der Heimath für ihn; aber ob sie ihn nun drängte, eine Präzeptorstelle in Nürtingen oder eine Pfarrstelle anzunehmen, er ging nie darauf ein.

Endlich mußte er sich doch von der Geliebten trennen. Was der letzte Grund dazu war, und in welcher Weise diese Trennung sich vollzog, darüber erfahren wir aus seinen Briefen so gut wie nichts. Nur das eine ergiebt sich aus ihnen mit Bestimmtheit, daß — so oft er auch ein Verlassen des Gontard'schen Hauses erwogen — das Faktum selber sich ihm selbst unerwartet rasch vollzog. Am 1. September 1798 entschuldigt er den Aufschub seines Besuchs in Nürtingen damit, daß sein Zögling im Sommer viel vom kalten Fieber gelitten habe und er in Folge dessen „jetzt alle Zeit gebrauchen" müsse, „um hereinzubringen, was versäumt ist". Nicht ein Wort steht im ganzen Briefe, das dafür spräche, er habe gerade in dieser Zeit an eine Aufgabe seiner Stellung gedacht. Und doch hat sich dieselbe bereits vollzogen, als er am 10. Oktober den nächsten Brief an seine Mutter schreibt. In diesem theilt er ihr mit, daß er nach Homburg gezogen sei. Es sei ihm unendlich schwer geworden, sich von seinen guten, wohlgerathenen Zöglingen zu trennen; aber der unhöfliche Stolz, die geflissentliche tägliche Herabwürdigung aller Wissenschaft und aller Bildung, die Aeußerungen, daß die Hofmeister auch Bediente wären, daß sie nichts besonderes fordern könnten, weil man sie für das bezahlte, was sie thäten, und manches andere, was man ihm so hinwarf, weil's eben so Ton war in Frankfurt, seien schließlich die Ursache seines Entschlusses gewesen, ein anderes Unterkommen zu suchen. „Ich erklärte Herrn Gontard, daß es meine künftige Bestimmung erfordere, mich auf eine Zeit in eine unabhängige Lage zu versetzen, ich vermied alle weiteren Erörterungen und wir schieden höflich auseinander". Dieser Brief enthält die ausführlichste Aeußerung Hölderlins über seinen Fortgang von Frankfurt, an Neuffer schreibt er nur ganz kurz: „Ich habe meine Lage verändert, seit ich Dir das letzte Mal schrieb und habe im Sinne, einige Zeit hier in Homburg zu privatisieren".

Wenn man die eigenthümliche Kürze, mit der er jetzt den Abschied aus dem Hause, das so lange seine Heimath gewesen, abthut, ohne vorgefaßte Meinung in Vergleich setzt zu der Ausführlichkeit, mit welcher er der Mutter und dem Freunde die Gründe auseinandersetzte, die ihn veranlaßten, die Stelle im Kalb'schen Hause aufzugeben, wenn man dazu erwägt, daß er den Namen der Frau des Hauses, die ihm alles war, in dem Briefe an die Mutter nicht einmal erwähnt, so muß man, auch ohne Rücksicht auf sonstige Quellen, zu dem Schlusse kommen, daß Hölderlin sich über die Gründe seines Entschlusses nicht rückhaltlos ausspricht, daß er wesentliche Momente verschweigt. Nun liegen aber thatsächlich solche Berichte vor, die die Trennung als eine gewaltsame, von Hölderlin nicht beabsichtigte, erscheinen lassen. Jügel läßt den Anstoß dazu von der Haushälterin des Gontard'schen Hauses geben, einem hübschen, einer guten Familie angehörigen Mädchen, der Tradition nach der Tochter eines württembergischen Pfarrers. Die Vorzüge Hölderlins waren ihr nicht unbekannt geblieben. „Sie mochte — erzählt Jügel — im Stillen den Plan entworfen haben, sich durch ihn möglicherweise zur künftigen Frau Professorin erheben zu lassen, und richtete ihr Benehmen darnach ein, diesem Ziele näher zu rücken. Davon ahnte jedoch der gleich einem Fridolin nur seiner Herrin ergebene junge Mann nichts, dessen ganzes Streben allein dahin ging, durch treue Pflichterfüllung das Vertrauen zu verdienen, mit dem Frau Susette dem Erzieher ihrer Kinder um so bereitwilliger entgegenkam, da ihr selbst ein gebildeter lehrreicher Umgang dringendes Bedürfniß war. Beide hatten keine Ahnung davon, daß dieser harmlose geistige Verkehr zur Quelle eines verhängnißvollen Geschicks für sie werden sollte, und doch war dem so. Herr Jakob Friedrich wußte es und hatte kein Arg dabei, daß Hölderlin seiner Frau Bücher brachte und ihr öfters das beste der neuesten Erscheinungen vorlas. Er war gewohnt, jeden Abend seine Parthie zu machen, und war zufrieden, seine Frau bis zu seiner Heimkehr angenehm unterhalten zu wissen. Nicht so die Haushälterin, die, ohne Aussichten für sich selbst, das stille Glück zu mißgönnen begann, dessen sich Hölderlin im Umgang mit seiner

Herrin zu erfreuen hatte. Sie wußte es so einzurichten, daß sie dem Herrn Jakob Friedrich selbst die Thür öffnen mußte, wenn er am Abend heimkehrte, und wenn er dann die stereotype Frage: Ist meine Frau zu Hause? an sie richtete, so wußte sie ihrer sich häufig wiederholenden Antwort: Herr Hölderlin liest ihr vor! nach und nach eine Betonung zu geben, die endlich in einem Momente übler Geschäftslaune wie ein zündender Funke wirkte. Mit dem nicht sowohl Eifersucht, als beleidigten Stolz verrathenden Ausrufe: Sitzt denn der Mensch beständig bei meiner Frau! stürzte er in's Zimmer und auf Hölderlin zu. Ein jäher Zorn übermannte den jungen, sich schuldlos wissenden Dichter, und es würde zur ärgerlichsten Scene gekommen sein, hätte nicht ein Blick auf die erschrockene Herrin ihm seine ganze Fassung wiedergegeben. Rasch verließ er das Zimmer, packte seinen Koffer und kehrte noch in derselben Nacht einem Hause und damit Verhältnissen den Rücken, die ihn um so höher beglückt hatten, je reiner er sich derselben bewußt sein konnte. Inzwischen wurde nun auch eben dieses Bewußtsein bei Frau Susette in einer Weise wach, die sich in dem ganzen Uebergewichte gekränkter Weiblichkeit geltend machte. Indigniert von dem Vorfalle, bestand sie darauf, Hölderlin zurückzurufen oder sofort noch Hamburg zu ihrem Bruder zurückkehren zu wollen, an welchem letzteren Vorsatze sie nur durch einen in Folge der Aufregung sich zugezogenen Fieberanfall gehindert wurde. Jetzt erkannte Herr Jakob Friedrich seine Uebereilung und er würde jedes von ihm geforderte Opfer gebracht haben, sie wieder gut zu machen, wenn nicht sein Onkel Heinrich einen das Gontard'sche Hochgefühl weniger beugenden Weg erdacht hätte, um die Ausgleichung des gestörten Verhältnisses der Zeit zu überlassen. Er schickte den schuldbewußten Neffen in Geschäften nach Wien, wohl wissend, daß ein Mutterherz mit der ihm allein überlassenen Sorge für die Kinder am schnellsten vergessen lernt. Und so war es auch. Bald sah sich der eheliche Friede dadurch wieder hergestellt."

Aehnlich berichtet Varnhagen nach einem Aufsatz in der Augsburger Allgemeinen Zeitung, „daß Gontard den armen Dichter in süßem Gespräche, unschuldigem gewiß, aber doch innigem und dadurch verdächtigem mit seiner Frau traf und ihm eine Ohrfeige gab! Eine Roheit, die Hölderlin der Frau wegen nicht einmal rächen durfte."

Es geht nicht an, mit Litzmann den Jügelschen Bericht für eine „nachträglich in der Frankfurter Gesellschaft über Hölderlin erzeugte Mythe" zu erklären, gestützt auf den Brief an seine Mutter vom 10. Oktober. Dieser Brief kann als beweiskräftig überhaupt nicht in Betracht kommen. Wie Hölderlin jedes unangenehme Ereigniß seines Lebens der Mutter in möglichst günstigem Lichte darzustellen bemüht war, dafür liefert seine Korrespondenz mit ihr reichliche Belege. Man sehe, wie er z. B. ihr die ablehnende Antwort Schillers in Bezug auf seinen Homburger Plan eines Journals mittheilt, man vergleiche, wie er bezüglich einer Geldsendung von 100 Gulden, die sie durch Neuffers Vermittlung an ihn abgehen ließ, ihr am 16. November 1799 schreibt „ich werde es größtentheils zurücklegen können", um ihr den Verdacht zu nehmen, er sei in Geldverlegenheit, während er am 4. Dezember Neuffer bittet: „Ich bitte Dich, mir die 100 Fl. in Wechsel sobald es nur möglich ist zu schicken." Und er sollte ihr in diesem so heiklen Falle rückhaltlos die nackte Thatsache berichten, sollte ihr schreiben, er habe seinen Posten verlassen müssen, weil Herr Gontard ihn im Verdacht eines Liebesverhältnisses mit seiner Frau gehabt und deswegen gröblich insultiert habe? Der Mann, der so etwas seiner Mutter schreiben kann, muß jeden feineren Empfindens baar sein: der Hölderlin, wie er sich uns darstellt, war dazu jedenfalls nicht im Stande. Diesem nicht beweiskräftigen Briefe steht gegenüber die Erzählung Jügels als eines Gliedes der Gontard'schen Familie, der darum einerseits orientiert sein konnte, andrerseits nicht im Verdacht stehen kann, eben dieser Familie böswilligen Klatsch anhängen zu wollen. Zudem ist diese Erzählung so reich an Details, — Entrüstung Frau Gontards, ihr Entschluß zur Trennung, falls Hölderlin nicht zurückberufen wird, Intervention Heinrich Gontards, Reise

Jakob Friedrichs nach Wien — daß schon dadurch die Annahme einer Mythenbildung vollständig ausgeschlossen erscheint. So ausführlich, so logisch zusammenhängend pflegen Mythen nicht gebildet zu werden, hier sind Thatsachen berichtet, die in der Familie Gontard allgemein bekannt waren, weil der durch die Entfernung Hölderlin's verursachte Konflikt der Gatten offen zu Tage getreten war. So sieht die Sache auch Schwab an, wenn er in Westermann's Monatsheften erklärt: Jügels „Darstellung läßt sich mit der Varnhagens wohl in Uebereinstimmung bringen, wenn man bedenkt, daß er als Verwandter der Gontard-schen Familie sich veranlaßt fühlen konnte, die Heftigkeit jenes letzten Auftrittes zu mildern." Er, der von allen Hölderlin-biographen noch am meisten Material von Zeitgenossen des Dichters sammeln konnte, der einzige, der die Briefe Diotimas an Hölderlin in Händen gehabt hat, in denen doch gewiß diese Katastrophe nicht unberührt blieb, neigt sich also sogar zu der Ansicht, daß Varnhagens Angaben der Wahrheit näher kommen, als die Jügels. So haben wir gewiß keinen Grund, die Erzählung des letzteren im Sinne Litzmanns für eine Mythe zu erklären. Hölderlin verließ das Gontard'sche Haus, weil der Herr desselben in Gegenwart Diotimas ihn beschimpft hatte. Aus Rücksicht auf diese verzichtete er darauf, sich zu rächen und noch mehr Aufsehen zu erregen. Er verließ das Haus noch in derselben Nacht, in der ihm der Schimpf zugefügt war, vermuthlich mit Hinterlassung eines Briefes an Herrn Gontard, der eine Erklärung enthielt, deren Inhalt er seiner Mutter in dem Briefe vom 10. Oktober mittheilte. Aber diese Entfernung schlug seinem schon so oft verletzten, kranken Herzen die tiefste Wunde, die es je empfangen; er ging mit dem Bewußtsein, von seinem Ideal für immer getrennt zu werden, und mit dem für sein Ehrgefühl nie verwindbaren Stachel in der Seele, sich von der Schmach nicht reinigen zu können, die Jakob Friedrich Gontard ihm angethan hatte.

V.

Zweiter Versuch der Selbständigkeit.

Und wohin wandte sich Hölderlin nun, als das Geschick ihn aus Frankfurt, aus Diotimas Nähe forttrieb? Er hatte während seines Aufenthaltes in der freien Reichsstadt zu wiederholten Malen einen Besuch in seiner Heimath geplant, an der er, — auch in dieser Beziehung der echte Schwabe — mit inniger Liebe hing; es hatte ihm jedesmal Kummer bereitet, die Ausführung dieses Planes auf eine günstigere Zeit verschieben zu müssen. Was lag daher näher, als daß er sich diesen Herzenswunsch jetzt erfüllte? Nichts hinderte ihn daran. Wenn er es dennoch vermied, wenn er es vorzog, nach Homburg zu gehen, so drängt sich uns die Frage nach dem Grunde dieses Entschlusses unabweislich auf. Denn die Sache lag nicht so für ihn, wie damals, als er bei der Aufgabe seiner Stellung im Kalb'schen Hause nach Jena ging. Jena war damals das Centrum des geistigen Lebens in Deutschland, es bot ihm täglich neue geistige Anregung, es bot ihm den Verkehr Schillers, die Unterweisung Fichte's. Homburg aber lag abseits vom Strome der damaligen geistigen Bewegung; für seinen Wissensdrang fand er dort kaum mehr, als er in der Heimath auch gefunden hätte, und wenn er dort Sinclairs Umgang genoß, so hätte er dafür hier den älteren Freund Neuffer gehabt. Der Grund lag in seinem Verhältniß zu Diotima. Wenn er es seiner Mutter gegenüber auch in den Briefen mit Stillschweigen übergehen konnte, im täglichen Verkehr mit ihr hätte er es nicht gekonnt. Und er konnte nicht im Zweifel darüber sein, wie sie es aufnehmen würde. So rein sein Gefühl für Frau Gontard auch war, in den Augen der schlichten, frommen Frau war es verboten, war es Sünde. Er mochte ihr tausendmal sagen, daß seine Beziehungen zu der Geliebten nichts seien, als ein Seelenbund, frei von niederer Sinnlichkeit: mit ihrer streng christlichen Moral mußte sie auch das verdammen. Den bitteren Vorwürfen, den für beide Theile schmerzlichen Scenen, die unausbleiblich waren, sich aussetzen, zu all dem Schmerz, der ihn niederbeugte, auch noch Klagen hinnehmen müssen, das wollte und konnte er nicht. Er scheute sich, jetzt seiner Mutter unter die Augen zu treten, darum ging er nach Homburg. Es scheint, daß er mit Sinclair, der jedenfalls um seine Liebe wußte, die Eventualität schon seit einiger Zeit erwogen hatte, denn, wie er seiner Mutter schrieb, rieth ihm dieser, in Homburg Kost und Logis bei ihm zu nehmen und sich durch ungestörte Beschäftigung endlich einen geltenden Posten in der gesellschaftlichen Welt vorzubereiten. Da Hölderlin aber einwandte, daß er „auf diese Art in eine gewisse Dependenz von ihm geriethe, die Freunden nicht anständig wäre", besorgte ihm Sinclair eine Wohnung im Hause des Glasers Wagner. Er wohnte gegen das Feld hinaus, hatte Gärten vor dem Fenster und einen Hügel mit Eichbäumen und kaum ein paar Schritte in ein schönes Wiesthal. „Da geh' ich dann hinaus — schreibt er seiner Schwester — wenn ich von meiner Arbeit müde bin, steige auf den Hügel und setze mich in die Sonne und sehe über Frankfurt in die weiten Fernen hinaus." Aber gar oft wird sein Blick wohl nicht die Fernen gesucht haben, sondern an dem Bild der Stadt hängen geblieben sein, in deren Mauern er die zurückgelassen hatte, an der seine Seele untrennbar hing. Er war mit ihr im Briefwechsel geblieben, und der Verlust dieser Briefe ist unersetzlich; sie würden uns positive Aufschlüsse gegeben haben, wo wir uns jetzt mit Vermuthungen begnügen müssen. Die Briefe Diotimas befanden sich im Besitz der Frau Professor Arnold in Heidelberg, einer Nichte Hölderlins, die sich nicht dazu verstehen wollte, ihre Herausgabe zu gestatten, und sie vor ihrem Tode vernichtet zu haben scheint, da sich in ihrem Nachlaß keine Spur davon fand. Schwab, der dieselben einmal vorübergehend sah, theilt einige Stellen aus ihnen mit, die uns einen Blick in die klare Seele der edlen Frau thun lassen. So schreibt sie: „Die Beziehung der Liebe besteht in der wirklichen Welt, die uns umschließt, nicht durch den Geist allein, auch die Sinne — nicht Sinnlichkeit — gehören dazu; eine Liebe, die wir ganz der Wirklichkeit entrücken, nur im Geiste noch fühlen, der wir keine Nahrung und Hoffnung mehr geben könnten, würde am Ende zur Träumerei werden, oder vor uns verschwinden; sie bliebe, aber wir wüßten es nicht mehr, und ihre wohlthätigen Wirkungen auf unser Herz würden aufhören". Eine Mahnung für Hölderlin, dessen Hang zur Träumerei ihr nicht verborgen geblieben sein konnte, dürfte sie bezweckt haben, wenn sie schreibt: „Träumen möchte ich immer, doch Träumen ist Selbstvernichtung, Selbstvernichtung Feigheit". Der Briefwechsel scheint übrigens nicht über die Zeit von Hölderlins Aufenthalt in Homburg hinaus fortgesetzt zu sein.

Unter den Personen, mit denen Hölderlin in dieser Zeit in persönlichem Verkehr stand, nimmt Sinclair die erste Stelle ein. Dieser vortreffliche Mensch, den die gemeinsame Liebe zur Dichtung und zur Philosophie mit Hölderlin zusammen geführt hatte, hing an ihm mit aufrichtiger, uneigennütziger, opferwilliger Freundschaft. Er schätzte seine lautre, schöne Seele, er glaubte an sein dichterisches Können und bot ihm die Hand dazu, in freier Selbständigkeit seiner Kunst zu leben. Materielle Unterstützung lehnte Hölderlin, wie wir gesehen haben, ab, sein feines Zartgefühl verbot ihm, solche von dem Freunde anzunehmen, aber die rückhaltlose Hingabe Sinclairs war ihm unendlich viel werth. Er brauchte eine Seele, der er sich ganz vertrauen konnte, brauchte sie doppelt jetzt, wo tausend Schmerzen ihm die Brust zerrissen. Sinclair konnte er sich unbedenklich eröffnen, bei ihm war er sicher, aufrichtige, wahre Theilnahme zu finden. So war denn der Umgang mit ihm ein sehr reger. Auch die Familie Sinclair's war ihm herzlich zugethan und überhäufte ihn mit so viel Theilnahme und Aufmunterung, daß er eher Ursache hatte, sich „um seiner Geschäfte und um seiner Freiheit willen zurückzuziehen, als zu fürchten, daß er gar zu einsam leben möchte". Außerdem fand er in Homburg einen kleinen Kreis feingebildeter Menschen, unter denen sich vornehmlich der auch als Schriftsteller aufgetretene, vielgereiste Hofrath Gerning auszeichnete. Am Hofe des Landgrafen war man durch den Hyperion auf ihn aufmerksam geworden, und Sinclair, des Fürsten rechte Hand, hatte ihn dort vorgestellt. Man empfing ihn sehr freundlich. „Die Familie des Landgrafen — schreibt er seiner Mutter — besteht aus echt edlen Menschen, die sich durch ihre Gesinnungen und ihre Lebensart vor andern ihrer Klasse ganz auffallend auszeichnen. Ich bleibe übrigens entfernt, aus Vorsicht und um meiner Freiheit willen, mache meine Aufwartung und lasse es dabei bewenden". Für das Hofleben war allerdings kaum jemand weniger geschaffen, als Hölderlin; sein ausgeprägter Freiheitssinn hielt ihn davon ab, auch nur den Schein auf sich zu laden, als buhle er um die Gunst der Großen. Unter seinem Nachlaß befindet sich ein Quartblatt mit der Uebersetzung eines Sophokleischen Chorlieds, auf den Rand sind mehrere Epigramme gekritzelt, von denen eines lautet:

Tief im Herzen veracht' ich den Chor der Despoten und Pfaffen,
Aber noch mehr das Genie, macht es gemein sich damit.

Er hat sich nie damit gemein gemacht, selbst hier, wo er die edlen Gesinnungen der fürstlichen Familie anerkannt, hielt er sich möglichst entfernt. Ein gewisser Verkehr scheint indessen immerhin bestanden zu haben, schon die Oden an die Prinzessin Auguste beweisen denselben, und ganz konnte er sich ihm schon um Sinclairs willen nicht entziehen.

Er hatte in den letzten anderthalb Jahren seines Frankfurter Aufenthaltes sich 500 Gulden erspart. Mit dieser Summe glaubte er bei seinen bescheidenen Ansprüchen „auf ein Jahr von ökonomischer Seite vollständig gesichert" zu sein und so unbeirrt den Versuch wiederholen zu können, ganz seiner Kunst zu leben und zu sehen, ob er nicht im Stande sei, ausschließlich durch sie sich seinen Lebensunterhalt zu erwerben. Außerdem hoffte er, daß das ruhige Leben in Homburg „die Gesundheit und die Kräfte, die durch die anstrengende Verbindung seiner Berufsgeschäfte mit seinen eigenen Arbeiten sich nothwendig schwächten", wiederherstellen werde. Indessen unterbrach er dieses ruhige Leben schon nach sehr kurzer Zeit und ging Mitte

November mit Sinclair, der im Auftrage seines Herrn zum Kongreß nach Rastatt reiste, dorthin. Sinclair hatte ihm den Vorschlag gemacht, ihm Gesellschaft zu leisten, und da er dies „nach den generösen Anerbietungen seines Freundes beinahe unentgeltlich thun, auch in Rastatt seine Beschäftigungen wenigstens einen Theil des Tages ganz ungestört fortsetzen konnte", so hielt er es für „unvernünftig, diese Gelegenheit zu seiner Bildung zu vernachlässigen". Zudem mag er befürchtet haben, nach Sinclairs Fortgang in Homburg zu vereinsamt dazustehen. Auch hoffte er, von Rastatt aus einen Besuch in die Heimath zu machen, oder wenigstens mit seinem Bruder und Neuffer eine Zusammenkunft auf halbem Wege in Neuenbürg haben zu können, woraus indessen nichts wurde. Die mancherlei Menschen, die der Kongreß in der kleinen Festung vereint hatte, interessierten ihn sehr, vor allen Dingen die Franzosen, die ihn schon um Bonaparte's willen anzogen, den er glühend verehrte. Wiederholt hatte er einen Anlauf genommen, denselben in einer Ode zu feiern, doch sind die Versuche nie zur Vollendung gediehen. In seinem Nachlaß finden sich zwei Konzepte, offenbar in verschiedener Zeit entstanden, die hier wiedergegeben sein mögen. Das eine trägt die Ueberschrift „Buonaparte" und lautet:

Heilige Gefäße sind die Dichter,
Worin der Wein des Lebens, der Geist
Der Helden sich aufbewahrt.
Aber der Geist dieses Jünglings,
müßte der nicht zerstampfen das Gefäß,
Der schnelle, wo es ihn fassen wollte?
Der Dichter laß ihn unberührt,
Wie den Geist der Natur.
An solchem Stoffe
wird zum Knaben der Meister.
Er soll im Gedichte nicht leben und bleiben,
Er lebt und bleibt in der Welt.

Das zweite, das die Ueberschrift „Dem Allgenannten" trägt und nach Bonaparte's Alpenübergang entstand, wie sein Inhalt zeigt, lautet:

Fragen möcht' ich, woher er ist.
Lodi. Arcole.
Ha, umsonst nicht hatt' er geweissagt,
Da er über den Alpen stand,
Hinschauend über Italien und Griechenland,
Mit dem Heer um ihn,
Wie die Gewitterwolke,
Wenn sie fernher
Dem Orient entgegenzieht
Und von den Strahlen des
Morgenlichts die Wolke schauert und
Todesverkündende Blitze schon glüht.

Indeß bot ihm der Congreß nicht die Anregung, die er erwartet hatte; er klagt seinem Bruder, daß die diplomatische Klugheit die Gesichter und Gemüther alle in Banden halte und wenig offne gesellschaftliche Aeußerung zu Stande komme. Der eigentliche Gewinn, den der Aufenthalt ihm brachte, war die Bekanntschaft mit einigen jungen Männern voll Geist und reinen Triebs, dem Pommern Muhrbeck, dem preußischen Legationssecretär Horn, dem Schweden von Pommeresche und dem Kriegsrath Schenk aus Düsseldorf, einem intimen Freunde Jacobi's. Sie machten „eine durch und durch harmonische Familie" aus.

Im December finden wir ihn wieder in Homburg, wo er sich mit Feuereifer der Arbeit am Empedokles hingab, auf den er seine ganze Hoffnung setzte. „Meine jetzige Arbeit soll — so schreibt er seiner Mutter — mein letzter Versuch sein, auf eignem Wege, wie Sie es nennen, mir einen Werth zu geben; mißlingt mir der, so will ich ruhig und bescheiden, in dem anspruchlosesten Amte, das ich finden kann, den Menschen nützlich zu werden suchen, ich will das Streben meiner Jugend für das nehmen, was es so oft ist, nämlich für zufällig entstandenen Uebermuth, für übertriebene Neigung, aus der Sphäre mich zu entfernen, die mir vorgeschrieben ist, durch meine natürlichen Anlagen und die Umstände, in denen ich aufgewachsen bin". Vor dem Getriebe der Welt flüchtete er sich zu seiner Dichtung, wie man sich aus einer verpesteten Stadt in die Berge flüchtet,

„wo reine Luft ist und Sonne und Sterne näher sind und wo man heiter in die Unruhe der Welt hinabsieht, das heißt, wo man zum Gefühle der Gottheit sich erhoben hat und aus diesem alles betrachtet, was da war und ist und sein wird“.

Der Inhalt des Dramas sollte nach dem ersten Plane folgender sein: Der Philosoph Empedokles, der in seiner Vaterstadt Agrigent eine führende Rolle spielt, sich aber mit der Kulturmenschheit durch seine Weltanschauung zerfallen fühlt, nimmt von einem Fest der Agrigentiner und einem Zwist mit seinem Weibe Veranlassung, sich in eine einsame Gegend am Aetna zurückzuziehen. Von dort ihn wieder in die Stadt zu holen, gelingt, nachdem seine Schüler es vergebens versucht haben, seinem Weibe und seinen Kindern, die mit ihren Bitten die Nachricht vereinen, daß seine Landsleute ihm eine Statue errichtet haben. So kehrt er, begrüßt vom jubelnden Volk, in seine Heimath zurück und scheint auf dem Gipfel seines Glücks zu stehen. Aber gerade jetzt hetzen seine Neider das Volk gegen ihn auf; es stürzt seine Statue um und verjagt ihn. Nun reift in ihm der Entschluß, durch freiwilligen Tod sich mit der Natur zu vereinen, er nimmt den zweiten tiefen, schmerzlichen Abschied von Weib und Kind und stürzt sich in den lodernden Krater des Aetna. Sein Lieblingsschüler findet seine eisernen Schuhe, die der Vulkan wieder ausgespieen, zeigt sie der Familie des Empedokles, seinen Anhängern im Volk und versammelt sich mit diesen um den Vulkan, um Leid zu tragen und den Tod des großen Mannes zu feiern. Die Ausführung ist von diesem ersten, in Frankfurt entworfenen Plan erheblich abgewichen. Sie zeigt uns im Beginn den unvermählten Empedokles, zwar geliebt von seinen Anhängern, aber tödtlich gehaßt von den früheren Machthabern Agrigents, besonders dem Priester Hermokrates, die das Volk gegen ihn aufgereizt haben, so daß er aus der Stadt verbannt ward. Er setzt seinen Feinden keinen Widerstand entgegen, weil er sich der Selbstüberhebung schuldig weiß. Da er sich eins fühlte mit der Natur, hat er sich den Göttern gleich gestellt, sich selbst Gott genannt. Dieses

Schuldgefühl macht ihn kraftlos und läßt ihn die Rache seiner Feinde als gewiesene Buße hinnehmen. Er giebt seinen Dienern die Freiheit und zieht, nur von seinem Lieblingsschüler Pausanias begleitet, zum Aetna hinauf, wo er den Entschluß faßt, durch freiwilligen Tod sich von dem begangenen Fehltritt zu reinigen. Die Agrigentiner bereuen seine Verweisung, sie ziehen dem „Halbgott" nach, um seine Rückkehr zu erbitten, sie wollen Hermokrates, seinen Feind, tödten, ihn selber zu ihrem König machen. Er aber schlägt die Krone aus und weigert sich, zurückzukehren. Aber er läßt sie nicht rathlos stehen, er giebt ihnen sein „Heiligthum", indem er sie auffordert:

„O, gebt euch der Natur, eh' sie euch nimmt! ...
... Was ihr geerbt, was ihr erworben,
Was euch der Väter Mund erzählt, gelehrt,
Gesetz' und Bräuch', der alten Götter Namen,
Vergeßt es kühn und hebt wie Neugeborne
Die Augen auf zur göttlichen Natur!
Wenn dann der Geist sich an des Himmels Licht
Entzündet, süßer Lebensodem euch
Den Busen, wie zum erstenmale, tränkt,
Und goldner Früchte voll die Wälder rauschen
Und Quellen aus dem Feld, und euch das Leben
Der Welt ergreift, ihr Friedensgeist, und euch 's
Wie heilger Wiegensang die Seele stillet, ...
..... dann reicht die Hände
Euch wieder, gebt das Wort und theilt das Gute!
O dann, ihr Lieben, theilet That und Ruhm
Wie treue Dioskuren; jeder sei
Wie alle — wie auf schlanken Säulen ruh'
Auf richt'gen Ordnungen das neue Leben,
Und euren Bund befest'ge das Gesetz!

Sein Entschluß, zu sterben, steht fest; weder die Bitten seines Lieblingsschülers können ihn davon abbringen, noch die Mahnungen der räthselhaften Gestalt des Greises Manes, der ihm schon einmal „am fernen Nil" in den Weg getreten war und jetzt wieder plötzlich vor ihm erscheint, er fühlt:

... den Sterblichen
Gehör' ich nun nimmer an ...
Im Tode find' ich den Lebendigen ...

Die Scene zwischen Empedokles und Manes ist das letzte, was Hölderlin von seiner Tragödie ausgeführt hat; sei es, daß ihn die Kraft oder die Lust zum Werke verließ, es ist ein Torso geblieben. Allerdings ein wunderbar schöner Torso, der an Tiefe der Gedanken wie an edlem Wohllaut und harmonischem Fluß der Sprache dem besten, was Hölderlin schuf, mindestens gleich steht. In Hölderlins ganzem Schicksal ist wohl kein Punkt so tragisch, als der, daß es ihm nicht vergönnt war, diese Dichtung zu vollenden, in der er der Welt zum ersten Male „seines Herzens tiefere Meinung" verkünden wollte, die er in seinen bisherigen „unbedeutenden Stücken" erst „von ferne" angefangen hatte „unter denen, die ihn hörten, vorzubereiten". Die vollendeten Scenen zeigen uns den Dichter auf der Höhe seines Könnens, sie lassen den Hyperion weit hinter sich zurück. Ein bühnenwirksames Drama wäre das Gedicht allerdings nie geworden, und es muthet uns merkwürdig an, wenn der Dichter an Schiller schreibt, daß er dazu „Die Räuber" und „Fiesko" studiert habe. Von dem leidenschaftlichen dramatischen Leben, das in diesen Stücken pulst, ist in dem seinen nichts zu spüren, und was der erste Entwurf etwa stärker dramatisches enthielt, ist in der Ausführung fortgefallen, die erst einsetzt, nachdem Empedokles seine Schuld auf sich geladen. Weit mehr Verwandtschaft hat die Tragödie mit Goethe's „Iphigenia" und „Tasso", mit letzterem auch darin, daß der Titelheld der Dichter selber ist. „Empedokles, durch sein Gemüth und seine Philosophie schon längst zum Kulturhaß gestimmt, zur Verachtung alles bestimmten Geschäfts, alles nach verschiedenen Gegenständen gerichteten Interesses, ein Todfeind aller einseitigen Existenz und deswegen auch in wirklich schönen Verhältnissen unbefriedigt, unstät, leidend, blos weil sie besondere Verhältnisse sind und, nur im großen Accord mit allem Lebendigen empfunden, ganz ihn erfüllen, blos weil er nicht mit allgegenwärtigem Herzen innig, wie ein Gott, und frei ausgebreitet, wie ein Gott, in ihnen leben und lieben kann, blos weil er, sobald sein Herz und seine Gedanken das Vorhandene umfaßt, ans Gesetz der Succession gebunden ist" — so skizziert der erste Entwurf den Charakter des Empedokles, und wir brauchen blos an Stelle dieses den Namen Hölderlins selber zu setzen, um eine so treffende Schilderung seines Charakters zu finden, wie sie nur gedacht werden kann. Und wie er im Empedokles sich selber schildert, so gestaltet sich ihm Panthea unter den Händen unwillkürlich zu Diotima, und es ist wohl kein Zufall, daß aus der Gattin des Helden die liebende Freundin wurde. Die Verbannung des Empedokles aus Agrigent fließt ihm in eins zusammen mit seinem Fortgang aus Frankfurt, den mit seinen Folgen er sich mit denselben Farben malte, wie er Panthea die Wanderung des verbannten Philosophen schildern läßt bis zu seinem gewaltsamen Tode:

„Es dulden's wohl die Götter, haben sie
Doch auch geschwiegen, da man ihn mit Schmach
In's Elend fort aus seiner Heimath warf.
O du! — wie wirst du enden? Müde ringst
Du schon am Boden fort, Du stolzer Adler!"

Auch Hölderlin fühlte sich als stolzer Adler, aber auch ihn verließen die Kräfte, da man ihn aus Diotimas Nähe trieb, wo sein Herz seine Heimath gefunden hatte, und müde rang er nun am Boden fort, unfähig, das Werk zu vollenden, das er so frohgemuth begonnen hatte. Je tiefer man sich in die Dichtung versenkt, desto mehr findet man die Ueberzeugung bestätigt, daß sie ein reines Selbstbekenntniß ist. Und eben darin liegt ihr wesentlichster Reiz; das allein macht sie so lebenswahr und rückt uns den entlegenen Stoff so nahe. Am Busen des Dichters ist, wie Haym treffend sagt, die antike Form erwarmt.

Wann Hölderlin die Arbeit am Empedokles einstellte, läßt sich nicht mit Bestimmtheit sagen, aber das darf man wohl annehmen, daß er sie über seinen Homburger Aufenthalt hinaus nicht fortsetzte. Im Juni 1799 schrieb er Neuffer, er sei mit seinem Trauerspiel bis auf den letzten Akt fertig, die auf uns gekommenen Reste werden also damals schon geschrieben gewesen sein. Im September theilt er dann seiner Mutter mit, daß er eine Geldsendung, die er von ihr empfing, dazu verwenden werde, um noch einige Zeit in täglichem Fleiße zu leben, besonders dem Werke, das er unter den Händen habe, noch alle Vollkommenheit zu geben, aber über dem ewigen Feilen und Abändern kam er mit seiner Arbeit nicht zu Ende und ließ sie der Nachwelt zurück als ein Werk, dem die Krone fehlt, ein Bild seines Lebens.

Aber der Empedokles war nicht das Einzige, womit er in Homburg sich beschäftigte. Die Möglichkeit, sich seinen Träumereien unbeirrt durch Berufspflichten hinzugeben, die Ruhe und Weltabgeschiedenheit, in der er hier in der lieblichen Natur lebte, ließen den Quell der Lyrik in seiner Brust stärker sprudeln, denn je zuvor. Zahlreiche Gedichte entstanden jetzt, jedes den Stempel der Reife tragend, jedes eine Perle in seiner Art. Die grelle Dissonanz seines Lebens wußte er in der Dichtung in wunderbare Accorde aufzulösen, die bittern Qualen, die seine Brust zerrissen, wurden ihm zu süßem Wohllaut, wenn er sie in das Gewand der Poesie zu kleiden unternahm. „Der Zeitgeist", „Sonnenuntergang", „Abendphantasie", „des Morgens", „die scheinheiligen Dichter", „die Launischen", „der Tod für's Vaterland", „Stimme des Volks", „der Main", „der Neckar", „Heidelberg", „Nachruf", „Am Abend", „Achill", der Elegiencyclus „Menons Klage an Diotima", die Erzählung „Emilie vor ihrem Brauttage" entstanden in dieser Zeit. Jedes von ihnen bestätigt die Selbstkritik Hölderlin's in einem Briefe an Neuffer von 1798: „Es fehlt mir weniger an Kraft, als an Leichtigkeit, weniger an Ideen, als an Nuancen, weniger an einem Hauptton, als an mannigfaltig geordneten Tönen, weniger an Licht, wie an Schatten, und das alles aus einem Grunde: ich scheue das Gemeine und Gewöhnliche im wirklichen Leben zu sehr". Eine adelige Seele, deren Lauterkeit auch nicht durch einen unreinen Zug getrübt wird, spricht zu uns aus diesen gedankenschweren Gedichten, und wer sich in sie versenkt, dem ist zu Muthe, als weile er in einem heiligen Tempel, dem alles niedrige Getriebe fern gehalten wird. Von der Welt lesen wir in ihnen nichts, sie spiegeln uns nur die Regungen der Seele des Dichters wieder. Und wie diese Seele selber, so sind auch sie alle auf den Grundton einer tiefen Schwermuth, einer ernsten Resignation gestimmt. Wie von den Singvögeln draußen im Walde, hören wir auch von Hölderlin, so mannigfach die Themen sind, die er anschlägt, im Grunde stets dieselbe Weise, weil er in so eminentem Sinn subjektiv ist, weil er der Fähigkeit, sich in fremde Denkart hinein zu versetzen, so gänzlich entbehrt, daß er nie auch nur den Versuch dazu unternimmt. Dazu kommt noch, daß er an das, was der Augenblick geschaffen, hernach erst als Künstler herantritt, „den Erguß der unmittelbaren Stimmung mit bewußter Absicht dämpft und herabstimmt“ und ihnen dadurch jene maßvolle Schönheit verleiht, die sie den klassischen Dichtungen der Antike so nahe bringt. Wer mehrere von ihnen hinter einander liest, dem wird sich kaum ihr voller Reiz erschließen; sie wollen einzeln mit voller Hingebung genossen sein; wer sich gewöhnt hat, Gedichte zu überfliegen, wie die neusten Nachrichten in seiner Zeitung beim Frühstückstisch, den werden sie kalt lassen, aber wer sich die Mühe nicht verdrießen läßt, sie in stiller Beschaulichkeit in sich aufzunehmen, der wird immer wieder zu ihnen zurückkehren und sie werden ihn anmuthen, wie Götterbilder einer längst versunkenen schöneren Welt. Hat auch keiner unsrer Componisten sich an ihnen versucht, sie sind voll Musik, es schlummert eine Melodie in jedem von ihnen, die sich dem Leser mit unwiderstehlichem Zauber in die Seele schmeichelt.

Zu einer reicheren lyrischen Produktion mochte ihn gerade in dieser Zeit auch das günstige Urtheil anregen, das eines der Häupter der jüngeren romantischen Schule über seine Gedichte gefällt hatte und das ihn, der für Lob wie für Tadel gleich empfänglich war, mit großer Freude erfüllte. Noch in Frankfurt hatte er zu einem „Taschenbuch für Frauenzimmer von Bildung“, das Neuffer im Steinkopf'schen Verlag in Stuttgart herausgab, vierzehn Gedichte beigesteuert, die in dem im Herbst 1798 auf das folgende Jahr erscheinenden Buche, theils unter seinem eigenen

Namen, theils unter dem fingierten Namen Hillmar erschienen. August Wilhelm Schlegel widmete dem Almanach in der Allgemeinen Jenaer Litteraturzeitung eine Besprechung, die Hölderlin so sehr entzückte, daß er sie seiner Mutter mittheilte, vor der er sonst vermied, mit seiner „kleinen Schriftstellerreputation groß zu thun". Es heißt darin: „Den Inhalt des Almanachs möchten wir fast nur auf die Beiträge von Hölderlin einschränken. Die des Herausgebers sind endlose Reimereien. . . . Vor den übrigen zeichnen sich die Kleinigkeiten von Hillmar und Siegmar vortheilhaft aus. . . . Hölderlin's wenige Beiträge aber sind voll Geist und Seele und wir setzen gern zum Beleg ein paar davon hierher". Nach Anführung von „An die Deutschen" und „An die Parzen" fährt er dann mit Bezug auf die Worte:

„Doch ist mir einst das Heilge, das am
Herzen mir liegt, das Gedicht gelungen".

fort: „Diese Zeilen lassen schließen, daß Hölderlin ein Gedicht von größerem Umfange mit sich umherträgt, wozu wir ihm von Herzen alle äußere Begünstigung wünschen, da die bisherigen Proben seiner Dichteranlagen und selbst das in dem angeführten Gedicht ausgesprochene erhebende Gefühl ein schönes Gelingen hoffen lassen". Rührend wirkt übrigens und einen tiefen Blick in Hölderlin's edle Seele läßt uns thun, daß er im Anschluß an diese Mittheilung die Mutter bittet, „um Neuffers willen diese Stelle nirgend bekannt zu machen". Auch für den nächsten Jahrgang sandte er dem Freund wieder eine Reihe von Gedichten, darunter auch „Emilie vor ihrem Brauttage", dessen Entstehung dem Umstande zu danken ist, daß der Dichter einen neuen Lebensplan ins Auge faßte. Ehe wir jedoch zur Erörterung dieser für sein Schicksal wichtigen Angelegenheit uns wenden, müssen wir zunächst noch unser Augenmerk dem „Hyperion" zuwenden, dessen zweiter Band Ostern 1799 erschien. Selbst Hölderlin's Freunde erwarteten, daß noch ein dritter Theil folgen werde, er selber aber war der Ansicht, daß das Werk, seine einzige größere Schöpfung, die er zum Abschluß führte, vollendet sei. Der „Hyperion" hat jederzeit warme Lobsprecher gefunden, die ihn Goethe's Werther an die Seite stellten, aber auch heftige Tadler, die nichts gutes an ihm ließen. Schon aus dieser Zwiespaltigkeit des Urtheils geht hervor, daß es ein merkwürdiges, eigenartiges Buch ist, in dessen Verständniß man sich erst, wie in das des Charakters seines Autors, mit Ernst und Anspannung hineinarbeiten muß, um es recht zu würdigen. Sein Inhalt ist kurz folgender: Hyperion, der Sohn einer der ersten Familien auf der kleinen griechischen Insel Tina, der begeistert von den Schöpfungen des alten Griechenland geschworen hat, sich seiner Vorfahren, der Hellenen, würdig zu zeigen, gewinnt, nachdem er seinen ersten Freund und Lehrer Adamas verloren hat, in Smyrna, wohin sein Vater ihn sandte, einen neuen Freund in dem edlen Alabanda. Ein Abenteuer mit einer Räuberbande im Gebirge führt die beiden zusammen und ihre Herzen, die für alles große und schöne schlagen und sich voll Trauer von den jämmerlichen Verhältnissen ihrer Zeit abwenden, schließen sich bald fest und fester zusammen. Aber obwohl es scheint, als ob sie nie von einander lassen könnten, gerathen die beiden Brauseköpfe doch in einen Streit und trennen sich, da sie einander verkennen. Hyperion geht nach der Insel Salamis und nach Kalaurea und findet dort in Diotima das Traumbild seiner Seele. Ihre Herzen schlagen einander entgegen, sie blicken die Welt mit den gleichen Augen an und so erwächst zwischen ihnen ein Liebesbund, der an Adel seines Gleichen sucht, zart und rein, wie eine Rosenknospe im Morgenthau. In selbstvergessener Wunschlosigkeit verbringen sie mit einander ihre Tage, bis das schöne Idyll durch einen Brief Alabandas gestört wird, der Hyperion zum gemeinsamen Kampf für das Vaterland ruft. Nach einem schmerzdurchbebten Abschiede eilt Hyperion zu dem Freunde und geht mit ihm in die Morea, um an der Spitze einer Schaar freiheitsdurstiger Männer die türkische Zwingherrschaft zu brechen. Aber seine Begeisterung für diesen Kampf, den er im edelsten Sinne geführt wissen will, wird schmählich dadurch zerstört, daß die Männer, an deren

Spitze er sich gestellt hat, bei der Eroberung von Misitra wie Banditen hausen, ihre eigenen Landsleute erschlagen und ihm selbst, als er die Gräuel abwehren will, eine schwere Wunde zufügen. Er entflieht aus ihrer Gesellschaft und begiebt sich zur russischen Flotte, gewillt den Tod zu suchen. Tollkühn in der Schlacht bei Tschesme kämpfend, wird er schwer verwundet, aber er bleibt dem Leben erhalten und beschließt auf Alabandas Rath, nach Kalaurea zurückzukehren und sich mit Diotima zu vermählen. Allein das Schicksal gönnt ihm dieses Glück nicht; Diotima, die ihn todt geglaubt hat, welkt und stirbt, von der Ueberfülle ihres Geisteslebens aufgezehrt. Um Ruhe zu suchen, durchirrt Hyperion Italien und Deutschland, aber er findet sie nicht und kehrt endlich in seine Heimath zurück, um sich der ewig schönen, ewig heiteren Natur an die Brust zu werfen und in der Hingabe an sie den Frieden zu finden, nach dem er sonst vergebens gerungen.

Die Fabel ist, wie man sieht, sehr einfach, ja fast dürftig, jedenfalls zu dürftig für einen zweibändigen Roman. Aber sie ist dem Dichter auch offenbar nicht die Hauptsache, sondern nur Mittel zum Zweck. Die Erlebnisse Hyperion's zu erzählen, ist gar nicht das Ziel, das er sich gesetzt hat, sie sind ihm nur der nothwendige Untergrund, dessen er bedarf, um auf ihm ein Gemälde der Stimmungen und Gefühle seines Helden zu entwerfen. Und weil ihm das Empfundene und nicht das Erlebte die Hauptsache war, darum kleidete er auch sein Werk in das Gewand der Briefform, wie Goethe es mit seinem Werther gethan. Aber diesem gegenüber hat die Form des subjektiven Ergusses, so führt Haym mit Recht aus, „im Hyperion eine eigenthümliche Steigerung erfahren. Die Briefe, welche wir hier zu lesen bekommen, sind nach der Fiktion des Verfassers mit Ausnahme einiger wenigen, der Hauptmasse nur eingefügten, erst geschrieben, nachdem alles vorüber ist. Die Briefform ist also nicht durch den Zweck dramatischer Verlebendigung und Vergegenwärtigung gerechtfertigt. Sie ist gewählt, obgleich es sich um vergangene Dinge handelt und obgleich wir also zu der

Erwartung berechtigt sind, es werde sich, wie das die Natur des Epischen ist, die Stimmung, in der sie erlebt wurden, im Elemente der Vergangenheit verkühlt haben. Jede solche Erwartung findet sich getäuscht. Wie unnatürlich es ist: es herrscht in diesen auf entschwundene Tage zurückgreifenden Bekenntnissen die ganze überschwengliche Gluth, die ganze Aufgeregtheit der Freude und des Schmerzes, die nur der gegenwärtige Moment rechtfertigen konnte". Das hat seinen Grund darin, daß Hyperion, der Held des Romans, niemand anders als Hölderlin selber, daß der ganze Roman nichts anderes als ein großes Selbstbekenntniß ist. Mit seiner eigenen Weltanschauung rüstet er seinen Helden aus, mit seiner Verehrung der Natur, seiner Schwärmerei für das alte Hellas, wie er es sich träumt, seiner Abwendung von der bestehenden Welt und Gesellschaft, seinem Wunsch nach einem neueren glücklicheren Zeitalter. In der Liebe Hyperion's und Diotima's schildert er sein Verhältniß zu Susette Gontard; die Gedanken, deren Keime im Verkehr mit ihr reiften, machen den Inhalt des Buches aus, das wohl kaum jetzt vollendet und an die Oeffentlichkeit gestellt worden wäre, wenn sie ihn nicht dazu angetrieben, wenn der Wunsch, ihr eine Probe seines Könnens zu geben, ihn nicht dazu ermuthigt hätte. Darum schrieb er auch in das Exemplar, das er ihr überreichte, als Widmung die Worte: „Wem sonst, als Dir?"

Der Hyperion ist eigentlich gar kein Roman: wer an ihn mit der Erwartung einer blos unterhaltenden Lektüre herantritt, wird seine Rechnung nicht finden, er ist weit mehr lyrischer als erzählender Natur, und man kann ihn eine Folge lyrischer Monologe, einen Cyclus lyrischer Gedichte in Prosa nennen. Geht doch die blühende, schwungvolle Sprache häufig genug in wirkliche Verse über und auch wo das nicht der Fall ist, ist sie, wie Jung sagt „überall Wohllaut, überall Rhythmus, überall Wellenschlag der aufgeregtesten Empfindung, überall Modulation". Und in diese Sprache ist eine Fülle von Gedankenreichthum, ein Schatz edelsten Geistes eingekleidet, wie ihn uns nur wenige Werke wieder bieten. Der Hyperion ist kein Buch zum Durchfliegen, wer ihn sich zu eigen machen will, der muß sich ihm ganz widmen, er ist „ein Werk, welches man nur in gewissen Stimmungen, in einer vom Gewöhnlichen beengten Bedürftigkeit nach dem Idealen, zur Ausweitung der Seele und auch dann nur mit großer Sammlung und nur in kleineren Abtheilungen lesen kann oder doch lesen sollte". Ein reifes Werk ist er nicht, dafür hat ihn Hölderlin selbst nicht gehalten, aber er ist ein getreues Spiegelbild seines Schöpfers, zu dessen Verständniß er uns erst den Schlüssel giebt.

Nach Vollendung dieses Romans war Hölderlin in die Lage gesetzt, seine ganze Kraft der Ausführung weiterer Pläne zuzuwenden. Wie wir schon sahen, war es in erster Linie der Empedokles, dem er sich widmete. Daneben aber faßte er auch noch etwas anderes in's Auge. War er auch für den Anfang durch seine Ersparnisse vor drückender Noth und Sorge geschützt, so konnte er sich andrerseits bei ruhiger Ueberlegung nicht verhehlen, daß dieselben nicht allzulange ausreichen würden und daß er es sich somit angelegen sein lassen müßte, für seine Existenz ein festes Fundament zu gewinnen, um seinem Schaffen, so wie er es jetzt in Homburg that, nach dem Wunsche seines Herzens dauernd weiterleben zu können. Daß er gegen seine Jenaer Zeit reifer und verständiger geworden war, beweist der Umstand, daß er sich jetzt nach einem solchen ernstlich umsah. Er griff den Plan der Universitätszeit wieder auf und beschloß, ein Journal herauszugeben, „das in seinem gewöhnlichen Charakter ausübend poetisch, dann auch historisch und philosophisch belehrend wäre über Poesie, endlich im allgemeinen historisch und philosophisch belehrend aus dem Gesichtspunkt der Humanität". Der Plan dazu war in seinem Innern schon ausgereift, als er im Juni 1799 an Neuffer mit der Bitte herantrat, bei Steinkopf in Stuttgart anzufragen, ob er das Unternehmen in seinem Verlag erscheinen lassen wolle. Die ersten Stücke sollten den Tod des Empedokles und lyrische und elegische Gedichte von ihm bringen. Weitere Aufsätze, die er schreiben wollte, sollten umfassen „1. charakteristische Züge aus dem Leben alter und neuer Dichter, die Umstände, unter denen sie erwuchsen, vorzüglich den eigenthümlichen Kunstcharakter eines jeden. . . . 2. Darstellungen des Eigenthümlichschönen ihrer Werke oder einzelner Partien aus diesen. . . 3. raisonnierende, populär dargestellte Aufsätze über Deklamation, Sprache, über das Wesen und die verschiedenen Arten der Dichtkunst, endlich über das Schöne überhaupt. . . . 4. werden auch Recensionen neuer, besonders interessanter poetischer Werke geliefert werden". Er meinte, daß der Verleger der Zeitschrift den Titel „Journal für Damen, ästhetischen Inhalts" geben könne und glaubte von ihrem Geist sagen zu dürfen, „daß er für die Sittenbildung und echte Erheiterung zuträglicher sein dürfte als mancher andere." Als Mitarbeiter hoffte er vor allem Schiller zu gewinnen, dann Heinse, Schelling, Neuffer, den Aesthetiker Bouterweck, Matthisson, Conz, Siegfried Schmidt und Heidenreich. Von ihm selbst sollte jeder Jahrgang wenigstens ein größeres Werk, ein Trauerspiel oder einen Roman vollständig enthalten; außerdem wollte er für den Damenkalender Steinkopfs, wenn der Vertrag mit diesem zu Stande käme, wenigstens vier Bogen jährlich unentgeltlich liefern. Steinkopf stimmte dem Vorschlag im Princip zu. Er wünschte zunächst, daß Hölderlin für Neuffer's Taschenbuch eine größere Arbeit liefern möge, um dadurch dem Publikum bekannter zu werden, und der Dichter, der schon alle Schwierigkeiten aus dem Wege geräumt sah, schrieb zu diesem Behuf die „Emilie", dieses liebliche Gedicht, das man, wie J. G. Fischer sagt, jeder Braut zu lesen geben sollte. Voll heißen Dranges, das Journal in's Leben treten zu sehen, ging er dann daran, Mitarbeiter zu werben, aber der erste, an den er sich wandte, der, an dem ihm am meisten lag, Schiller lehnte seine Aufforderung nicht nur auf das entschiedenste ab, sondern widerrieth ihm das ganze Unternehmen. „Die Erfahrungen, die ich als Herausgeber periodischer Schriften seit 16 Jahren gemacht — schrieb er ihm — da ich nicht weniger als fünf verschiedene Fahrzeuge auf die klippenvollen Meere der Litteratur geführt habe, sind so wenig günstig, tröstlich, daß ich Ihnen als ein aufrichtiger

Freund nicht rathen kann, ein ähnliches zu thun". Bedenkt man, wie schwer Hölderlin jedes Hinderniß nahm, das sich ihm in den Weg stellte, so wird man begreifen, daß diese Absage für ihn entscheidend war. Seiner Mutter suchte er die Lage vorläufig noch zu verschleiern, für ihn selbst aber war mit Schiller's Antwort sein Plan gescheitert. Er besaß eben die Energie nicht, ihn allen Widerwärtigkeiten zum Trotz durchzuführen. Führte er auch die Verhandlungen mit Steinkopf noch fort, so lehnte er doch schon jetzt „die eigentliche Herausgabe und ganze Besorgung des Journals" ab, und schließlich zerschlug sich die Sache ganz. An sich darf man das kaum beklagen; Hölderlin war einerseits zu wenig geschäftskundig, als daß er das Unternehmen glücklich hätte durchführen können, anderntheils reichte seine Arbeitskraft nicht dazu hin, die Menge von Beiträgen, die er in dem Projekt in Aussicht genommen hatte, selbst zu liefern. Jedes Jahr ein Trauerspiel oder einen Roman, dazu Gedichte und prosaische Aufsätze, das zu leisten wäre er auch in seinen besten Tagen nicht im Stande gewesen. Vielleicht sah er es selbst ein, daß er sich hier überschätzt hatte, und zog sich darum zurück. Wenn also, objectiv betrachtet, dieser Ausgang seines Versuchs immer weit glücklicher war, als wenn das Journal in's Leben getreten wäre und keine Blüthe erlangt hätte, so war er doch andrerseits für ihn ein schwerer Schlag. Denn damit war sein zweiter Versuch, sich selbständig zu machen, sich eine gesicherte Existenz als Schriftsteller zu gründen, gleichfalls zu Wasser geworden und das Ende seines freien Lebens in Homburg ihm sehr nahe gerückt.

Wie diese Erkenntniß ihn niederdrücken mußte, mochte er den nothwendigen Schritt auch noch so sehr hinausschieben, wie das Bewußtsein, aus der Freiheit wieder in die Abhängigkeit zurückgezwungen zu werden, seine Seele in neue schwere Kämpfe verstricken mußte! Vielleicht hätte er es leichter getragen, wenn sein Körper gesund und kräftig gewesen wäre, aber die Aufregungen des Frankfurter Aufenthalts und der gewaltsamen Trennung von dort hatten seine ohnedies schwache Gesundheit nur noch mehr zerrüttet. Schon in Rastatt hatte er mit dem Arzt zu thun, nach seiner Rückkehr nach Homburg verfiel er in eine „mehrwöchentliche Maladie“ — es war eine Gallenkolik — die ihm das für seine pekuniären Verhältnisse schmerzliche Opfer auferlegte, ein ganzes Vierteljahr lang sich an besondere, theurere Kost zu halten. Um diese unvorhergesehene Ausgabe einzubringen, sparte er auf anderer Seite, heizte trotz des strengen Winters so wenig, daß er Abends oft vor Kälte frühzeitig das Bett aufsuchen mußte, und schädigte so auf's neue sein Befinden. Mit dem Frühjahr fühlte er sich wieder wohler, es war ihm zu Muthe, als habe er sich „wieder mit dem Frühling verjüngt und sähe mit neuem Muth und neuen Kräften in's Leben“. Der Lenz übte eben einen Zauber auf ihn aus, dem er sich nicht entziehen konnte und der ihm auch seinen Lebensbaum mit neuen Blüthen behing. „Wenn ich einmal ein Knabe mit grauen Haaren bin“, schreibt er gerade in diesem Jahre seiner Schwester, „so soll der Frühling und der Morgen und das Abendlicht mich Tag für Tag ein wenig verjüngen, bis ich das letzte fühle und mich in's Freie setze und von da aus weggehe — zur ewigen Jugend“. Aber mit dem Frühling schwand auch das trügerische Gefühl körperlichen Wohlbefindens, im Juli klagt er schon wieder über Unpäßlichkeiten und diese Klagen wiederholen sich. Die Leiden seines Geistes ließen den Körper nicht unberührt.

Daß er seelisch in dieser Zeit tief und schwer litt, ist unbedingt anzunehmen, wenngleich sich sein Seelenleben in den Briefen von jetzt ab nicht mehr so klar wiederspiegelt, wie früher. Er wird merkwürdig verschlossen; das spricht sich am deutlichsten in den Briefen an Neuffer aus. Wie hat er dem Freunde früher rückhaltlos sein ganzes Innere bloßgelegt! Und jetzt? Geschäftliche Mittheilungen, Bemerkungen litterarischer und philosophischer Art, Anworten auf Berichte des Freundes über Vorkommnisse in seinem Leben, aber kein Wort über seine eigenen Stimmungen und Gefühle! Bleiben die Briefe an seine Familie. Der Mutter mochte er sich nicht vertrauen, sie war mit dem Lebenswege, den er eingeschlagen hatte, nichts weniger als zufrieden, er mußte sich's sogar angelegen sein lassen, ihr Mißvergnügen zu besänftigen, sie darauf hinzuweisen, daß „wenn er ihr vielleicht auf dem gewöhnlichen Wege weniger Sorge und mehr Freude gemacht hätte, als auf dem, den er jetzt ging", doch dieser der für seine Natur angemessenere sei. Es konnte seine Stimmung nicht verbessern, wenn er sich ihr gegenüber wegen ihrer Vorwürfe über seine „unglückliche Neigung zur Poesie" rechtfertigen mußte, während er sich „tief bewußt war, daß die Sache, der er lebte, edel und daß sie heilsam für die Menschen sei, sobald sie zu einer rechten Aeußerung und Ausbildung gebracht werde". Er fühlte sich zum Dichter geboren, fühlte sich nur in diesem Berufe glücklich. „Denn warum bin ich denn friedlich und gut, wie ein Kind — schreibt er der Mutter im Januar 1799 — wenn ich ungestört mit süßer Muße dies unschuldigste aller Geschäfte treibe, das man freilich, und dies mit Recht, nur dann ehrt, wenn es meisterhaft ist, was das meine vielleicht auch aus dem Grunde noch lange nicht ist, weil ich's vom Knabenalter an niemals in eben dem Grade zu treiben wagte, wie manches andere, was ich vielleicht zu gutmüthig, gewissenhaft meinen Verhältnissen und der Meinung der Menschen zulieb trieb. Und doch erfordert jede Kunst ein ganzes Menschenleben, und der Schüler muß alles, was er lernt, in Beziehung auf sie lernen, wenn er die Anlage zu ihr entwickeln und nicht am Ende gar ersticken will". Darum sträubte er sich so sehr gegen die Annahme eines Amtes; er wollte frei bleiben von dem Dilemma, die Schriftstellerei dem Amte oder dieses der Schriftstellerei opfern zu müssen. Selbst von dem Studium der Philosophie, dem er all die Jahre hindurch mit Eifer obgelegen hatte, wandte er sich jetzt ab. Es hatte ihn, wie er nun selbst gestand, „nur immer um so friedensloser und selbst leidenschaftlich" gemacht, und er erklärte sich das daraus, daß er sich in höherem Grade, als dies nöthig war, von seiner eigenthümlichen Neigung entfernt habe und sein „Herz seufzte bei der unnatürlichen Arbeit nach seinem lieben

Geschäfte, wie die Schweizerhirten im Soldatenleben nach ihrem Thal und ihrer Heerde sich sehnen".

Zugleich mit der Abkehr von der Philosophie tritt auch eine Wandlung seiner religiösen Anschauungen ein. In der Elegie, die er 1799 seiner Großmutter zum zweiundsiebzigsten Geburtstage dichtet, erscheint wieder Christus. Seit der Jugendzeit hatte er seiner in seinen Gedichten nicht mehr Erwähnung gethan, nun klagt er:

Ach, sie wissen es nicht, wie der edle wandelt im Volke,
Und vergessen ist fast, was der lebendige war.
Wenige kennen ihn doch und oft erscheinet erheiternd
Mitten in stürmischer Zeit ihnen das himmlische Bild.
Allversöhnend und still, mit armen Sterblichen, ging er,
Dieser einzige Mann, göttlich im Geiste dahin.
Keins der Lebenden war aus seiner Seele geschlossen,
Und die Leiden der Welt trug er in liebender Brust.
Mit dem Tode befreundet' er sich, im Namen der Andern
Ging er aus Schmerzen und Müh'n siegend zum Vater zurück.

Daß das Christenthum seinen Geist jetzt lebhaft beschäftigte, dafür spricht auch der Umstand, daß er dem Empedokles Züge des Messias leiht. Der Mutter, die ihm wiederholt über Religion geschrieben hatte, als wüßte sie nicht, was sie von seiner Religiosität zu halten habe, antwortet er mit Bezug darauf: „Es ist kein lebendiger Laut in Ihrer Seele, wozu die meinige nicht noch mit einstimmte". „Aber — so heißt es in seinem nächsten Briefe — die Schriftgelehrten und Pharisäer unserer Zeit, die aus der heiligen, lieben Bibel ein kaltes, geist- und herztödtendes Geschwätz machen, die mag ich freilich nicht zu Zeugen meines innigen, lebendigen Glaubens haben. Ich weiß wohl, wie jene dazu gekommen sind, und weil es ihnen Gott vergiebt, daß sie Christum ärger tödten, als die Juden, weil sie sein Wort zum Buchstaben und ihn, den lebendigen, zum leeren Götzenbilde machen, weil ihnen das Gott vergiebt, vergeb' ich's ihnen auch. Nur mag ich mich und mein Herz nicht da blosgeben, wo es mißverstanden wird, und schweige deswegen vor den Theologen von Profession (d. h. vor denjenigen, die nicht frei und von Herzen, sondern aus Gewissenszwang und von Amtswegen es sind) ebenso gerne, wie vor denen, die gar nichts von all dem wissen wollen, weil man ihnen von Jugend auf durch den todten Buchstaben und durch das schreckende Gebot, zu glauben, alle Religion, die doch das erste und letzte Bedürfniß des Menschen ist, verleidet hat".

Das schwerste Leid bereitete ihm in diesen Tagen seine Liebe, doppelt schwer, weil er es mit sich allein durchkämpfen mußte, weil er — mit Ausnahme von Sinclair — niemanden hatte, dem er auch nur den Namen der Geliebten zu nennen wagte. Allein die Dichtung war bei diesem Kummer seine Trösterin; im Gedichte durfte er sein Leid verklärt wiederspiegeln. Aus seinen Gedichten allein können wir also auch entnehmen, wie mächtig diese unglückliche Leidenschaft ihn durchwühlte, wie er in den alten Schmerz immer auf's neue sich vergrub. So schildert er es selbst in „Menons Klage um Diotima":

Täglich geh' ich heraus und such' ein Anderes immer,
Habe längst sie befragt, alle die Pfade des Lands;
Droben die kühlenden Höh'n, die Schatten alle besuch' ich
Und die Quellen; hinauf irret der Geist und hinab,
Ruh' erbittend; so flieht das getroffene Wild in die Wälder,
Wo es am Mittag sonst sicher im Dunkel geruht;
Aber nimmer erquickt sein grünes Lager das Herz ihm,
Jammernd und schlummerlos treibt es der Stachel umher.
Nicht die Wärme des Lichts und nicht die Kühle der Nacht hilft.
Und in Wogen des Stromes taucht es die Wunden umsonst.

Vor allem aber quälte ihn der Schimpf, den man ihm angethan, grollend spann er Rachepläne, selbst die Geliebte sollte ihn vergessen, wenn er die Schmach nicht austilgte:

Wenn ich sterbe mit Schmach, wenn an den Frechen nicht
Meine Seele sich rächt, wenn ich hinunter bin,
Von des Genius Feinden
Ueberwunden, in's feige Grab,
Dann vergiß mich!

Wie schwer die Wunde war, die ihm geschlagen, verhehlte er sich selber nicht:

ich weiß, ich weiß,
Der Liebe Leid, dies heilet so bald mir nicht,

Dies singt kein Wiegensang, den tröstend
Sterbliche singen, mir aus dem Busen.

Da kamen dann die Stunden, in denen er mit Hyperion ausrief: „Noch einmal möcht' ich wiederkehren an Deinen Busen, wo es auch wäre! Aetheraugen, einmal noch mir wieder begegnen in Euch! an Deinen Lippen hängen, Du Liebliche! Du Unaussprechliche! und in mich trinken Dein entzückend süßes heilig Leben — aber höre das nicht! ich bitte Dich, achte das nicht! Ich würde sagen, ich sei ein Verführer, wenn Du es hörtest. Du kennst mich, Du verstehst mich. Du weißt, wie tief Du mich achtest, wenn Du mich nicht bedauerst, mich nicht hörst". Auf der einen Seite war er mit tausend feinen Fäden an die Geliebte gebunden, hing an ihr mit einer Leidenschaft, die durch die Art der Trennung nur genährt worden war, auf der andern Seite war er nicht skrupellos genug, sich nun diesen Regungen rückhaltlos hinzugeben, sondern kämpfte als tief sittlicher Mensch gegen die sinnlichen Regungen in ihnen an, suchte dieselben zu ersticken. Und dazu war sein Charakter nicht so geartet, daß er einen Strich unter die Vergangenheit hätte machen können, er kehrte immer wieder zu ihrer Betrachtung zurück, auch hierin Hyperion ähnlich, wenn er sagt: „Warum erzähl' ich Dir und wiederhole meine Leiden und rege die ruhelose Jugend wieder auf in mir? Ist's nicht genug, einmal das Sterbliche durchwandert zu haben? Warum bleib' ich im Frieden meines Geistes nicht stille? Warum, mein Bellarmin? weil jeder Athemzug des Lebens unserem Herzen werth bleibt! Weil alle Verwandlungen der reinen Natur auch mit zu ihrer Schöne gehören. Unsere Seele, wenn sie die sterblichen Erfahrungen ablegt und allein nur lebt in heiliger Ruhe, ist sie nicht, wie ein unbelaubter Baum, wie ein Haupt ohne Locken?"

Die Wunden der Liebe und des Ehrgeizes, die Ungewißheit seiner Stellung, wie mußte das alles insgemein auf sein, wie er selbst gesteht, „zerstörbares" Gemüth einwirken! „Freilich ist es jetzt auch natürlich — schreibt er im Januar 1799 seiner

Mutter — daß mich jeder augenblickliche Mißklang stärker trifft, wo ich kaum aus tausendfältiger Unruhe mich herausgerettet habe und nun am Wohllaut des Guten und Wahren und Schönen mich sammeln und stillen mag". Ach, der Mißklänge waren nur gar zu viele und seine Aussichten waren nicht so glänzend, daß er über ihnen die „demüthigende Vergangenheit" hätte vergessen können, deren Erinnerung ihn immer auf's neue niederdrückte. Auch war der Verkehr, den er in Homburg hatte, nicht ausreichend, die dunklen Schatten zu bannen. Neben Sinclair hatte er im Winter 98/99 Muhrbeck, der den beiden zu Liebe einige Monate in Homburg verweilte, im Sommer 1799 waren zwei gleichgestimmte junge Dichter, Emmerich und Böhlendorff, bei ihm, die er Neuffer empfahl, auch mit dem Hofrath Jung aus Mainz dauerten seine Beziehungen fort, aber keiner von allen war im Stande, ihm die trüben Gedanken zu verscheuchen, und trotz Sinclairs aufrichtiger Hingabe klagt er in seinen Briefen wiederholt über seine Einsamkeit. Am günstigsten wirkte noch immer ein einsamer Gang in die Natur auf ihn. Es war für ihn, „als ob er in der Kirche gewesen wäre, wenn er so mit reinem Herzen und offenem Auge Licht und Luft und die schöne Erde fühlte".

Nichtsdestoweniger blieb er in einer gewissen gehobenen Stimmung, bis er Schillers Brief vom 24. August 1799 erhielt, in dem dieser eine Mitarbeiterschaft an dem geplanten Journal ablehnte. Damit war seine Hoffnung, sich auf diesem Wege eine sichere Existenz zu gründen, erschüttert, seine Frankfurter Ersparnisse waren aufgezehrt, schon um Ostern hatte er die Mutter um ein Darlehen angehen müssen, es galt also, sich nach etwas anderem umzusehen. Am liebsten hätte er seine jetzige Lebensart fortgeführt, denn sie sagte seinem Sinn am meisten zu, und er fand dafür, daß die Menschen ihn nicht so achteten, als wenn er „durch ein honettes Amt im bürgerlichen Leben für sie erkennbar wäre", seine „Schadloshaltung in der Freude am Wahren und Schönen, dem er von Jugend auf im Stillen sich geweiht hatte und zu dem er aus den Erfahrungen und Belehrungen des Lebens nur um so entschlossener zurückgekehrt war". Aber so sehr diese Lebensweise ihm zusagte, so reichte sie doch zu seinem zeitlichen Auskommen nicht hin, und er sah jetzt die Zeit gekommen, in der er genöthigt war, sich um ein Amt umzusehen. Noch im Januar 1799 hatte er in einem Briefe an seine Mutter gemeint, daß in diesem Falle „eine Pfarrstelle auf dem Dorfe, recht weit von der Hauptstadt und den hohen geistlichen Herren weg" das beste für ihn sein werde. Aber als ihm nun wirklich eine Pfarrstelle angeboten wurde, lehnte er sie ab. Er hatte seinen Empedokles zu dem Priester Hermokrates die Worte sprechen lassen:

„Ach! als ich noch ein Knabe war, da mied
Euch Allverderber schon mein frommes Herz,
Das unbestechbar innig liebend hing
An Sonn' und Aether und den Boten allen
Der großen feingeahndeten Natur;
Denn wohl hab' ich's gefühlt in meiner Furcht,
Daß ihr des Herzens freier Götterliebe
Bereden möchtet zu gemeinem Dienst
Und daß ich's treiben sollte, so wie ihr.
Hinweg! ich kann den Mann vor mir nicht seh'n,
Der Göttliches wie ein Gewerbe treibt".

Aus seiner eigenen tiefsten Seele waren diese Worte geflossen; es ist begreiflich, daß er mit solchen Anschauungen vor dem Ausüben des geistlichen Berufs zurückscheute; er war eine zu wahre Natur, um Göttliches wie ein Gewerbe zu treiben.

Pommeresche, dessen Bekanntschaft er in Rastatt gemacht und dessen Vater schwedischer Gouverneur in Stralsund war, hatte ihm angeboten, ihm in seiner Heimath eine Hofmeisterstelle zu besorgen, „wo er mit einem jungen Menschen die Universität besuche" und dieser Beruf sagte ihm, wenn er doch einmal einen wählen mußte, noch immer am meisten zu. Zuvor aber machte er noch einen Versuch, wieder in die Nähe seines geliebten Schiller zu kommen. Dieser hatte ihm in dem die Mitarbeiterschaft am Journal ablehnenden Briefe geschrieben: „Wenn Sie mich mit Ihrer jetzigen Lage bekannter machen wollen, so bin ich vielleicht eher im Stande, etwas vorzuschlagen, was Ihrem Wunsche gemäß ist". Darauf hatte Hölderlin unter Klarlegung seiner Verhältnisse ihn gebeten, ihm in seiner Nähe, wenn es möglich, irgend einen kleinen Posten zu verschaffen, der ihn nicht ganz beschäftigte und noch ein kleines Einkommen zu seinen schriftstellerischen Erwerbnissen ihm zugäbe". Aber Schiller antwortete darauf überhaupt nicht, vermuthlich weil eigene Sorgen, die gerade in dieser Zeit sich häuften, ihn daran verhinderten. So mußte denn Hölderlin auf eigene Faust und ohne Unterstützung sein Glück versuchen. Zunächst zwar zögerte er ein Verlassen Homburgs ziemlich hin, wozu die Mutter ihm durch einen weiteren Geldvorschuß die Mittel an die Hand gab. Als dann aber sein Schwager Bräunlin am zweiten März 1800 starb, hielt er es für seine Pflicht, seiner Schwester zur Seite zu stehen und in die Heimath zurückzukehren. „Könnte ich — schreibt er am 23. Mai unter den Vorbereitungen zur Abreise an seine Mutter — von meiner Gesundheit nur immer so gewiß sein, wie ich es jetzt bin, so würde ich auch denken, daß ich meine schriftstellerischen Arbeiten immer so ununterbrochen würde fortsetzen können, um davon zu leben. Aber ich finde es denn doch gut, nicht so einzig mich darauf zu verlassen, und so will ich mich eben kurz und gut zu den Nebengeschäften entschließen, die ich in Stuttgart treiben kann. Freilich wenn ich das Urtheil von Männern und Freunden höre, über mich und meine Sache, so möcht' ich, bei aller Demuth, die mir manches auch mißdeuten könnte, doch auch manchmal fragen, warum ich mich in der bürgerlichen Welt so herumbehelfen müße". Aus den letzten Zeilen klingt deutlich genug der tiefe Schmerz heraus, den er über das Scheitern des erneuten Versuchs, sich selbständig zu machen, empfand. Ein Dreißigjähriger, kehrte er jetzt in die Heimath zurück, seines inneren Werthes zwar bewußt, aber eben darum es um so bitterer fühlend, daß er materiell noch auf demselben schwankenden Boden stand, wie damals, als er zum ersten Mal in die Welt hinauszog.

VI.
Niedergang.

Das war ein trübes, ein trauriges Wiedersehen, als Hölderlin jetzt in das Haus seiner Mutter nach Nürtingen zurückkehrte. Mutter und Schwester erschraken bei seinem Anblick, sie glaubten „einen Schatten zu sehen, so sehr hatten die inneren Kämpfe und Leiden den einst blühenden Körper angegriffen;“ nach den Briefen, in denen er ihnen mitgetheilt hatte, daß seine Gesundheit wieder hergestellt sei, waren sie darauf nicht vorbereitet. Und er? Zwar that ihm die Liebe wohl, mit der er empfangen wurde. „Ich war so fremd geworden unter den Menschen — schreibt er später mit Bezug darauf an seine Mutter — und hab' es unter Euch erst wieder und vielleicht zum ersten Male ganz gefühlt, wie unter Euch mein Leben lang mir eine Zuflucht für mein Herz bleibt und eine unvergängliche Freude, die mir niemand nehmen kann“. Aber gerade in ihm, der so gewohnt war, im Gedanken an die Vergangenheit zu leben, mußte die Heimkehr die Erinnerung an alles das doppelt lebhaft erwecken, was er seit seinem letzten Abschied erlebt hatte, an seine unerfüllten Pläne und seine unglückliche Liebe, an den Schimpf, der ihm angethan worden. Und wenn er dann seine Mutter „manchmal stillschweigend ansah und das Alter in ihrer ihm öfters gegenwärtigen Miene bemerkte, da dachte er im Herzen: so opfert sich eins für das andere.“ Er konnte sich's nicht verhehlen, sie hatte ihm und ihm besonders „viele Liebe und manche Kraft geopfert, die sich in Besorgnissen und Bemühungen um ihn verzehrte“, und peinigend mußte für sein feinfühliges Herz der Gedanke sein, daß er noch immer nicht in der Lage war, ihr all das zu vergelten. So war er von einer Unruhe erfüllt, die ihn nicht lange in Nürtingen litt. Zunächst machte er einige Ausflüge in die Umgegend, auf denen er auch seinen Geburtsort Lauffen wiedersah, dann ging er, um seiner Mutter nicht ganz auf der Tasche zu liegen, nach Stuttgart. Schon in Frankfurt war ihm gelegentlich die Idee gekommen, in der württembergischen Hauptstadt „einer kleinen Anzahl erwachsener junger Leute Priatvorlesungen zu halten“. Etwas ähnliches führte er jetzt aus, indem er verschiedenen jungen Beamten Unterricht in der Philosophie gab. Die Einnahme daraus war allerdings nur gering — als ihm das Anerbieten gemacht wurde, in die Schweiz zu gehen, gab sich sein Freund Landauer, der sein Bleiben wünschte, alle Mühe, daß er „einige Informationen mehr, also ungefähr 3 Louisdor's des Monats erhalte“ — und so mußte er noch immer die Unterstützung der Mutter in Anspruch nehmen, obschon er sehr einfach lebte. Bei dem oben genannten Freunde, einem wohlhabenden Kaufmann, fand er eine Wohnung, die ihm um so mehr zusagte, als die weiblichen Mitglieder des Hauses eifrig der Musik huldigten, die ja seine Trösterin immer war und blieb. „Ich muß doch noch besonders danken für die goldenen Stunden der Musik! — schreibt er aus der Schweiz an Landauer — die freundlichen Töne ruhen in mir und sie werden manchesmal erwachen, wenn es friedlich im Innern und um mich still ist“. Wie warm er an diesem Freunde hing, beweisen verschiedene Gedichte, die er demselben widmete. Auch seine übrigen Bekannten nahmen ihn so freundlich auf, daß er sich der Hoffnung hingab, „hier eine Zeit im Frieden zu leben und ungestörter als bisher sein Tagewerk thun zu können“. Vor allem sah er hier Neuffer wieder, der seit einem Jahr Prediger am Stuttgarter Waisenhaus war, er machte auch, wie Schwab erzählt, Bekanntschaft mit den meisten in Stuttgart lebenden Schriftstellern, vornehmlich mit Friedrich Haug und mit Huber; mit seinem ehemaligen Repetenten Conz, der jetzt in Ludwigsburg war, trat er jetzt in Briefwechsel. In den neuen Verhältnissen, in die er somit kam, fühlte er sich zunächst sehr wohl, wie wir das bisher immer an ihm beobachtet haben. „Wenn ich denke — schreibt er seiner Mutter im Juli — wie viel stärker und gesunder ich mich seit der Veränderung meines Aufenthalts fühle, und wie sich meine jetzige Lage täglich angemessener für meine Bestimmung und sicherer zu meinem

Auskommen bildet, so fühle ich eine Zufriedenheit und Ruhe, die ich lang entbehrte, und ich hoffe, es soll so bleiben, und dieser Zustand werde einen festen und frohen Dank gegen die theuren Meinigen und gegen meine Freunde in mir erhalten". Diese gehobenere Stimmung sprach sich auch in der Lust zu dichterischer Produktion aus, die ihn beseelte. Zwar klagt er gelegentlich seiner Schwester, „ich bin durch das böse, malade Jahr, das ich überstanden habe, etwas langsamer in meinem Geschäft geworden und muß oft mit einem halbmüßigen Nachsinnen manche gute Stunde verbringen", aber dann rühmt er wieder: „mein eigenstes Geschäft gehet, wie es scheint, mir jetzt auch leichter und reiner von Herzen". Zwar arbeitete er weder am Empedokles weiter, noch nahm er ein anderes Werk in Angriff, überhaupt ist uns auch nur von einem Plan zu einem solchen nichts bekannt, aber auf dem Gebiete der Lyrik schuf er jetzt manches seiner schönsten Gedichte. Dahin gehört offenbar — und nicht in's Jahr 1801, wie Schwab will — die „Rückkehr in die Heimath", dahin „das Ahnenbild", zu dem ihm der Besuch in Lauffen wohl die Anregung gab, und die in ihrer stillen Resignation wunderbar ergreifende Ode „Mein Eigenthum".

In seiner Fülle ruhet der Herbsttag nun,
Geläutert ist die Traub' und der Hain ist roth
Von Obst, wenn schon der holden Blüthen
Manche der Erde zum Danke fielen.
Und rings im Felde, wo ich den Pfad hinaus,
Den stillen, wandle, ist den Zufriedenen
Ihr Gut gereift und viel der frohen
Mühe gewähret der Reichthum ihnen.
Vom Himmel lächelt zu den Geschäftigen
Durch ihre Bäume milde das Licht herab,
Die Freude theilend, denn es wuchs durch
Hände der Menschen allein die Frucht nicht.
Und leuchtest Du, o goldnes, auch mir und wehst
Auch Du mir wieder, Lüftchen, als segnetest
Du eine Freude mir, wie einst, und
Irrst, wie um Glückliche, mir am Busen?

Das Glück, das er einst besaß, ist ihm verloren gegangen, und das er erhoffte, ihm nicht zu Theil geworden. Ein ruhig liebendes, frommes Weib, der eigne Herd, der feste Boden, das alles ist nicht sein Eigenthum, zu mächtig ziehn ihn die himmlischen Höhen empor. Aber er klagt nicht, er fleht nur, damit auch er eine bleibende Stätte habe:

Sei Du, Gesang, mein freundlich Asyl! sei Du,
Beglückender, mit sorgender Liebe mir
Gepflegt, du Garten, wo ich wandelnd
Unter den Blüthen, den immer jungen,
In sichrer Einfalt wohne, wenn draußen mir
Mit ihren Wellen allen die mächt'ge Zeit,
Die wandelbare, fern rauscht und die
Stillere Sonne mein Wirken feiert.

Einen Sommer zu reifem Gesange hatte er von den Parzen erfleht; reiferes, schöneres, als diese so schlichte und doch so tiefe Ode ist auch von den größten Dichtern aller Zeiten nur wenig gedichtet worden. In diese Zeit fällt auch die schöne, Siegfried Schmidt gewidmete „Herbstfeier", und der Elegiencyklus „Brot und Wein", den Hölderlin dem von ihm hochverehrten Heinse gewidmet hat. Nur die erste Elegie daraus, die zuerst Leo von Seckendorf in seinem Musenalmanach auf das Jahr 1807 unter dem Titel „Die Nacht" veröffentlichte, findet sich in den bisherigen Hölderlinausgaben, die weiteren acht sind hier zum ersten Male gedruckt. (Anh. Nr. 13.) Allerdings sind sie nicht leicht verständlich, aber keineswegs so unklar, daß man sie in eine Zeit setzen müßte, wo des Dichters Genius bereits umwölkt war. Sie stehen mit der ersten im engen, genauen Zusammenhang, die Feier Griechenlands ist ein Thema, das Hölderlin zu jeder Zeit am Herzen lag, und Gedanken, wie

indessen dünket mir öfters
Besser zu schlafen, als so ohne Genossen zu sein,
So zu harren; und was zu thun indeß und zu sagen
Weiß ich nicht und wozu Dichter in dürftiger Zeit.

stimmen ausgezeichnet zu der Niedergeschlagenheit, in die ihn gerade jetzt die Ueberzeugung versetzt hatte, daß er von seinem Dichterberufe allein nicht leben könne.

Die bessere Stimmung, deren wir oben gedachten, hatte, wie vorauszusehen war, nicht lange angehalten. Sie hatte einer merkwürdigen Reizbarkeit Platz gemacht, die am besten bekundete, wie zerrüttet seine Seele damals schon war. Ein zufälliges, unschuldiges Wort, das gar keine Beziehung auf ihn hatte, konnte ihn — wie Schwab berichtet — so sehr aufbringen, daß er die Gesellschaft, in der er sich eben befand, verließ und nie zu derselben wiederkehrte. Unter seinen Bekannten war ja sein Aufenthalt in Frankfurt und sein Fortgang von dort kein Geheimniß geblieben; grade weil er über diese Dinge, an denen er im tiefsten Herzen krankte, für seine Person ein unbedingtes Schweigen bewahrte, lauschte er argwöhnisch auf jede Bemerkung, die etwa dazu in Beziehung gebracht werden konnte, und nahm sie als absichtliche Beleidigung auf. Dieser Zustand mußte ihm schließlich zur Qual werden. Dazu kam, daß sein jetziges Leben ihm nicht den genügenden Unterhalt bot, daß er außerdem erwarten mußte, vom Consistorium für ein Vikariat bestimmt zu werden, ein Gedanke, der ihm vollends unerträglich war. So war er bald so weit, sich aus Stuttgart wieder fort zu sehnen. Zur Erfüllung seines Wunsches bot sich ihm die erwünschte Gelegenheit, als der Besitzer einer großen Leinwandhandlung in Hauptwyl bei St. Gallen, ein Herr Gonzenbach, ihm eine Hofmeisterstelle in seinem Hause antrug. Die Freunde suchten ihn in Stuttgart zu halten, auch seine Familie scheint sich im gleichen Sinne ausgesprochen zu haben, indeß entschied die Ankunft des ältesten Sohnes Gonzenbachs in Stuttgart und der angenehme Eindruck, den dieser auf ihn machte, schließlich für die Annahme der Stellung. Charakteristisch ist, was er seiner Schwester über die Gründe schreibt, die ihn dazu bewogen: „Ich habe in mir ein so tiefes, dringendes Bedürfniß nach Ruhe und Stille — mehr als du mir ansehen kannst und ansehen sollst. . . Ich kann den Gedanken nicht ertragen, daß auch ich, wie mancher andere, in der kritischen Lebenszeit, wo um unser Inneres her, mehr noch, als in der Jugend, eine betäubende Unruhe sich häuft, daß ich, um auszukommen, so kalt und allzunüchtern und verschlossen werden soll. Und in der That, ich fühle mich oft, wie Eis, und fühle es nothwendig, so lange ich keine stillere Ruhestätte habe, wo alles, was mich angeht, mich weniger nah und eben deswegen weniger erschütternd bewegt. Hierin liegt für mich und, wie ich glaube, auch für die Meinigen der Hauptgrund, der mich, wo manches andere auf beiden Seiten gleich war, zu meinem Entschlusse bestimmte".

Die Abreise schob sich indeß aus allerlei Gründen noch hinaus und das Ende des Jahres traf Hölderlin noch in Stuttgart. Erst um die Mitte des Januars 1801 langte er nach dreitägiger Reise in Hauptwyl an, und es wiederholte sich nun, was uns aus seinem früheren Leben nur zu gut bekannt ist: die neuen Eindrücke regten ihn zunächst so wohlthuend an, daß er sich körperlich und geistig frisch und gesund fühlte, bis dann der Rückschlag eintrat. Daß die großartige Natur der Schweiz einen mächtigen Eindruck auf ihn machte, ist eigentlich selbstverständlich. „Die große Natur in diesen Gegenden erhebt und befriedigt meine Seele wunderbar — schreibt er seiner Schwester am 23. Februar — Du würdest auch so betroffen, wie ich, vor diesen glänzenden, ewigen Gebirgen stehn, und wenn der Gott der Macht einen Thron hat auf der Erde, so ist es über diesen herrlichen Gipfeln. Ich kann nur dastehen, wie ein Kind, und staunen und stille mich freun, wenn ich draußen bin auf dem nächsten Hügel, und wie vom Aether herab die Höhen alle näher und näher niedersteigen bis in dieses freundliche Thal, das überall an seinen Seiten mit den immergrünen Tannenwäldchen umkränzt und in der Tiefe mit Seen und Bächen durchströmt ist. Und da wohne ich in einem Garten, wo unter meinem Fenster Weiden und Pappeln an einem klaren Wasser stehen, das mir gar wohl gefällt des Nachts mit seinem Rauschen, wenn alles still ist und ich vor dem heitern Sternenhimmel dichte und sinne". Und an Landauer schreibt er wenig später: „Vor den Alpen, die in der Entfernung von einigen Stunden hie herum sind, stehe ich immer noch betroffen. Ich habe wirklich einen solchen Eindruck nie erfahren. Sie sind wie eine wunderbare Sage aus der Heldenjugend unserer Mutter Erde und mahnen an das alte bildende Chaos, indeß sie niedersehen in ihrer Ruhe und über ihrem Schnee in hellerem Blau die Sonne und die Sterne bei Tag und Nacht erglänzen. Dann kannst Du wohl auch denken, wie mir jetzt im Frühlingsanfang alle Elemente wohlthun, und wie ich die Augen weide an den Hügeln und Bächen und Seen herum, da dies seit drei Jahren der erste Frühling ist, den ich mit freier Seele und frischen Sinnen genieße". „Hier in dieser Unschuld des Lebens, hier unter den silbernen Alpen, — schreibt er seinem Bruder — soll es mir auch endlich leichter von der Brust gehen".

Die Menschen, unter denen er hier lebte, scheinen ihn weniger angezogen zu haben. Zwar rühmt er der Familie Gonzenbach in seinem ersten Briefe an die Mutter nach, sie bestehe „aus solchen Menschen, unter denen man mit zufriedener Seele leben muß, so viel unschuldiger Frohsinn ist unter den jüngeren und so ein gesunder Verstand und edle Gutheit unter den Aelteren". Besonders war ihm „der Vater vom Hause ein ehrwürdiger Mann, der für seinen Stand besonders viel gelernt und viel erlebt zu haben scheint und doch eine Einfalt beibehalten hat", die ihn äußerst interessierte. So war er denn zufrieden und konnte der Mutter die beruhigende Nachricht melden: „mein Geschäft ist eingerichtet und gehet gut von Statten". Aber ein wärmeres Interesse, eine herzliche Theilnahme, wie gerade sein weiches Herz sie so sehr benöthigte, scheint er im Hause nicht gefunden zu haben. Landauer gegenüber wenigstens urtheilt er über die Mitglieder der Familie: Sie sind „solche gründliche Menschen, die gerade so viel Antheil nehmen an Fremden, als es ihr Herz nicht schwächt und als die Theilnahme und Geselligkeit noch ungezwungen und klar bleibt". Aber das beirrte ihn zunächst wenig, er schien gesammelter und in sich gefesteter zu sein, als je zuvor. „Theurer Freund — schreibt er an Landauer — ich habe mich lange mit Täuschungen getragen, die andern und mir zur Last und vor dem Herrn des Lebens und vor meinem Schutzgeist eine Schande gewesen sind. Ich meinte immer, um im Frieden mit der Welt zu leben, um die Menschen zu lieben und die heilige Natur mit wahren Augen anzusehen, müßte ich mich beugen und, um andern etwas zu sein, die eigene Freiheit verlieren. Ich fühle es endlich, nur in ganzer Kraft ist ganze Liebe; es hat mich überrascht in Augenblicken, wo ich völlig rein und frei mich wieder umsah. Je sicherer der Mensch in sich und je gesammelter in seinem besten Leben er ist und je leichter er sich aus untergeordneten Stimmungen in die eigentliche wieder zurückschwingt, um so heller und umfassender muß auch sein Auge sein, und Herz haben wird er für alles, was ihm leicht und schwer und groß und lieb ist in der Welt". Die „goldenen Hoffnungen" verließen ihn nicht und sein Geist war lebendig und schaffenslustig. Vor allem beschäftigten sich seine Gedanken mit der Religion, wie er seinem Bruder schrieb; in welchem Sinne, das deutet im gleichen Briefe die bekannte Stelle an: „A deo principium! wer dies versteht und hält, ja, bei dem Leben des Lebens! der ist frei und kräftig und freudig, und alles Umgekehrte ist Chimäre und zergehet in soferne in Nichts". An lyrischen Gedichten entstanden hier „Unter den Alpen gesungen", „der Winter", „der gefesselte Strom", „Dichtermuth", „der blinde Sänger", wohl auch, wie Litzmann vermuthet, die „Palinodie", oder wie der Titel im Nachlaß auf der Stuttgarter Bibliothek lautet „Gestalt und Geist", durchweg Gedichte, die denen der letzten Jahre gleich oder doch wenig nachstehen.

Aber bald kam „der Dämon" wieder über ihn, und die Melancholie bemächtigte sich seiner auf's neue. Die Freunde in der Heimath blieben ohne Nachricht von ihm, und als Landauer ihm deswegen einen „sanften Verweis" zusandte, entschuldigte Hölderlin sich: „Ueberhaupt ist's seit ein paar Wochen ein wenig bunt in meinem Kopfe. O! Du weißt es, Du siehest mir in die Seele, wenn ich Dir sage, daß es mich oft um so mächtiger wieder überfällt, je länger ich's mir verschwiegen habe, dies, daß ich ein Herz habe in mir, und doch nicht sehe: wozu?

mich niemand mittheilen, hier vollends niemand mich äußern kann. Sage mir, ist's Segen oder Fluch, dies Einsamsein, zu dem ich durch meine Natur bestimmt und je zweckmäßiger ich in jener Rücksicht, um mich selbst herauszufinden, die Lage zu wählen glaube, nur immer unwiderstehlicher zurückgedrängt bin. — Könnt' ich einen Tag bei Euch sein, euch die Hände bieten! — Bester, wenn Du nach Frankfurt kommst, so denk an mich! Willst Du? Ich werde hoffentlich immer meiner Freunde werth sein". War es die Erinnerung an Diotima allein, welche durch die Nachricht von Landauers Reise nach Frankfurt geweckt war, die den gebannten Trübsinn auf's neue wieder weckte? Zu allem Unglück aber traf ihn um diese Zeit ein völlig unerwarteter Schlag: am 11. April, also kaum ein Vierteljahr nach seiner Ankunft in Hauptwyl, kündigte ihm Herr Gonzenbach seine Stellung. Es geschah in einem sehr höflichen Briefe, in dem er ihm mittheilte, daß „durch unvorhergesehene Zufälle die größte Wahrscheinlichkeit sich zeige", daß „zwei junge Knaben, welche zu ihm kommen sollten und eigentlich der Hauptgegenstand seines Erziehungsplans waren, eine andere Bestimmung haben" würden, weshalb er ihn, um ihn „in keine nachtheilige Verlegenheit zu setzen, in Zeiten davon benachrichtige und höflichst ersuche, sich nach diesen Umständen zu richten". Ob in der That das „wahrscheinliche" Ausbleiben der beiden Knaben der Grund zu diesem plötzlichen Entschlusse war, oder ob Hölderlin Gonzenbachs Erwartungen doch nicht entsprochen hatte, vielleicht auch sein reizbares Gemüth ihn dem kühlen Geschäftsmann nicht als passenden Erzieher für seine Familie erscheinen ließ, das läßt sich natürlich nicht mehr feststellen. Hölderlin war jedenfalls so überrascht von dieser Kündigung, daß er ein Zeugniß von Gonzenbach verlangte. Er erhielt dasselbe unterm 13. April ausgestellt und Gonzenbach bezeugt ihm darin, daß er als Lehrer seiner Kinder sich seine ganze Hochachtung erworben, und daß er nur bedaure, daß „die unvorhergesehene Wendung der Umstände" sie so frühe wieder trenne. Wie der angefügte Wunsch, „daß die glücklichste Zukunft und ununterbrochene

Zufriedenheit stets sein Loos sein" möchten, mit Hölderlins Stimmung kontrastieren mußte, können wir uns denken. Auf alles, wonach er früher gestrebt hatte, hatte er verzichten müssen, das einzige, was ihm noch geblieben war, war die Hoffnung, in der bescheidenen Stellung eines Hofmeisters sein sicheres Auskommen zu finden. Und nun mußte er nach so kurzer Zeit stellenlos wieder zu seiner Mutter zurückkehren!

Als ob er diesen Schlag für einen Wink des Schicksals angesehen hätte, seine alten Pläne wieder aufzunehmen, wandte er sich jetzt am zweiten Juni von Nürtingen aus nochmals an Schiller mit der Frage, ob dieser damit einverstanden sei, wenn er nach Jena komme und dort Vorlesungen über Philosophie und griechische Litteratur halte. „Sie werden es nicht verschmähen — schloß der Brief, der uns wie der letzte Hilferuf eines Ertrinkenden klingt — durch Ihre Theilnahme meinem Lebensgange ein Licht zu leihen, weil ich doch sonst nicht auf eine eitle Art ihm eine Bedeutung zu geben suche, die er nicht hat. Sie erfreuen ein ganzes Volk und sehen das wohl selten. So mag es Ihnen nicht ganz unwerth scheinen, in einem, der Sie ganz ehrt, eine neue Lebensfreude, die von Ihnen kam, aufgehen zu sehen. Ich würde viel, sehr vieles vergessen in dem Augenblicke, wo ich Sie wiedersehen und mit der Ehrfurcht grüßen könnte, mit der ich Ihnen zum ersten Male begegnete." Wie sehr Hölderlin außer Kontakt mit der ganzen litterarischen Welt gekommen war, geht daraus hervor, daß er den Brief noch nach Jena adressierte, das Schiller schon am 3. Dezember des vorigen Jahres verlassen hatte, um nach Weimar überzusiedeln. Er erfuhr die schmerzliche Enttäuschung, daß auch dieser Brief, wie der vorige aus Homburg, unbeantwortet blieb. In den Tagen, wo er voll banger Spannung einer Antwort entgegen sah, mag die Ode „an die Hoffnung" entstanden sein, die in diese Zeit fällt, aber so flehentlich er sie auch anrief:

O Hoffnung! holde, gütig geschäftige!
Die Du das Haus des Trauernden nicht verschmähst
Und gerne dienend, Edle, zwischen
Sterblichen waltest und Himmelsmächten!

ihr Ohr blieb seinen Bitten verschlossen. Es galt also, sich wieder um das einzige zu bemühen, was ihm noch blieb, um einen Hofmeisterposten. Professor Ströhlin vermittelte ihm einen solchen bei dem Hamburgischen Konsul Mayer in Bordeaux. Er erhielt 25 Louisdors Reisegeld, die doppelte Summe wurde ihm als jährliches Gehalt zugesichert; vom Predigen, was der Konsul ursprünglich verlangt zu haben scheint, wurde er — wohl auf seinen Wunsch — „vor der Hand" dispensiert. Er nahm die Stelle an. Wenn er seiner Mutter nicht zur Last fallen wollte, blieb ihm nichts anderes übrig, so schwer es ihm auch fiel, sich so weit von der Heimath zu trennen. „Ins abhängige Leben muß ich hinein — schrieb er von Stuttgart an die Seinigen — es sei, auf welche Art es wolle, und Kinder erziehen ist jetzt ein besonders glückliches Geschäft, weil es so unschuldig ist."

Im Dezember trat Hölderlin die Reise nach Bordeaux an. Sie führte ihn zunächst nach Straßburg, wo er seines Reisepasses wegen länger, als er vermuthet hatte, verweilen mußte. Auch durfte er von dort aus nicht, wie es in seiner Absicht gelegen hatte, die Weiterreise über Paris machen, sondern es wurde ihm „die Reise über Lyon", als einem Fremden, von der Obrigkeit in Straßburg angerathen. „Ueberschwemmungen und andere unabwendbare Umstände" stellten sich ihm in den Weg, sodaß er später in Lyon eintraf, als er angenommen hatte. Seine Ankunft daselbst meldete er seiner Mutter in einem Briefe vom 9. Januar 1803, in dem es heißt: „Es war ein beschwerlicher und erfahrungsreicher Weg, den ich bis hierher machte, aber auch manche reine Freude hab' ich gefunden. Ich kann es nicht verschweigen, daß ich manchmal an euch, ihr Lieben, und auch an den gedachte, von dem mir Muth kommt, der mich erhielt bis auf diese Stunde, und ferner mich geleiten wird. Ich weiß es, einsame Beschäftigung macht, daß man in die weite Welt sich schwieriger findet; ich denke aber, Gott und ein ehrlich Herz hilft durch, und die Bescheidenheit vor andern Menschen. Ich bin noch müde, liebe Mutter! von der langen kalten Reise, und hier ist's jetzt so lebhaft, daß man nur in innigem Angedenken an solche, die uns kennen und auch wohl gut sind, sich selber wiederfindet.“ Am folgenden Tage setzte er seine Reise fort und traf am 28. Januar an seinem Bestimmungsort ein. Zwar waren „die Wege besser und die Flüsse nicht mehr ausgetreten“, indessen war die Fahrt doch beschwerlicher und gefährlicher, als er dachte. „Diese letzten Tage — schreibt er seiner Mutter von Bordeaux — bin ich schon in einem schönen Frühlinge gewandert, aber kurz zuvor, auf den gefürchteten überschneiten Höhen der Auvergne, in Sturm und Wildniß, in eiskalter Nacht und die geladene Pistole neben mir im rauhen Bette — da hab' ich auch ein Gebet gebetet, das bis jetzt das Beste war in meinem Leben und das ich nie vergessen werde. Ich bin erhalten — danken Sie mit mir! Ihr Lieben, ich grüßt' euch wie ein Neugeborener, da ich aus den Lebensgefahren heraus war.“ Näheres über seine Erlebnisse unterwegs berichtet er in dem Briefe nicht, seine Aufmerksamkeit war zu sehr auf seine neue Lage gerichtet, um mit Ruhe den Seinigen von der überstandenen Reise erzählen zu können.

Seine Stimmung schien wieder die beste zu sein. Er fühlte sich durch und durch gehärtet und geweiht und wollte „so bleiben, in der Hauptsache nicht fürchten und viel sich gefallen lassen“. Der Empfang, den ihm seine neuen Hausgenossen zu Theil werden ließen, war ein sehr freundlicher; „Sie werden glücklich sein“, sagte ihm der Konsul bei der Begrüßung, und es schien Hölderlin, als solle er Recht behalten. Sein Geschäft, dem er sich ganz widmen wollte, sollte, so hoffte er, gut gehen. Bei der bescheidenen Lebensweise, an die er gewöhnt war, war in dem großen Haushalt für seine Bedürfnisse mehr als genügend gesorgt. „Fast wohn' ich zu herrlich; ich wäre froh an sicherer Einfalt“ meinte er. Wie die Natur des südlichen Frankreich auf ihn wirkte, können wir aus dem nach der Rückkehr entstandenen Gedicht „Andenken“ ersehen, in dem er ein Bild der schönen, mit ihren Rebenhügeln ihn an die Heimath gemahnenden Gegend entwirft,

„Dort an der luftigen Spitz'
An Traubenbergen, wo herab
Die Dordogne kommt
Und zusammen mit der prächt'gen
Garonne meerbreit
Ausgehet der Strom"

und dem Nordost aufträgt:

Geh' aber nun und grüße
Die schöne Garonne
Und die Gärten von Bordeaux,
Dort wo am schroffen Ufer
Hingehet der Steg und in den Strom
Tief fällt der Bach, darüber aber
Hinschauet ein edel Paar
Von Eichen und Silberpappeln!
Noch denket das mir wohl und wie
Die breiten Gipfel neiget
Der Ulmwald über die Mühl',
Im Hofe aber wächst ein Feigenbaum.
An Feiertagen geh'n
Die braunen Frauen daselbst
Auf seid'nen Boden,
Zur Märzenzeit,
Wenn gleich ist Nacht und Tag
Und über langsamen Stegen,
Von goldnen Träumen schwer,
Einwiegende Lüfte zieh'n.

Ueber sein Leben in Bordeaux sind wir so gut wie völlig im Dunkeln gelassen. Nachdem er seiner Mutter die Ankunft daselbst gemeldet hatte, schwieg er und ließ seine Familie ohne Nachricht, entgegen dem Versprechen, das er in dem Briefe aus Lyon gegeben, wenn er erst in Ruhe sei, noch vieles zu schreiben. Erst die Nachricht vom Tode seiner Großmutter, die ihm die Mutter mittheilte, veranlaßte ihn zu einem Schreiben, das aber über seine Lebensweise so gut wie nichts enthält. Nur das eine können wir daraus schließen, daß er sich selbst völlig darüber klar war, in bedenklicher geistiger Verfassung zu sein, denn er hielt es für nöthig, jeder Gemüthsbewegung, als für ihn schädlich, thunlichst aus dem Wege zu gehen. „Verkennen Sie mich nicht

— hieß es in dem Briefe — wenn ich über den Verlust unserer nun seligen Großmutter mehr die nothwendige Fassung, als das Leid ausdrücke, das die Liebe in unseren Herzen fühlt. Ich finde, daß man ohne festen Sinn nicht wohl auskommt, ich will der Rathgeber nicht sein für die Meinigen, aber ich meines Orts muß mein so lange nun geprüftes Gemüth bewahren und halten, und die zärtlichen, guten Worte, die, wie Sie wissen, mir zu leicht vom Munde gehen, ich muß sie sparen für jetzt, ich darf nicht Sie und mich noch mehr dadurch bewegen." Zum Schlusse entschuldigt er sein Schweigen damit, daß die weite Entfernung und seine Beschäftigung ihm riethen, „mit Briefen etwas sparsam zu sein". Seine Beschäftigung war nicht angestrengter, als in den letzten Jahren auch, in denen er häufig genug geschrieben hatte, und die weite Entfernung hätte ihm eher ein doppelter Grund sein sollen, den Seinigen regelmäßig Nachricht zu geben über sein Wohlbefinden. Mutter und Schwester, die ja seine Schwermuth während des letzten Aufenthaltes in Nürtingen zur Genüge kennen gelernt hatten, waren daher in großer Besorgniß, als nach dem zuletzt erwähnten Briefe vom Charfreitag 1802 jede Nachricht von ihm ausblieb. Aber welche Befürchtungen sie auch gehegt haben mögen, auf das, was die Wirklichkeit ihnen brachte, waren sie doch wohl nicht vorbereitet.

Im Anfang des Juli trat zu Matthisson, der damals wieder in Stuttgart verweilte, ein Mann in's Zimmer „leichenblaß, abgemagert, von hohlem, wildem Auge, langem Haar und Bart und gekleidet wie ein Bettler". Matthisson erkannte ihn nicht. Da murmelte er „mit dumpfer, geisterhafter Stimme": Hölderlin! und verschwand. Er war es in der That. Am 10. Mai hatte er Bordeaux verlassen, am 7. Juni Straßburg passiert, nun traf er, nach kurzem Verweilen in Stuttgart, plötzlich bei seiner Mutter in Nürtingen ein. Er erschien bei ihr, wie Schwab erzählt, mit verwirrten Mienen und tobenden Geberden, in einem Aufzuge, der die Aussage, daß er unterwegs beraubt worden sei, zu bestätigen schien. Hätte ihn jetzt, in der Blüthe seiner Jahre, der Tod dahingerafft, man hätte sein

Loos beklagen müssen, aber das Schicksal traf ihn mit noch härterem Streiche: Friedrich Hölderlin war wahnsinnig geworden!

Was war die Ursache davon? Waiblingers Erzählung, der Geist des Dichters sei dadurch aus den Fugen gerathen, daß er in Bordeaux in betäubenden Ausschweifungen sein Leid zu vergessen versucht habe, entbehrt, wie schon Schwab nachdrücklich und mit Recht behauptet, aller historischen Begründung, und wie ihr alle, die Hölderlin in der letzten Zeit vor seiner Krankheit kannten, widersprachen, wird sie durch seinen ganzen Charakter und durch den reinen Inhalt der zu jener Zeit von ihm geschriebenen Briefe widerlegt. Es hat sich auch niemand weiter zu ihrem Vertheidiger aufgeworfen. Ziemlich allgemein war dagegen die Meinung verbreitet, daß die Nachricht vom Tode Diotimas, die am 22. Juni 1802 nach zehntägigem Fieber an einer in ihrem Hause ausgebrochenen Kinderkrankheit starb, ihn niedergeschmettert habe und sein ohnehin schon bedenklich angegriffener Geist unter dieser Kunde völlig zusammengebrochen sei. Diese Ansicht scheint sich schon sehr frühe, bald nach den beiden traurigen Ereignissen, gebildet zu haben, deren ziemlich gleichzeitiges Eintreten einen ursächlichen Zusammenhang anzunehmen verleitete. Sinclair, der mit Hölderlin auch während seines Aufenthaltes in Frankreich im Briefwechsel geblieben zu sein scheint — leider sind Hölderlins Briefe an ihn mit Sinclairs ganzem Nachlasse durch einen unglücklichen Zufall verloren gegangen — und dann seinen Gemüthszustand am besten hätte beurtheilen können, befürchtete in der That von der Todesnachricht den schlimmsten Eindruck auf seinen Freund. Er schrieb ihm am 30. Juni einen Trostbrief, in dem er ihn an seinen Unsterblichkeitsglauben mahnte und sich erbot, ihn von Bordeaux abzuholen. Dieser Brief konnte diejenigen in ihrer Ansicht nur bestärken, welche den letzten Anstoß zu Hölderlins Wahnsinn in der Nachricht vom Tode Diotimas sahen. Das irrthümliche dieser Ansicht nachgewiesen zu haben, ist das Verdienst Litzmanns. Wenn Hölderlin nach dem Ausweis seines Reisepasses Bordeaux schon am 10. Mai verlassen hatte, so konnte der am 22. Juni erfolgte Tod Frau Gontards ihn nicht dazu veranlaßt haben, und die schaurige Erzählung Rullmanns, daß Hölderlin im Mayer'schen Hause bei Tisch die Nachricht von einem Frankfurter Kaufmann gehört habe, und darauf, so wie er war, aufgesprungen und ohne Mütze und Wanderstab hinaus geeilt sei, um in glühender Sonnenhitze durch Frankreich und die Schweiz als wahnsinniger Bettler nach Hause zu wandern, ist durch diese zwei Daten dahin verwiesen, wohin sie gehört, in das Reich der Fabel.

Daß Hölderlin im Gegentheil dem Irrsinn noch nicht verfallen war, als er Bordeaux verließ, dafür spricht der Umstand, daß er seine Effecten von dort in die Heimath vorausschickte, eine Maßnahme, an die ein Geisteskranker doch wohl kaum gedacht hätte. Und wenn die Nachricht vom Tode der Geliebten ihn nicht veranlaßte, in die Heimath zurückzukehren, so bleibt, da ein andrer äußerer Grund nicht vorlag, nur die Annahme übrig, daß er die Reise antrat, weil sein Verhältniß zum Mayer'schen Hause gelöst wurde. Wer es löste, ob der Consul oder Hölderlin, das läßt sich nicht feststellen. Schelling berichtet Hegel in einem Briefe vom 11. Juli 1803, daß Hölderlin nach Frankreich „mit ganz falschen Vorstellungen von dem, was er bei seiner Stelle zu thun hätte, gegangen war und sogleich wieder zurückkehrte, da man Forderungen an ihn gemacht zu haben scheint, die er zu erfüllen theils unfähig war, theils mit seiner Empfindlichkeit nicht vereinen konnte". Aber ob nun Hölderlin aus eigenem Antrieb — zwar nicht sogleich, aber doch schon nach einem Vierteljahr — seine Stellung aufgab, oder ob der Consul, wie vorher Gonzenbach in Hauptwyl, ihm kündigte, das Resultat war das gleiche, die Aussicht, auf Jahre hinaus eine gesicherte Stellung zu haben, war ihm auch hier zunichte geworden. Und man erwäge, was das für ihn bedeutete! Das einzige, was er noch von seinem Leben erhoffte, nachdem alle Blüthen seiner Hoffnung im eisigen Sturm des Lebens erfroren, war das, sich als Hofmeister seinen bescheidenen Lebensunterhalt und daneben die Möglichkeit zu erwerben, in seinen Mußestunden der Poesie zu leben. Zweimal hatte er den Versuch gemacht, sich einen solchen Posten zu erwerben, beide Male hatte er ihn nach kurzer Zeit wieder aufgeben müssen. Ganz abgesehen davon, daß ihm diese Thatsache bei einem dritten Versuche zum wenigsten nicht nützlich war, war sie schon an sich dazu angethan, ihn auf das schwerste zu erschüttern. Und Hölderlin war von Anfang an nicht ganz normal veranlagt, sondern von einer übermäßigen, krankhaften Reizbarkeit, von einem bedenklichen Hange zur Schwermuth gewesen. Hätte er in glücklicheren Verhältnissen gelebt, hätte ein nachhaltiger Erfolg ihn herausgehoben, so wäre er vielleicht in den Stand gesetzt worden, diese gefährliche Anlage niederzuhalten. Nun aber war das Gegentheil der Fall, Schmerz auf Schmerz hatte ihn heimgesucht, Enttäuschung auf Enttäuschung war sein Loos gewesen. Als er nach Bordeaux ging, war das Maß seines Leidens bis zum Rande gefüllt, ein Tropfen genügte, es zum Ueberlaufen zu bringen. Es bedurfte gar keiner so mächtigen Erschütterung, wie sie die Kunde vom Tode Diotimas verursacht hätte, der einfache Umstand, daß er in der Zuversicht, die er auf seine neue Stellung gesetzt hatte, nun auch wieder getäuscht war, daß er wieder erwerbslos zu seiner Mutter zurückkehren, die Gnade der alten Frau in Anspruch nehmen mußte, genügte, ihn in den Abgrund herabzustoßen, an dessen Rande er schon lange wandelte. Von seinem Leben galten schon längst die Worte Hyperions: „Ich seh', ich sehe, wie das enden muß! Das Steuer ist in die Woge gefallen und das Schiff wird, wie an den Füßen ein Kind, ergriffen und an die Felsen geschleudert!“ Im ewigen Ringen und Kämpfen um die höchsten Güter, um Liebe, Ehre und Ruhm, hatte sich sein Geist aufgerieben und krank gemacht; genesen konnte er nicht mehr, es hätte ihm denn einmal des Glückes voller Sonnenstrahl leuchten müssen, und der blieb Hölderlin zeitlebens versagt. Aber daß die jämmerliche Sorge um's tägliche Brot, die Angst um den kargen Lebensunterhalt, ihm den letzten Stoß versetzte, das ist das bitterste, das vollendet die Dornenkrone, die dem edlen Dichter auf das Haupt gedrückt wurde.

VII.
Im Banne des Wahnsinns.

Wie schmerzlich mußten Hölderlins Angehörige bei der innigen Liebe, mit der die Familie an einander hing, dieses Wiedersehen empfinden, vor allem die Mutter, deren ganze Zärtlichkeit ihr Erstgeborener, trotz mancher Meinungsverschiedenheiten, besaß. Ueber das Bedenkliche seines Zustandes konnten sie nicht im Zweifel sein, wenngleich sie sicher nicht befürchteten, daß derselbe unheilbar sei. Sie planten zunächst, ihn bei einem Dorfpfarrer unterzubringen, in der Hoffnung, daß sein zerrüttetes Gemüth in stiller Abgeschiedenheit sich am ehesten wiederfinden werde, aber sie mußten diesen Plan mit Rücksicht darauf fallen lassen, daß er dann befürchtet hätte, zu geistlichen Amtsverrichtungen herangezogen zu werden. Er hätte auch wohl nirgend liebevollere Pflege finden können, als bei seiner Mutter, die ihn nun in ihrem Hause behielt. Sie hatte denn auch die Freude, allmählig eine Besserung bei ihm eintreten zu sehen. Seine Aufregung legte sich, er wurde wieder ruhiger, und nur ab und zu suchten ihn heftige Anfälle heim, die man dadurch zu besänftigen pflegte, daß man einen jungen talentvollen Menschen seiner Bekanntschaft herbeirief, dem er dann eine Vorlesung aus dem Homer hielt. Ueberhaupt beschäftigte er sich in dieser Zeit viel mit der altgriechischen Litteratur, daneben auch mit eigenen Dichtungen und wurde so weit wieder hergestellt, daß nicht nur Landauer der Mutter gegenüber es aussprach, daß er auf Besserung hoffe, sondern daß man ihn gegen Ende September sogar mit dem treuen Sinclair, der zu seinem Besuche herbeigeeilt war, eine Reise über Blaubeuren und Ulm nach Regensburg machen lassen konnte. Die Aerzte, die in Regensburg konsultiert wurden, scheinen seinen Zustand allerdings sehr ernst angesehen zu haben, immerhin war sein Benehmen so, daß der Freund sich ihrem Urtheil nicht anschließen zu sollen glaubte und noch am 17. Juni 1803 der Mutter im Hinblick auf diese Reise schrieb, daß er „nie größere Geistes-

und Seelenkraft als damals bei ihm gesehen“ habe. Nach dieser Reise lebte Hölderlin in stiller Zurückgezogenheit in Nürtingen seinen Arbeiten, seine Freunde blieben ohne Nachricht von ihm. „Wahrscheinlich arbeitest Du den ganzen Tag und die halbe Nacht — schreibt ihm Landauer am 8. Februar 1803 — daß Du so gar keine Kunde von Dir giebst, mich so gar nicht mehr besuchst. Ich gestehe Dir, Freund, es thut mir oft schmerzlich wehe, wenn ich daran denke, daß Deine Freunde Dir nichts mehr zu sein scheinen, weil Du es nicht für der Mühe werth hältst, Dich um sie zu erkundigen“. Es hat den Anschein, als wenn Hölderlin, der später überhaupt keine Briefe mehr schrieb, schon jetzt sehr ungern korrespondiert habe; die wenigen Briefe, die von ihm aus dieser Zeit erhalten sind, tragen mit ihrer wirren, dunklen Schreibart, die mit der seiner Briefe aus früheren Tagen seltsam kontrastiert, deutlich den Stempel eines kranken Geistes an sich. In einem derselben, der an Böhlendorf gerichtet ist, erzählt er von seinem Aufenthalt in Frankreich: „Das gewaltige Element, das Feuer des Himmels und die Stille der Menschen, ihr Leben in der Natur und ihre Eingeschränktheit und Zufriedenheit, hat mich beständig ergriffen, und wie man Helden nachspricht, kann ich wohl sagen, daß mich Apollo geschlagen“. Dann auf die Heimath übergehend, schreibt er: „Es war mir nöthig, nach manchen Erschütterungen und Rührungen der Seele mich festzusetzen auf einige Zeit, und ich lebe indeß in meiner Vaterstadt. Die heimathliche Natur ergreift mich um so mächtiger, je mehr ich sie studiere. Das Gewitter, nicht blos in seiner höchsten Erscheinung, sondern in eben dieser Ansicht, als Macht und als Gestalt, in den übrigen Formen des Himmels, das Licht in seinem Wirken, nationell und als Princip und Schicksalsweise bildend, daß uns etwas heilig ist, sein Gang in Kommen und Gehen, das Charakteristische der Wälder und das Zusammentreffen in einer Gegend von verschiedenen Charakteren der Natur, daß alle heiligen Orte der Erde zusammen sind um einen Ort, und das philosophische Licht um mein Fenster ist jetzt meine

Freude; das ich behalten möge, wie ich gekommen bin, bis hierher". Aehnlich wie der Eindruck dieses Briefes auf den Leser, ist der, den die in dieser Zeit entstandenen Gedichte machen. Der Dichter setzt in ihnen zu hohem Fluge an, aber man hat beständig das Gefühl, daß er selber unsicher ist, daß er nicht immer die rechten Worte finden kann, um seine Gedanken klar auszudrücken, und neben Stellen von wunderbarer Schönheit und Tiefe treten andere, die in ihrer Unklarheit der angestrengtesten Bemühungen, in ihr Verständniß einzudringen, spotten. Ein Theil derselben ist in festen Odenmaßen gedichtet, so „Vulkan", „Blödigkeit", „Ganymed", „Chiron", „Thränen", bis auf das letzte Umarbeitungen früherer Gedichte, ein andrer bewegt sich in freien Maßen, wie „Wanderung", „Andenken", „Der Rhein", „Patmos", „Der Einzige", „Hälfte des Lebens", „Lebensalter". In dem „Einzigen" fließt Hölderlins Schwärmerei für die altgriechische Götterwelt mit seinem Christusglauben merkwürdig zusammen:

„Ihr alten Götter und all'
Ihr tapfern Söhne der Götter,
Noch einen such' ich, den
Ich liebe, unter euch,
Wo ihr den letzten eures Geschlechts,
Des Hauses Kleinod, mir,
Dem fremden Gaste, verberget!
Mein Meister und Herr!
O Du mein Lehrer!
Was bist Du ferne
Geblieben und da
Ich sahe mitten unter den Geistern
Die Helden und die Götter,
Warum bliebest Du aus?
Und jetzt ist voll von Trauern meine Seele,
Als eifertet ihr Himmlischen selbst,
Daß, dien' ich einem, mir
Das anderen fehlet.
Ich weiß es aber, eigene Schuld
Ist's, denn zu sehr,
O Christus, häng' ich an Dir!

Besonders ergreifend wirkt der „Chiron“, eine Umarbeitung der Ode „der blinde Sänger“, die trotz mancher Unklarheiten deutlich erkennen läßt, daß Hölderlin sich seines Zustandes selbst bewußt war und mit bittrem Schmerz den Wechsel klarer Stunden mit völliger Geistesverwirrung empfand:

Wo bist Du, nachdenkliches, das immer muß
Zur Seite gehn zu Zeiten, wo bist Du, Licht?
Wohl ist das Herz wach, doch mir zürnt, mich
Hemmt die erstaunende Nacht nun immer.

Sonst nämlich folgt' ich Kräutern des Walds und lauscht'
Ein weiches Wild am Hügel und nie umsonst;
Nie täuschten, auch nicht einmal, Deine
Vögel, denn allzubereit fast kamst Du,

So Füllen oder Garten Dir labend ward,
Rathschlagend, Herzens wegen; wo bist Du, Licht?
Das Herz ist wieder wach, doch herzlos
Zieht die gewaltige Nacht mich immer.....
...Nun sitz' ich still allein, von einer
Stunde zur anderen, und Gestalten

Aus frischer Erd' und Wolken der Liebe schafft,
Weil Gift ist zwischen uns, mein Gedanke nun;
Und ferne lausch' ich hin, ob nicht ein
Freundlicher Retter vielleicht mir komme.....

Die Tage aber wechseln, wenn einer dann
Zusiehet, lieblich und bös, ein Schmerz,
Wenn einer zweigestalt ist und es
Kennet kein einziger nicht das beste. . . .

Neben diesen Gedichten arbeitete er besonders an einer Uebersetzung des Sophokles. Mit Uebersetzungen aus der klassischen Litteratur hatte er sich schon frühe beschäftigt und diese Beschäftigung andauernd fortgesetzt. Auf einem Quartblatt, das Gedichte aus Denkendorfer Zeit enthält, findet sich bereits aus dem November 1785 folgende Uebertragung des Horazischen: „deformis aegrimonia etc“:

Schicksal, unglücksvolle Leiden
Heißt Du Sterblichen die Freuden,
Die die steile Laufbahn hat,
Grausam rauben. Bange Thränen,

Die sich nach der Bahre sehnen,
Zu erzwingen ist Dein Rath."

und sein Nachlaß enthält zahlreiche Uebertragungen aus Horaz, Ovid, Virgil, Lucan, Homer, Sophokles, Euripides und Pindar, wovon die letztgenannten gleichfalls nach seiner Rückkehr aus Frankreich entstanden. Sophokles genoß seine besondre Verehrung, er plante sogar eine Ode auf ihn. Aber Hölderlin war eine viel zu subjektive Natur, um ein guter Uebersetzer zu sein; so urtheilte schon Schiller, der ihm die Uebersetzung des Phaethon zurückgeben mußte. Seine Krankheit erhöhte seine Leistungsfähigkeit natürlich auch nicht und so sind seine Uebertragungen der Antigone und des König Oedipus in keiner Hinsicht befriedigend; die ihnen beigefügten Anmerkungen enthalten zwar treffende Gedanken, im Ganzen aber charakterisirt sie Schwab richtig, wenn er sie ein sonderbar verworrenes Chaos räthselhafter und unsinniger Bemerkungen nennt. Dieselbe Bezeichnung trifft für den Aufsatz „Grund zum Empedokles" zu, der vermuthlich auch in dieser Zeit entstanden ist, in der Hölderlin durch die Beschäftigung mit Sophokles zu dem Gedanken geführt sein mag, seine Tragödie in Buchform herauszugeben, wobei der erwähnte Aufsatz als Einleitung dienen sollte. Es ist ein Beweis dafür, wie sein Name schon begonnen hatte, einen guten Klang in der literarischen Welt zu gewinnen, daß er für die Uebersetzung einen Verleger in der Person des Frankfurter Buchhändlers Wilmanns gewann. 1804 erschienen die beiden Bändchen, das erste den Oedipus, das zweite die Antigone enthaltend. Hölderlin sandte dem Werke folgende Widmung an die Prinzessin Auguste von Homburg voraus: „Sie haben mich vor Jahren mit einer gütigen Zuschrift ermuntert und ich bin Ihnen indessen das Wort schuldig geblieben. Jetzt hab' ich, da ein Dichter bei uns auch sonst etwas zum Nöthigen oder zum Angenehmen thun muß, dies Geschäft gewählt, weil es zwar in fremden, aber festen und historischen Gesetzen gebunden ist. Sonst will ich, wenn es die Zeit giebt, die Eltern unserer Fürsten und ihre Sitze und die Engel des heiligen Vaterlandes singen. Hölderlin."

Wilmanns druckte in seinem „Taschenbuch, der Liebe und Freundschaft gewidmet auf das Jahr 1805“ auch einige lyrische Gedichte von ihm, die letzten, die er selbst für den Druck bestimmt hatte. Diese ziemlich lebhafte geistige Thätigkeit könnte die Meinung erwecken, daß der Dichter in dieser Zeit wieder vollständig genesen war. Indeß belehrt uns darüber der schon im vorigen Abschnitt erwähnte Brief Schelling's an Hegel vom 11. Juli 1803 eines andern. Schelling schildert dort den Eindruck, den der gemeinsame Freund beim Wiedersehn auf ihn gemacht hatte, folgendermaßen: „Sein Anblick war für mich erschütternd; er vernachlässigt sein Aeußeres bis zum Ekelhaften und hat, da seine Reden weniger auf Verrückung hindeuten, ganz die äußeren Manieren derer, die in diesem Zustande sind, angenommen. Hier zu Lande ist keine Hoffnung, ihn herzustellen. Ich dachte Dich zu fragen, ob Du Dich seiner annehmen wolltest, wenn er etwa nach Jena käme, wozu er Lust hatte. Er bedarf ruhige Umgebung und wäre durch suivirte Behandlung wahrscheinlich zurecht zu bringen. Wer sich seiner annehmen wollte, müßte durchaus seinen Hofmeister machen und ihn von Grund aus wieder aufbauen. Hätte man erst über sein Aeußeres gesiegt, so wäre er nicht weiter zur Last, da er still und in sich gekehrt ist.“

Es ist nicht festzustellen, ob die Idee einer Uebersiedlung Hölderlins nach Jena überhaupt ernstlich erwogen wurde; zur Ausführung kam sie jedenfalls nicht. Dagegen setzte Sinclair, wohl aus der gleichen Anschauung, wie sie in dem Schelling'schen Briefe angedeutet wird, heraus, es durch, daß sein unglücklicher Freund aus der Heimath fort und zu ihm nach Homburg kam. Schon auf der Reise nach Regensburg hatten die beiden eine dahingehende Verabredung getroffen, die Hölderlin aber nicht einhielt. Im Juni des folgenden Jahres kam Sinclair in einem Briefe an Hölderlin's Mutter darauf zurück: „Ich glaube — schreibt er ihr — daß nichts für ihn besseres sein könnte, als bei jemand zu sein, der ihn und sein Schicksal ganz kennt und vor dem er nichts verborgnes hat. Gäbe es einen andern solchen Freund als mich, so wollte ich es nicht sein, der ihn aufnähme, weil es eine große Verantwortlichkeit ist, die Gefahr eines solchen Kleinods, als Ihr Sohn ist, auf sich genommen zu haben... Daß Ihr lieber Sohn hier bequem und wohlversorgt wohnen solle, darauf können Sie sich verlassen. Was das übrige betrifft, so ist zwischen uns die Verabredung getroffen, daß er 200 Gulden jährlich von meiner Besoldung annimmt, so lang es meine Umstände erlauben, und dies ist jetzt der Fall. Ich glaube aber, daß er es nicht gerne sehen wird, vielleicht, daß ich es Ihnen schreibe. Ich thue es aber blos in der Absicht, Sie zu beruhigen. Ueberdies können sich bald Umstände ereignen, die seine Lage erleichtern, ohne daß er meine Beihilfe nöthig haben wird; die ich ihm aber kein Bedenken getragen habe zu widmen, weil es eine Freundschaftspflicht und nur eine Erwiderung dessen ist, was ich ihm zu verdanken habe... Ich habe das Zutrauen zu ihm, daß er auf meine Einladung kommen wird, und wir wollen dann dem gütigen Schicksal das überlassen glücklich zu wenden, was Liebe und Einsicht der Freundschaft für ihn thun kann."

Es dauerte indeß bis zum Sommer des nächsten Jahres, ehe Hölderlin nach Homburg ging. Der treue Freund hatte es ihm ausgewirkt, daß der Landgraf ihn zu seinem Bibliothekar ernannte, und in einem Promemoria vom 7. Juli 1804 von diesem erbeten, „daß er ihm diejenigen zweihundert Gulden seiner Besoldung Kraft dieses überlassen dürfe, welche er vor zwei Jahren als Zulage erhalten, blos aber in Rücksicht seiner angenommen, auch demselben seiner vielen gegen ihn habenden Verbindlichkeiten wegen seitdem abgegeben hatte". Der Landgraf, dem Hölderlin im Februar 1803 sein Gedicht „Patmos" übersandt hatte, das „mit vielem Dank und Freude" aufgenommen war, „genehmigte gänzlich dieses Arrangement" und Sinclair reiste selbst nach Nürtingen, um den Freund abzuholen. Unterwegs besuchten sie Schelling in Würzburg, der den Dichter „in einem besseren Zustande, als im vorigen Jahre, doch noch immer in merklicher Zerrüttung" fand. Hoffnungsfreudiger sah Sinclair seine Verfassung an. „Zum Glück war — schreibt er am 6. August an die Mutter nach Nürtingen — das Stillschweigen, das ich gegen Ew. Wohlgeboren beobachten mußte, weil Ihr Herr Sohn es von mir verlangt hat, daß ich nicht eher schreiben sollte, als bis er schrieb, nicht durch einen üblen Zustand desselben veranlaßt. Vielmehr befindet sich derselbe vollkommen wohl und zufrieden und nicht nur ich, sondern außer mir noch 6—8 Personen, die seine Bekanntschaft gemacht haben, sind überzeugt, daß das, was Gemüthsverwirrung bei ihm scheint, nichts weniger als das, sondern eine aus wohlüberdachten Gründen angenommene Aeußerungsart ist, und freuen sich sehr darüber seines Umgangs profitieren zu können." Daß diese Auffassung eine falsche war, hat die Folgezeit allerdings nur zu klar erwiesen.

In der That war auch, so hoch die edle Uneigennützigkeit und aufopferungsvolle Liebe Sinclairs geschätzt werden muß, Homburg nicht der Ort, an dem eine Besserung im Befinden des Dichters herbeigeführt werden konnte. Eine solche hätte vielleicht eintreten können, wenn er in eine ihm gänzlich neue und fremde Umgebung versetzt worden wäre, hier aber mußte in seinen klaren Stunden alles, was er sah, alte schmerzliche Erinnerungen in ihm wieder wachrufen. Hier war es ja, wo er

täglich andere Pfade, bald
In's Grün im Walde, bald zu der Quelle Bad,
Zum Felsen, wo die Rosen blühen,

gewandelt war und vom Hügel in's Land geblickt hatte, die Brust von Sehnsucht nach Diotima erfüllt. Ob er die Nachricht von ihrem Tode in Nürtingen erhalten und verstanden hatte, ob Sinclair, „der ihn und sein Schicksal ganz kannte und vor dem er nichts verborgenes hatte", ihm dieselbe jetzt mittheilte, das ist eine Frage, die wohl ewig ungelöst bleiben wird. Aber ob er an sie als eine Lebende oder als eine Todte dachte, ohne tiefes Weh konnte er ihrer nicht gedenken. Daß er ihrer aber hier in Homburg oft und lebhaft gedachte, müssen wir als gewiß annehmen, hatte er doch noch später in Tübingen ihr

Bild treu in seinem Herzen bewahrt, wie das von Waiblinger überlieferte Bruchstück einer Ode „an Diotima" beweist:

Wenn aus der Ferne, da wir geschieden sind,
Ich Dir noch kennbar bin, die Vergangenheit,
O Du Theilhaber meiner Schmerzen,
Einiges Gute bezeichnen Dir kann —

Daß die Erinnerung an diese Schmerzen für seinen Geist schädlich war, davon muß er selbst ein unbestimmtes Gefühl gehabt haben, da er später immer vermied, auch nur über seinen Aufenthalt in Frankfurt zu sprechen, und sehr aufgeregt und ungehalten wurde, wenn seine Besucher die Rede darauf bringen wollten.

Diese Erinnerungen werden es auch in erster Linie gewesen sein, welche die Hoffnungen, mit denen Sinclair seine Uebersiedelung nach Homburg in's Werk gesetzt hatte, vereitelten, obwohl alles für ihn geschah, was treue Fürsorge leisten konnte. Er wohnte „im Hause eines französischen Uhrmachers Calame, in der Gegend, wo er es wünschte"; seine Wirthe waren „sehr brave Leute, die alles für ihn besorgten und wo er sehr gut aufgehoben war". Sinclair und die Mutter desselben nahmen sich seiner nach besten Kräften an, bei den übrigen Bekannten fand er die freundlichste Theilnahme und die landgräfliche Familie bezeugte ihm durch kleine Aufmerksamkeiten ihr warmes Interesse. So machte ihm der Landgraf ein Exemplar der schönen Wakefield'schen Ausgabe des Virgil zum Geschenk und die Prinzessin Auguste, die nachmalige Erbgroßherzogin von Mecklenburg, sorgte dafür, daß er in seiner Wohnung das Clavier wiederfand, welches sie ihm einst geschenkt hatte. Auch eine ihrer älteren Schwestern, die Erbprinzessin Amalie von Anhalt, lernte er jetzt kennen, da sie gerade bei ihren Eltern zum Besuche weilte. Er widmete ihr eine Ode, die zwar nicht ganz ausgeführt ist, im übrigen aber durchaus keine Spuren von Geisteskrankheit aufweist, und in der er der Gärten von Luisium bei Dessau gedenkt, die er in seiner Jugend von Jena aus auf einer Fußreise besucht hatte. Aber daß er schwer leidend war, beweist schon der Umstand, daß er sich nicht bewegen ließ, an die Seinigen zu schreiben. Rührend klingt die Klage der Mutter darüber in einem Briefe vom 29. October 1805: „Allerliebster Sohn, ob ich schon nicht so glücklich bin, auf mein wiederholtes Bitten auch einige Linien von Dir, mein Lieber, zu erhalten, so kann ich es doch nicht unterlassen, Dich manchmal von unserer vordauernden Liebe und Andenken zu versichern. Wie sehr würde es mich freuen und erheitern, wenn Du mir nur auch wieder ein Mal schreiben wolltest, daß Du die Lieben Deinigen noch liebst und an uns denkest. Vielleicht habe ich Dir ohne mein Wissen und Willen Veranlassung gegeben, daß Du empfindlich gegen mich bist, und so bitter entgelten lässest. Sei nur so gut und melde es mir, ich will es zu verbessern suchen. Oder wann Dir etwas an Deinem Weißzeug oder Kleidungsstücke abgehen sollte, so schreibe es mir oder bitte Deinen Hausherrn, daß er mir schreibt. Es freut mich herzlich, daß Du, wie mir die gnädige Frau von Bröck schreibt, einen so gut denkenden Hausherrn hast, der Dich so liebreich behandle. Du, mein Lieber, wirst es auch zu schätzen wissen und dankbar vor die besondere Gewogenheit und Vorsorge, die Dein edler Freund und Gönner, Herr von Sinclair, so viel an Dir thut, wie auch dessen gnädige Frau Mutter und die Personen, die Dich verpflegen“.

Auf Perioden, in denen der Geist des Dichters völlig klar zu sein schien, folgten andere, in denen die düstere Schwermuth die Oberhand gewann, untermischt mit den heftigsten Wuthanfällen, und sie wurden immer länger und häufiger. Das Clavier, von dem man erhofft hatte, daß es ihm zu besonderer Erholung gereichen werde, war es, an dem er sich zunächst austobte. Er zerriß seine Saiten, so daß es nun, wie Sinclair sagte, ein wahrer Seelenabdruck von ihm wurde. Je länger er in Homburg war, desto bedenklicher wurden die Anfälle, die ihn heimsuchten, so daß Calame sich weigerte, ihn länger in seinem Hause zu behalten. Man that ihn nun zu einem Landsmann Namens Lattner, der sich in Homburg als Sattlermeister niedergelassen hatte und sich seiner auf das wärmste annahm. Aber seine Tobsucht wurde immer gefährlicher, so daß er den Zorn der Bevölkerung dadurch herausforderte. Zudem sah der inzwischen mediatisierte Landgraf sich zu Einschränkungen genöthigt und Sinclair mußte sich, die Verhältnisse erwägend, schweren Herzens entschließen, ihn in die Heimath zurückzuschaffen. Am 3. August 1806 schrieb er der Mutter des Freundes darüber: „Die Veränderungen, die sich leider mit den Verhältnissen des Herrn Landgrafen zugetragen haben, die Ihnen auch schon bekannt sein werden, nöthigen den Herrn Landgrafen zu Einschränkungen und werden auch meine hiesige Anwesenheit wenigstens zum Theil aufheben. Es ist daher nicht mehr möglich, daß mein unglücklicher Freund, dessen Wahnsinn eine sehr hohe Stufe erreicht hat, länger eine Besoldung beziehe, und ich bin beauftragt, Sie zu ersuchen, ihn dahier abholen zu lassen. Seine Irrungen haben den Pöbel dahier so sehr gegen ihn aufgebracht, daß bei meiner Abwesenheit die ärgsten Mißhandlungen seiner Person zu befürchten ständen, daß seine längere Freiheit selbst dem Publikum gefährlich werden könnte, und, da keine solche Anstalten im hiesigen Lande sind, es die öffentliche Vorsorge erfordert, ihn von hier zu entfernen. — Wie sehr es mich schmerzt, können Sie glauben, aber der Nothwendigkeit muß ein jedes Gefühl weichen und in unsern Tagen erfährt man nur zu oft diesen Zwang."

Gerade damals war das Klinikum in Tübingen von dem berühmten Autenrieth neu eingerichtet worden. Wenn Heilung überhaupt noch möglich sei, hofften die Seinen, daß Hölderlin sie dort finden werde. Es war nur die Frage, ob er sich überreden lassen würde, sich in die Anstalt zu begeben. Sinclair legte sich in's Mittel; unter dem Vorwand, daß er als Bibliothekar in Tübingen einen Büchereinkauf besorgen solle, brachte er ihn dorthin, und einmal dort angekommen, ließ der Kranke das Verbleiben daselbst „auf höheren Befehl" sich willig gefallen. Daß er auch hier noch häufige Tobsuchtsanfälle hatte, läßt sich daraus schließen, daß man ihm zum Essen weder Messer noch Gabel, sondern nur einen Löffel gab. Im übrigen sind keine Aufzeichnungen über die Kur vorhanden, die so wenig anschlug, daß ihn die Familie nach kaum einjährigem Verweilen in der Klinik wieder herausnahm und dem wohlhabenden und gebildeten Tischlermeister Zimmer zur Pflege überantwortete. Zimmer's Haus stand am linken Ufer des Neckar, hineingebaut in den ehemaligen Zwinger der Stadt. Im ersten Stock wurde ein hübsches Erkerzimmer für den Kranken hergerichtet, der von seinem Fenster aus auf den Neckar hinabsehen konnte, „mit seinen lieblichen Wiesen und Uferweiden", den er vordem so schön besungen, und jenseits des Flusses auf lachende Wiesengründe und drüber hinaus in das prächtige Steinlachthal und auf die im Sonnenschimmer weiß erglänzende Kette der Alb. Niemand ahnte wohl, als Hölderlin hier einzog, wie lange der bescheidene Raum, der ihn wie ein kleiner, aber sicherer Hafen nach den wilden Stürmen auf dem Lebensmeer aufnahm, ihn beherbergen werde. Auf drei Jahre höchstens hatte der Arzt Zimmer gegenüber seine Lebensdauer geschätzt, allein die Schätzung war eine irrige gewesen: sechsunddreißig Jahre verbrachte er im Zimmer'schen Hause, ehe der Tod ihn erlöste, und als er endlich zum Sterben kam, war sein freundlicher Hausherr ihm schon vor sechs Jahren vorausgegangen.

In seinem neuen Heim genoß er eine Freiheit der Bewegung, die er nach dem Zwang, dem er in der Klinik unterworfen war, doppelt wohlthätig empfand, und die man ihm nicht einzuschränken brauchte, da er sehr harmlos war und höchstens „hie und da mit den Tischlergesellen in kleine Conflikte gerieth, die mit einigen Faustschlägen endigten". In den ersten Jahren wurde er allerdings noch ab und zu von heftigen Paroxysmen befallen, die sich indessen nicht mehr in Thätlichkeiten, sondern mehr in leidenschaftlichen Reden Luft gemacht zu haben scheinen. Charakteristisch ist, daß er selbst in diesen Anfällen nach der bestimmten Aussage seiner Pfleger niemals häßliche und rohe Worte gebrauchte. Ihre unmittelbare Folge war gewöhnlich eine große Mattigkeit und Körperschwäche. Im April 1812 hatte er wieder einen solchen Anfall, nachdem er ein heftiges, mit Schweißen verbundenes Fieber bekam, das mehrere Tage anhielt und ihn sehr schwächte. Nach demselben aber war er wie befreit von jener quälenden Unruhe, die ihn sonst jeden Tag heimgesucht hatte, die Paroxysmen ließen nach und er wurde ganz still und friedlich. Professor Gmelin, den Zimmer zu Rathe zog, glaubte darin ein Nachlassen der Natur, ein Anzeichen des nahenden Endes sehen zu müssen, indessen war dem nicht so. Die Wuth der Krankheit war gebrochen, es trat nun ein neues Stadium ein, in dem der Geist des Unglücklichen, der den großen Anspannungen, die ihm zugemuthet waren, nicht hatte Stand halten können, immer stumpfer wurde, immer mehr verblödete. Es zeigte sich nun, wie Schwab ausführt, daß der Grundcharakter seines Wahnsinns die aus einer ungeheuren Erschöpfung hervorgehende Zerstreutheit seines Geistes war, die Zusammenhanglosigkeit der Gedanken und die Unmacht, mit seinen Vorstellungen einen bestimmten Weg von irgend einem Ausgangspunkt bis zu einem gewissen Ziele zu durchlaufen. Er war unfähig geworden, seine Verstandeskräfte auf irgend etwas andauernd und angestrengt zu konzentrieren; wenn man sich mit ihm unterhielt, hörte er entweder gar nicht zu, oder er verwirrte sich, nachdem er anfänglich ganz vernünftig gesprochen hatte, in thörichtes, sinnloses Gerede, brauchte zur Beendigung des Gesprächs ein merkwürdiges, selbstgebildetes Wort Pallaksch, oder vergaß ganz, daß jemand bei ihm war, und erging sich in stundenlangen, lauten, krausen Selbstgesprächen, in denen vernünftiges und absolut thörichtes wunderbar vermischt war. Aehnlich ging es beim Schreiben, das er besonders in den ersten Jahren mit Leidenschaft betrieb. Während in den Versen, die er zu Papier brachte, eine gewisse Idee nie zu verkennen war, versagte ihm die Denkkraft meist, wenn er in Prosa schrieb, er verlor den Faden der Gedanken sehr rasch und beendete ganz vernünftig begonnene Sätze mit völlig unverständlichem Geschreibsel und selbstgebildeten eigenthümlichen Worten, wie Geltenheit für Geltung, Behauptenheit für Behauptung u. a. m.

Der Geist, der die ganze Welt hatte umspannen und erfassen wollen, der einst gemeint hatte nur im Verständniß des All und im Einklang mit diesem schaffen zu können, er starb nun allmählig für die Außenwelt ganz ab, er verlor das Interesse nicht nur an allem, was draußen in der Welt vorging, was sich im geistigen Leben seines Vaterlands abspielte, sondern selbst an dem, was sich in seiner Familie und in seiner nächsten Umgebung zutrug. Theilnahmlos für alles verbrachte der Dichter seine Tage, sein Körper befand sich wohl, seine Seele aber befand sich andauernd wie in einem Halbschlaf; es war kein Leben mehr, das er führte, es war ein pflanzenähnliches Vegetieren. Ab und zu flackerte zwar die alte Intelligenz noch einmal für kurze Zeit auf, so als man ihm vom Freiheitskampfe der Griechen erzählte und daß die Morea frei sei vom türkischen Joch. Da erwachte im Schöpfer des Hyperion noch einmal die alte Begeisterung, aber alsbald erlosch die kaum entfachte Flamme wieder und die ewige Apathie kehrte zurück. Wenn ihn seine alten Freunde besuchten, so blieb er theilnahmlos, auch wenn sie noch so heftig erschüttert waren, und selbst denen gegenüber, die er noch zu kennen schien, zeigte er keine Spur von Interesse für ihre Thätigkeit und ihre Verhältnisse. Als seine Schwester, an der er mit solcher Zärtlichkeit gehangen, ihn einmal besuchte, umarmte er sie wohl unter Thränen, aber im nächsten Augenblick war er wieder so stumpf, als ob nichts geschehen sei. Selbst die Nachricht vom Tode seiner Mutter, die 1828 starb und in den letzten Jahren ihr Vermögen einzig im Hinblick darauf verwaltet hatte, daß für Friedrichs Lebensunterhalt auch künftig gesorgt sei, selbst diese Trauerbotschaft schien ohne Eindruck an ihm vorüberzugehen. Er war eben gegen alles gleichgiltig geworden, er lebte in der Welt, ohne mehr die rechten Begriffe von ihr zu haben. Weil er von Natur höflich und gut erzogen war, so wirkte das auch jetzt noch insofern nach, als er den Leuten, die ihn aufsuchten, freundlich begegnete, aber irgend welches Interesse nahm er sogar an denen nicht, die, wie Waiblinger, Jahre lang täglich mit ihm verkehrten. Als Schwab ihm einst vom Tode Waiblinger's sprach, fragte er kühl und ohne Verwunderung: „Lebt er nicht mehr?" Nur selten trat er aus dieser Stumpfheit heraus, gewöhnlich in Folge unangenehmer Eindrücke, wie z. B. wenn man mit ihm von Frankfurt oder von Frankreich zu sprechen versuchte; dann wurde er unruhig und drängte den Besucher, wenn er nicht freiwillig ging, zum Zimmer hinaus. Auch sollen in dieser Beziehung der zunehmende Mond und der Frühling und der Herbst einen gewissen Einfluß auf ihn gehabt und eine größere Reizbarkeit bei ihm hervorgerufen haben.

Im eigenthümlichen Kontrast zu dieser allgemeinen Stumpfheit steht das lebhafte Interesse, das er an kleinen, unbedeutenden Dingen, die sein äußerliches Wohlbefinden angingen, nahm. So hatte er eine kindische Freude daran, daß man ihm ein Sofa in sein Zimmer stellte, und war glücklich, wenn eines seiner Kleidungsstücke durch ein neues ersetzt wurde. Das starke Selbstgefühl, das er stets besessen, äußerte sich jetzt darin, daß er in krankhafter Weise Acht gab, ob man ihn auch genügend respektvoll behandle. Wurde dies versäumt, so konnte er sehr aufgebracht werden. Ein höchst bezeichnendes Beispiel dafür wird in einem Briefe Zimmers an Hölderlin's Mutter aus dem Oktober 1811 berichtet. Es wird darin berichtet, daß Hölderlin mit seinen Wirthen zur Zwetschgenernte in ihren Garten gegangen sei und sich sehr gefreut habe, wenn ihm beim Schütteln der Bäume die Früchte auf den Kopf fielen. Dann heißt es weiter: „Im Heimgehen begegnete uns Professor Konz und grüßte Ihren Sohn, nante Ihn Herr Magister, sogleich Ihr Sohn, Sie sagen Herr Magister, Konz bat Ihren Sohn um Verzeihung und sagte bey uns alte Bekante komt es nicht darauf an wie mir uns Titulliren bey diesen Worten zog Konz den Homer aus der Tasche und sagte, sehen Sie ich habe auch unsern alten Freund bey mir, Hölderlin suchte eine Stelle darin auf und gab sie Konz zum leßen, Konz laß die Seite Ihrem Sohn ganz begeister vor, dadurch Wurde Ihr Sohn ganz entzückt, wir gehnen dann auseinander, und Konz sagte, leben Sie recht wohl Herr Biebledekarius. Das machte Ihren Sohn ganz zufrieden. Aber 3 Tage nachher brach er aus und sagte in der Heftigkeit, Ich bin Kein Magister, Ich bin fürstlicher Bibledekarius schimfte und fluchte auf daß Konsistorium und war lange unzufrieden darüber, jetzt ist Er aber wieder ganz ruhig.“ Wenn ihn dagegen jemand besonders achtungsvoll behandelte, oder ihm kleine Aufmerksamkeiten erwies, so nahm er das immer sehr hoch auf; ein Blumenstrauß, den Ludwig Uhland ihm zu seinem letzten Geburtstage schickte, freute ihn „rasend“. Eine sonderbare Marotte war es von ihm, in späteren Jahren seinen Namen zu verleugnen, er nannte sich nur noch Buonarotti oder Scardanelli und unterschrieb auch so seine Gedichte. Auch nach seinem Alter durfte man ihn nicht fragen: als Waiblinger es doch einmal that, gab er ihm zur Antwort: „Siebzehn, Herr Baron.“ Solche merkwürdigen Titulaturen gebrauchte er überhaupt fast ausschließlich; „heilige Jungfer Lotte“ nannte er eine Tochter seiner Wirthe, seine Gäste nannte er „Eure Durchlaucht“, „Eure Heiligkeit“ und erging sich ihnen gegenüber überhaupt in übertriebenen Höflichkeitsformen. So pflegte er auch eine an ihn gerichtete Frage nie direkt zu verneinen, sondern mit Ausdrücken wie: „Sie behaupten das nicht“, „Sie befehlen das nicht“, „ich möchte das nicht beantworten“. Einen Brief an seinen Bruder schloß er mit den Worten: „ich empfehle mich Deinem wohlwollenden Angedenken und nenne mich Deinen Dich schätzenden Bruder Hölderlin.“ Daß ihn mitten in seiner Geistesnacht der natürliche Instinkt bisweilen gleichsam überwältigte und vernünftiger machte, als man es nach seiner gewöhnlichen begrifflosen Art erwartet hätte, dafür bringt Schwab einige Beispiele bei. Das sprechendste ist, daß er eines Tages, als er eins von Zimmers Kindern am Fenster in Gefahr sah herauszustürzen, schnell hinzusprang und es herunter hob. Aber diese blitzartigen Regungen des Intellekts blieben nur vereinzelt. Dagegen setzte er seine Beschäftigung mit der Poesie durch die langen Jahre der Krankheit andauernd fort. In seiner kleinen Bibliothek, die aus Klopstock, Hagedorn, Zachariä und ein paar ähnlichen Werken bestand und gegen deren Vergrößerung er sich immer sträubte, las er jeden Tag. Daneben aber dichtete er selber, in den ersten Jahren Briefe an Diotima in Prosa und freien Metren, noch häufiger Oden in Alcäen, in denen er die Erinnerung an die Vergangenheit und den Kampf mit Gott behandelte, oder die alten Griechen feierte. Später kehrte er in der Form zu den gereimten Versen seiner Jugend zurück und behandelte die Natur, die Jahreszeiten, oder das Schicksal der Menschen. Am besten und lesbarsten sind noch die Gedichte, in denen er die Natur besang; „das stille Leben der Mutter Erde entlockte dem zerrißnen Saitenspiel noch tönende Akkorde, da es für jede andere Berührung erstorben schien." Eines derselben möge hier seinen Platz finden:

Der Spaziergang.

Ihr Wälder schön an der Seite,
Am grünen Abhang gemalt,
Wo ich umher mich leite,
Durch süße Ruhe bezahlt
Für jeden Stachel im Herzen,
Wenn dunkel mir ist der Sinn,
Den Kunst und Sinnen hat Schmerzen
Gekostet von Anbeginn.
Ihr lieblichen Bilder im Thale,
Zum Beispiel Gärten und Baum,
Und dann der Steg, der schmale
Der Bach zu sehen kaum!
Wie schön aus heiterer Ferne
Glänzt einem das herrliche Bild
Der Landschaft, die ich gerne
Besuch' in Witterung mild.
Die Gottheit freundlich geleitet
Uns erstlich mit Blau,
Hernach mit Wolken bereitet,
Gebildet wölbig und grau,
Mit sengenden Blitzen und Rollen
Des Donners, wie Reiz des Gefilds,
Mit Schönheit, die gequollen
Vom Quell ursprünglichen Bilds.

Ja, in den ersten Jahren trug sich Hölderlin sogar noch mit

allerhand größeren Plänen. So beabsichtigte er im Winter 1810/11 einen Almanach herauszugeben und schrieb, wie ein Brief August Mayers berichtet, „dafür täglich eine Menge Papiers voll". Auch war er mit dem Gedanken an eine Herausgabe seiner gesammelten Gedichte beschäftigt und empfand es als einen Eingriff in seine Rechte, daß Seckendorff einige derselben im Musenalmanach auf 1807 und 1808 veröffentlichte. Wegen einer Ausgabe von Hölderlin's Gedichten soll nach Schwab's Erzählungen Huber schon 1801 in Stuttgart Unterhandlungen angeknüpft haben, die mit der Grund zur Rückkehr des Dichters aus Hauptwyl gewesen seien. Daß letzteres unrichtig ist, geht aus unserer Darstellung des Fortganges hervor; wenn solche Unterhandlungen wirklich geführt wurden, so kamen sie nicht zum Ziel. Erst im Jahre 1826 erschien die Sammlung wirklich, Dank den Bemühungen eines preußischen Offiziers, Namens Diest, dessen Sammlung von Karl Gock und Justinus Kerner ergänzt und dann von Uhland und Schwab herausgegeben wurde. An dem Exemplar, das man Hölderlin zustellte, hatte dieser eine große Freude. Auch die zweite Auflage, „die ihm die J. G. Cotta'sche Buchhandlung, natürlich ohne den dort vorausgeschickten Lebensabriß übersandte, nahm er mit großem Wohlgefallen auf".

Eifrig trieb er während seiner letzten Jahre Musik; im Anfange spielte er Flöte, Violine und, nachdem er 1808 ein Klavier bekommen hatte, auch dieses Instrument, ingleichen sang er häufig. Gesang und Flötenspiel ließ er vom Jahre 1817 an bei Seite liegen, um es 1822 mit Eifer von neuem für einige Zeit wieder aufzunehmen. Später gab er das Flötenspiel ganz auf und sang nur, wenn er allein war. Das Klavierspiel aber pflegte er bis in seine letzten Tage, meist frei phantasierend, und war stets gern erbötig, seinen Besuchern etwas vorzuspielen. Neben der Musik war besonders die Natur seine Trösterin; in den ersten Jahren beruhigten und erquickten ihn Spaziergänge ungemein, später verließ er das Haus nur selten, genoß aber gern und oft die schöne Aussicht, die sich ihm von seinem Fenster bot. Häufig stand er von seinen Büchern auf und blickte hinaus, in einer schönen Mondnacht verließ er wohl auch sein Lager und sah stundenlang in die Landschaft hinaus. Sonstiger Vergnügungen bedurfte er nicht. Seine Lebensweise war die denkbar einfachste. Das Essen, das er stets allein einnahm, war schlichte Hausmannskost, doch aß er stets mit gutem Appetit, trank auch gerne ein Glas Wein und nach Tisch seinen Kaffee. Zwischen den Mahlzeiten genoß er anfänglich nichts, erst in der letzten Zeit ließ er sich Vor- und Nachmittags etwas Chokolade oder Wein reichen. Eine Liebhaberei von ihm war der Tabak; die Schnupftabaksdose führte er stets bei sich und eine gestopfte Pfeife oder eine Cigarre, die man ihm anbot, nahm er gern entgegen. Er stand regelmäßig in aller Frühe auf und ging pünktlich um 8 Uhr, später sogar schon um 7 Uhr Abends zu Bett. Bei dieser Lebensweise befand er sich körperlich durchweg sehr wohl. Sein Aussehen schildert Schwab, der 1840 nach Tübingen kam, folgendermaßen: „Als ich ihn kennen lernte, zeigte der siebzigjährige Mann eine vom Alter nur wenig gebeugte Gestalt; eine hohe geradfallende Stirn schien Zeuge des einstigen Gedankenreichthums, die in reiner Linie kräftig vorspringende Nase, ein überaus feingebildeter Mund und ein zartgebautes Kinn verriethen Spuren vergangener Schönheit, nur in dem wächsernen mittelpunktlosen Ausdruck der Augen lag das unverkennbare Zeichen des Irren. Wenn auch hie und da ein zärtlicher Schimmer darüber hinglitt, es fehlte immer an Konzentration, an der Sammlung zum Sterne; übrigens sah Hölderlin in die Nähe und Ferne vortrefflich. Sein Haar war grau geworden, aber bis zum Ende reichlich, die Farbe des Auges, die früher braun gewesen war, hatte sich in's Graue verloren. Seine Größe war stark mittel."

Im sechsunddreißigsten Jahre seines Aufenthaltes im Zimmerschen Hause, wo er nach dem Tode des Vaters von dessen Gattin mit rührender Sorgfalt gepflegt wurde, war sein Befinden noch immer ein derartiges, daß man, obwohl er einige Male von leichtem Unwohlsein befallen wurde, noch nicht an seinen Tod dachte. Das Ende kam unerwartet schnell. Im Juni fühlte er sich plötzlich eines Abends sehr leidend, ging nach seiner Gewohnheit ans offene Fenster und sah lange in die mondbeglänzte Abendlandschaft hinaus, was ihm Erleichterung brachte. Als er aber bald darauf sein Bett aufsuchte, verschlimmerte sich sein Zustand rasch. Er faltete die Hände, betete, und schlief dann, ehe der Arzt kam, ruhig ein, ohne daß er noch wieder in den vollen Besitz seiner Geisteskräfte gekommen wäre. „Die Sektion zeigte eine ausgebildete Brustwassersucht als Ursache seines Todes, außerdem eine bedeutende Herzverknöcherung und Hirnwassersucht.“ Dem Leichnam wurde ein voller Lorbeerkranz auf das Haupt gelegt und trotz des sehr ungünstigen Wetters geleiteten ihn mit den Verwandten auch mehrere Professoren und zahlreiche Studenten auf dem letzten Gange. Schwab sprach einige Worte am Grabe. Ueber diesem ließ Karl Gock, der Bruder des Dichters, ein einfaches Denkmal errichten, auf dem die folgenden, des Dichters schöner Hymne „Das Schicksal“ entnommenen Worte stehen:

Im heiligsten der Stürme falle
Zusammen meine Kerkerwand
Und herrlicher und freier walle
Mein Geist in's unbekannte Land!

VIII.

Schluß.

Von Jugend auf wurde Hölderlin von einem brennenden Durst nach Ruhm und Anerkennung verzehrt, der doppelt heiß war, weil die dem Jünglinge natürliche Scheu und Schüchternheit Fremden gegenüber ihn zwang, denselben im tiefsten Schrein seines Herzens zu verbergen. Er ging den höchsten Zielen zu, er verzichtete in einem Alter, wo sonst die heitre Jugend sorglos in den Tag hinein lebt, auf den „Kelch der Freuden", um sich „den ersten Lorbeer" zu gewinnen, und wollte es nicht begreifen, daß er auf dem Weg zum Dichterruhme nicht alsbald zum ersehnten Ziele gelangte. Wohl hatte er einen starken Glauben an sein Talent, aber er besaß nicht die Ruhe der Ausdauer, um unverzagt es zu erwarten, daß sein Name die ihm gebührende Anerkennung finde. Schon 1789, zu einer Zeit also, in der sein Talent noch längst nicht ausgereift war, vergießt er „bange Thränen" und klagt, weil „zurück aus den Lorbeerhainen unerweicht die Ehre den Trauernden" stieß. Eine grausame Laune des Schicksals ließ ihn den Beginn seines Ruhmes erleben, ohne daß er sich seines Genusses hätte freuen können. Nachdem die Sammlung seiner Gedichte erschienen war, kam die Zeit, die er sich einst in seiner Phantasie ausgemalt hatte, die Zeit, in der „die Menschen nach seinem Geburtsort und seiner Mutter fragen würden". Der Litteraturfreund, der nach Tübingen kam, versäumte nicht in die Klause des kranken Dichters zu pilgern und sich von ihm ein paar Verse zur Erinnerung auszubitten, ein Wunsch, der dem Irren immer schmeichelte und dem er bereitwilligst entsprach. Als dann im Jahre 1846 Chr. Th. Schwab im Cotta'schen Verlage die sämmtlichen Werke Hölderlins herausgab, da war das Gesammtbild seines dichterischen Könnens, das sie boten, nur geeignet, seinen Ruhm und sein Ansehen zu befestigen und auch die Litterarhistoriker, die ihn anfänglich, wie z. B. Gervinus, ziemlich stiefmütterlich behandelt hatten, begannen, ihm sein volles Recht widerfahren zu lassen. Unrecht thaten sie ihm allerdings, da sie, verleitet durch seine Beziehungen zu Schelling, ihn einfach in die romantische Schule mit einbezogen. Mit demselben Rechte könnte man auch Schiller den Romantikern zurechnen, dessen Schüler und Nachahmer Hölderlin mit Bewußtsein war, bis er die Eigenart seines Talents erkannt hatte und nun jene reifen Werke schuf, die völlig sein eigen und auf keiner Schule Boden erwachsen sind. Daß seine Poesie und seine Weltanschauung in mancher Hinsicht verwandt ist mit der der Romantiker, soll nicht geleugnet werden, aber im Ganzen trennt ihn doch von diesen eine Kluft, über die keine Brücke führt. Das hat schon Teuffel in feiner und geistvoller Weise ausgeführt. Hölderlin mißachtet, wie jene, innerlich die Wirklichkeit und das Leben seiner Zeit, aber er setzt sich nicht, wie sie, im Kitzel genialen Uebermuths über diese Schranke hinweg, er sucht sie mit heißem Bemüh'n niederzureißen und kämpft sich dabei wund und todesmüde. Eine bessere, schönere Welt sehnt auch er herbei, aber er ist nicht eitel genug, zu glauben, daß sie mit ihm gekommen, daß er ihr Messias sei. Wenn er sich aus der Gegenwart zurückzieht, so geschieht es nicht, weil er vornehm sie gering und sich selbst zu hoch schätzte, sondern weil sie ihm tiefe Wunden geschlagen hat und die zarte Beschaffenheit seines Gemüths die in ihr wehenden scharfen Winde nicht ertragen kann, weil er fürchtet, daß an der eiskalten Geschichte des Tages das warme Leben seines Herzens erkalten müsse. Das wesentlichste Moment bei den Romantikern ist die Ironie, sie spielen mit ihren Ideen ein heiteres Spiel der Phantasie, Hölderlin aber, der feine Pathetiker, schwärmt für die seinen mit heiligem Ernst und rückhaltloser Hingebung seines Selbsts; sein ganzes geistiges Wesen ist mit unauflöslichen Wurzeln in sie hineingewachsen. Das ist etwa der Gedankengang von Teuffels Ausführungen und sehr fein spitzt er weiter den Kontrast zwischen Hölderlin und den Romantikern zu, wenn er sagt: Die ideale Welt der Romantiker unterscheidet sich von der wirklichen qualitativ, die Hölderlin's quantitativ. Hölderlin's

Cultus gilt der Natur, der der Romantiker der Unnatur; jener verhält sich zur Natur kindlich, diese kindisch; er erblickt in der Natur überall Geist, diese Geister. Jener sah die höchste und schönste Aufgabe darin, still zu werden, wie die Natur, diesen konnte es nicht bunt, ausgelassen und lärmend genug hergehen. Bei ihnen dreht sich alles nun ihr eigenes Ich, Hölderlin aber schreibt an Neuffer im März 1794: „Und was ist's, wenn auch wir armen Schelme vergessen werden oder nie ganz in's Andenken kommen, wenn's nur mit den Menschen überhaupt besser wird, wenn die heiligen Grundsätze des Rechts und der reineren Erkenntniß ganz in's Andenken kommen und ewig nimmer vergessen werden." Den Romantikern fehlte, was Hölderlin in hohem Grade besitzt: „Maß, Adel, sittliche Reinheit."

Die Weltgeschichte ist das Weltgericht. Dieser Satz gilt auch für die Litteratur, wie gerade der Vergleich Hölderlins mit den Romantikern beweist. Wie ein Meteor stieg die junge Schule am Horizonte Deutschlands empor, alle Herzen flogen ihr zu, alle fähigen Köpfe schworen zu ihr. Aber wie ein Meteor verschwand sie auch wieder und der Tagesgeschmack wandte sich neuen Götzen zu. Für den Gelehrten, den Fachmann werden sie immer von Interesse sein, die Schlegel, Tieck, Arnim, Fouqué, Brentano, aber außerhalb dieser Kreise kümmert man sich nicht mehr um sie und wo ihre Werke etwa noch von früher her im Bücherschrank stehen, lagert fingerdicker Staub auf den Bänden. Und Hölderlin? In breitere Volksschichten ist er freilich nicht eingedrungen, es gehört ein gewisser Grad von Bildung dazu, ihn zu verstehen und zu würdigen, und die schöne Phrase, daß sie bestimmt seien Gemeingut der Nation zu werden, läßt sich auf seine Werke nicht anwenden. Wer aber im Besitz des nöthigen Wissensfonds an ihn herantritt, den enttäuscht er heute und in alle Zukunft nicht und immer weiter verbreitet sich in dieser Gemeinde die Ueberzeugung, daß Deutschland in Hölderlin einen Lyriker besitzt, der es verdient, nächst Goethe genannt zu werden, dessen Wort:

Was glänzt, ist für den Augenblick geboren,
Das Echte bleibt der Nachwelt unverloren.

sich auch an ihm im vollsten Maße bewährt hat.

Gewiß, auch er hat seine Schwächen und niemand hat sie besser erkannt, als er selbst. Er war eine rein subjektive Natur, die nicht aus sich heraus konnte. Wo es galt, sich in eine andere Anschauungsweise zu versetzen, einen anderen Charakter organisch zu gestalten, da versagte seine Kraft. Selbst in die Natur trug er seine eignen Stimmungen und Gefühle hinüber, er war unfähig, sich zu objektivieren. Aber diese wesentliche Schwäche ist auch sein wesentlichster Vorzug, denn seine Hauptthätigkeit, sein unvergängliches Verdienst, liegt auf dem Gebiet der Lyrik und diese ist unter allen Dichtungsarten diejenige, welche am meisten und ausschließlich Subjektivität verlangt. Darum athmet ein solcher Reiz aus seinen Gedichten, die Köstlin, der feinsinnige Hölderlinkenner, trefflich gewürdigt hat mit den Worten: „die wonnevolle Herrlichkeit alles desjenigen, was das Leben dem Menschen zu bieten und wozu es seinen Geist zu erheben vermag, und den zermalmenden Ernst, mit dem es ihm furchtbar entgegen treten kann, dies beides und zwar beides zumal in innigster Verflechtung, das hat nur Hölderlin im Hyperion, wie in den übrigen Gedichten in absoluter Vollendung ausgesprochen. Dadurch steht er den Größten im Reiche der Poesie würdig zur Seite, und zwar um so mehr, da alles, was er gegeben, verklärt ist durch den Adel ungetrübter Reinheit und Zartheit des sittlichen Sinnes."

Ja, man darf mit Gewißheit sagen, daß, welche Widerwärtigkeiten ihm auch im Leben beschieden waren, das Loos des Vergessenwerdens nicht das seine geworden ist. Man hat zu seinen Ehren Denkmäler errichtet, die sein Gedächtniß lebendig erhalten. Die Tafel an seinem Geburtshause haben wir bereits im ersten Abschnitt erwähnt; sie wurde 1873 eingeweiht. 1881 errichtete ihm im botanischen Garten in Tübingen ein warmer Verehrer, der treffliche Bildhauer Emmerich Andresen, ein weiteres schönes Denkmal. Unter den alten Baumkronen erhebt sich auf grauem Sockel das weiße Marmorbild des Genius des Ruhmes, das sterngekrönte Haupt zum Aether gehoben, die Linke auf einen Säulenstumpf gestützt, während die Rechte in freier, schöner Bewegung dem Grabe des Dichters, das unweit von der Stelle des Denkmals gelegen ist, einen Lorbeerkranz zustreckt. Und auch in Homburg hat man seiner nicht vergessen. Am 28. Juli 1883 wurde dort in lieblicher Umgebung ein Denkmal enthüllt, das der Baumeister Louis Jacobi entworfen hatte, eine dreiseitige Pyramide, die vorn in einem Medaillon von weißem Marmor die edlen Züge Hölderlin's zeigt. Hinter der Plastik ist die Poesie nicht zurückgeblieben, mancher Dichter hat dem unglücklichen Mitkämpfer ein Lied geweiht, keiner ein schöneres, als Ludwig Pfau, der das tragische Geschick seines Landsmannes mit einem versöhnenden Schimmer zu umkleiden wußte in dem Sonett:

Ja, treulich hat dein Schutzgeist Dich bewacht,
Du Griechenseele in des Nordens Banden,
Du ringender Pilot nach sel'gen Landen,
Zertretner Kämpfer in des Lebens Schlacht!

Mit leiser Hand hat er Dich losgemacht
Aus Schmerzen, die wie Schlangen Dich umwanden;
Als alle Tage Dich in Thränen fanden,
Gab er Dich hin der stillen Tröst'rin Nacht.

So hat Dein Gott die Wogen Dir geglättet,
Zu Deiner Inseln Dichterparadies
Dich sanft gebracht, in tiefen Schlaf gebettet.

So hat er Dich, den selbst die Hoffnung ließ,
Dem göttlichen Odysseus gleich gerettet,
Der träumend an der Heimat Ufer stieß.

Eine Tassonatur hat man ihn genannt. Nicht mit Unrecht, denn, wie der Italiener, ging auch er am Konflikt mit der Welt, in die er sich nicht finden konnte, zu Grunde. Aber er ist Tasso auch darin gleich, daß das Geschick die Ehren, die es dem Lebenden versagte, dem Todten auf das Grab legte. Es ist, als wenn es vorbildlich gewesen wäre, was Schwab von der Bestattung des Dichters erzählt, daß, als der Sarg in die Gruft niedergelassen wurde, der trübe Himmel sich erhellte und die Sonne ihre freundlichsten Strahlen über das offene Grab goß. Wo immer die Poesie für höher geachtet wird, als für eine bloße Zeitvertreiberin in müßigen Stunden, da läßt man auch Hölderlin's Werken volle Anerkennung widerfahren, und wo immer man über den Dichtungen die Dichter nicht vergißt, da verfolgt man auch ihn mit warmer Theilnahme auf dem Dornenpfade seines Lebens. Was er so schön in der Ode an die Erbprinzessin Amalie, seinem Schwanenliede, gesungen:

Aus stillem Hause senden die Götter oft
Auf kurze Zeit zu Fremden die Lieblinge,
Damit, erinnert, sich am edlen
Bilde der Sterblichen Herz erfreue,

das ist an ihm selber in Erfüllung gegangen: sein edles Bild lebt unter uns fort, und er, der mit Hyperion klagte: „ich bin ja ohnedies dazu geboren, heimathlos und ohne Ruhestätte zu sein“, er hat nun gefunden, was ihm immer das begehrenswertheste schien, eine Heimath im Herzen der Besten seines Volkes.

Ungedruckte Gedichte Hölderlins.

Die nachstehenden Gedichte stammen aus dem handschriftlichen Nachlaß Hölderlins, wie derselbe aus dem Besitze Chr. Th. Schwab's, des verdienstvollen Herausgebers der Werke des Dichters, in den der Königlichen Bibliothek in Stuttgart übergegangen ist. Die Durchforschung dieses Kleinods, dessen Kenntniß für den Hölderlinforscher unerläßlich ist, wurde dem Verfasser von der Verwaltung der Kgl. Bibliothek in dankenswerthester Weise gestattet. Er hat demselben sämmtliche nachstehenden Gedichte entnommen, von denen Stichproben anläßlich der fünfzigsten Wiederkehr von Hölderlin's Todestag in verschiedenen Zeitschriften veröffentlicht wurden.

An die Mäcenaten.

(Nr. 37 [1]) Quartdoppelblatt, enthaltend Gedichte aus der Zeit des Denkendorfer Aufenthalts.)

Uns würdigte einst Eurer Weisheit Wille,
Der Kirche Dienst auch uns zu weih'n.
Wer, Brüder, säumt, daß er die Schuld des Danks erfülle,
Da wir uns solcher Gnade freu'n?

Wohl eilt der Wanderer durch dunkle Wälder,
Durch Wüsten, die von Hitze glüh'n,
Erblickt er nur von fern des Lands beglückte Felder,
Wo Ruh' und Friede blüh'n.

So können wir die frohe Bahn durcheilen,
Weil schon das hohe Ziel uns lacht,
Und der Bestimmung Sporn, ein Feind von trägem Weilen,
Uns froh und emsig macht.

Ja, dieses Glück, das, große Mäcenaten,
Ihr schenkt, soll nie ein träger Sinn
Bei uns verdunkeln, nein, verehren Fleiß und Thaten
Und Tugend immerhin.

---

[1]) Die Nummern sind diejenigen, unter denen die Gedichte im Verzeichniß des Nachlasses aufgeführt sind.

An M. B.

(Ebendort, mit der Angabe „im Nov. 1785“ von Hölderlin's Hand.)

O läch'le fröhlich unschuldsvolle Freuden!
Ja, muntrer Knabe, freue Dich,
Und unbekümmert, gleich dem Lamm auf Frühlingsheiden
Entwickeln Deine Keime sich.

Nicht Sorgen und kein Heer von Leidenschaften
Strömt über Deine Seele hin!
Du sahst noch nicht, wie tolle Thoren neidisch gafften,
Wenn sie die Tugend sahen blüh'n.

Dich sucht noch nicht des kühnen Läst'rers Zunge;
Erst lobt sie, doch ihr Schlangengift
Verwandelt bald das Lob, das sie so glänzend sunge,
In Tadel, welcher tödtlich trifft.

Du glaubst mir nicht, daß diese schöne Erde
So viele unzufriedne trägt,
Daß nicht der Welt, der Dich der Schöpfer gab, Beschwerde
Nur eigner Kummer Seufzer regt.

So folge ihr, Du edle, gute Seele!
Wohin Dich nur die Tugend treibt,
Sprich: Welt, kein leerer Schatten ist's, das ich mir wähle,
Nur Weisheit, die mir ewig bleibt!

Der Unzufriedene.

Preis der Schwabenmädchen.

(Nr. 24 Folioblatt, Rand theilweise abgerissen. Die Stellen in [] durch Konjektur ergänzt.)

So lieb, wie Schwabens Mägdelein,
Gibt's keine weit und breit!
Der kann mein Trauter nimmer sein,
Der ihrer sich nicht freut!
Wie war mir immer wohl zu Sinn,
So lang ich bei ihr war,
Bei meiner Herzenskönigin
Im blonden Lockenhaar.

Sie blickt des lieben Herrgotts Welt
So traut, so freundlich an
Und geht gerad und unverstellt
Den Lebensweg hinan.

Die Blumen wachsen sichtbarlich,
Wenn sie das Land begießt,
Es beuget Birk' und Erle sich,
Wenn sie den Hain begrüßt.

Entgegen hüpft ihr jedes Kind
Und schmiegt sich traulich an,
Die Mutter und die Basen sind
Ihr sonders zugethan,
Es freu'n sich alle, fern und nah,
Die meine Holde seh'n:
O lieber Gott! wie sollt' ich da
Die süße Minne schmäh'n!

Nicht minder lob' ich alle mir,
Die Schwabenmägdelein
Und tracht im Herzen für und für
Mich ihrer Gunst zu freu'n.
. . . .
. . . .
. . . .
. . . .

Und zieh' ich einst um Ruhmsg[ewinn]
In Helm und Harnisch aus,
Kommt ihr mir [nimmer aus dem Sinn,]
Stets kehrt der Held nach Haus.

Und [trennt mich von der Heimath einst]
Das Land Arabia,
So ruft: He Schwabe! komm [zurück!].
Flugs bin ich wieder da.

Wer mir die Holden nicht verehrt,
Der höre meinen Hohn:
Er ist des Vaterlands nicht werth,
Er ist kein Schwabensohn!
Er schmähe mir die Minne nicht,
Die Minne treu und rein,
Es spricht der Thor: Die Rose sticht!
Laß Rose Rose sein.

An Gustav Adolf.

(Nr. 22 Oktavdoppelblatt aus dem Jahre 1789; auf der ersten Seite Jamben, gleichfalls Gustav Adolf behandelnd.)

O Gustav, Gustav! hast Du Dein Ohr geneigt
Den Zeugen Deiner Größe — Du herrlicher!
Und zürnst Du nicht und lächelst Du im
Arme der Helden zu uns herunter?
Verzeih', Du Liebling Gottes, ich liebe Dich!
Wenn Donner rollen über mein trautes Thal,
So denk' ich Dein, und wenn der Obstbaum
Freundlich den Apfel herunterreichet,
So nenn' ich Deinen Namen, denn ringsum sieht
Ein Denkmal Deiner Thaten mein staunend Aug'.
Und ha! wie wird das Auge staunen,
Führet mich fürder hinauf zum Tempel,
Zum höchsten Tempel Deiner Erhabenheit
Mit wolkenlosem Muth die Begeisterung —
Hinauf, wo es dem Tändler schwindelt,
Wo der Gebrechliche nie hinanklimmt.
Umdonnert, Meereswogen, die einsame,
Gewagte Bahn, euch bebet die Saite nicht!
Erthürmt Euch, Felsen! ihr ermüdet
Nicht den geflügelten Fuß des Sängers!
Nur daß ich nie der ernsten Bewundrung Lied
Mit Tand entweihe — ferne von Gleisnerlob!
Und seiner gottgesandten Thaten
Keine vergesse — denn dies ist Lästerung!

Der Lorbeer.

(ebendort, anschließend an die vorige Ode.)

Ich duld' es nimmer, ewig und ewig so
Die Knabenschritte, wie ein Gekerkerter,
Die kurzen, vorgemeßnen Schritte
Ewig zu wandeln, ich duld' es nimmer!
Ist's Menschenloos, ist's meines? ich trag' es nicht,
Ich will verfolgt sein! Ruhe besticht mich nicht:
Gefahren zeugen Männern Kräfte,
Leiden erheben die Brust des Jünglings.
Was bin ich Dir, was bin ich, mein Vaterland?
Ein siecher Schwächling, welchen mit trübem Blick,
Mit hoffnungslosem Blick die Mutter
In den geduldigen Armen schaukelt.
Mich tröstete das blinkende Kelchglas nie,
Mich nie der Blick der lächelnden Tändlerin;
Soll ewiges Trauern mich umwittern,
Ewig der sehnende Gram mich tödten?
Was soll des Freundes traulicher Handschlag mir,
Was mir des Frühlings freundlicher Morgengruß,
Was mir der Eiche Schatten, was die
Blühende Rebe, der Linde Düfte?
Beim grauen Mana! nimmer genieß' ich Dein,
Du Kelch der Freuden, blinktest Du noch so schön,
Bis mir ein Männerwerk gelinget,
Bis ich ihn fasse, den ersten Lorbeer.
Der Schwur ist groß, es zeuget im Auge mir
Die Thrän' es; wohl mir, wo ihm Vollendung wird,
Dann jauchz' auch ich im Kreis der Frohen,
Dann, o Natur, ist Dein Lächeln Wonne!

An die Ehre.

(Nr. 34, zwei Quartdoppelblätter aus Tübinger Zeit.)

Einst war ich ruhig, schlummerte sorgenfrei
Am stillen Moosquell, träumte von Stella's Kuß,
Da riefst Du, daß der Waldstrom stille
Stand und erbebte, vom Eichenwipfel.
Auf sprang ich, fühlte taumelnd den Zaubertrank,
Hin flog mein Athem, wo sie den Lieblingen
Die schweißbeträufte Stirn im Haine
Kühlend, die Eich' und die Palme spendet.
Umdonnert, Meereswogen, die einsame
Gewagte Bahn! Euch höhnet mein kühnes Herz!

Erthürmt Euch, Felsen! ihr ermüdet
Nicht den geflügelten Fuß des Sängers!
So rief ich — stürzt' im Zauber des Aufrufs hin,
Doch, ha der Täuschung! wenige Schritte sind's,
Bemerkbar kaum, und Hohn der Spötter,
Freude der Feigen umzischt den Armen.
Ach! schlummert ich am murmelnden Moosquell noch,
Ach! träumt' ich noch von Stella's Umarmungen!
Doch nein, bei Mana nein! auch Streben
Ziert, auch der Schwächeren Schweiß ist edel!

Einst und Jetzt.

(ebenda).

Einst, thränend Auge, sahest Du hell empor,
Einst schlugst Du mir so ruhig, empörtes Herz!
So wie die Wallungen des Bächleins,
Wo die Forell' am Gestade hinschlüpft.
Einst in des Vaters Schoße, des liebenden,
Geliebten Vaters — ach und so lange schon
Entrissen, Vater, Vater! schon dem
Knaben; dem stammelnden, armen Knaben!
Ha, Du gerechte Vorsicht! so bald begann
Der Sturm, so bald? — doch nein! straft mich des Undanks,
Ihr Stunden meiner Knabenfreude,
Stunden des Spiels und des Ruhelächelns!
Ich seh' Euch wieder! — herrlicher Augenblick!
Da füttert ich mein Hühnchen, da pflanzt' ich Kohl,
Und Nelken — freue so des Frühlings
Mich und der Ernt' und des Herbstgewimmels.
Da such' ich Maienblümchen im Walde mir,
Da wälz' ich mich im duftenden Heu umher,
Da brockt' ich Milch mit Schnitten ein, da
Schleudert' ich Schwärmer am Rebenberge.
Und o! wie warm, wie hing ich so warm an Euch,
Gespielen meiner Einfalt! wie stürmten wir
In offner Feldschlacht, lehrten uns den
Strudel durchschwimmen, die Eich' erklettern.
Jetzt wandl' ich einsam an dem Gestade hin:
Ach, keine Seele, keine für dieses Herz,
Ihr frohen Reigen? Aber weh Dir,
Sehnender Jüngling, sie geh'n vorüber!

Zurück denn in die Zelle, Verachteter,
Zurück zur Kummerstätte, wo schuldlos Du
So manche Mitternächte weintest,
Weintest im Durste nach Lieb' und Lorbeer!
Lebt wohl, ihr güldnen Stunden vergangner Zeit,
Ihr lieben Kinderträume von Gröss' und Ruhm,
Lebt wohl, lebt wohl, ihr Spielgenossen!
Weint um den Jüngling, er ist verachtet!

Hymne auf Christoph, Herzog zu Württemberg.

(Nr. 21. Oktavdoppelblatt. Auf der ersten Seite Titel mit der Jahreszahl 1789 und dem Namen Hölderlin's. Zweite Seite leer. Auf der dritten beginnt das Bruchstück der Hymne, deren Anfang auf einem oder mehreren eingelegten Blättern gestanden haben wird. Der Schluß fehlt ebenfalls.)

Auf, Fürstensohn! Erflehter! Verherrlichter, auf!
Zu beglücken Dein Volk, die Söhne von Teck.

Doch, wie die Königin des Tages, ruhig schnell,
Wenn die bräuende Wolke vor ihren Pfeilen verschwand,
So flog er vorüber dem schimmernden Prunk
In die einsame Halle, zu beginnen da,
Was er schwur im goldnen Knabengelock.
Noch schütterten des Fürsten Diadem
Die Donnerworte des hadernden Drängers,
Noch rissen ungereift die Hoffnung des Pflanzers
Die Miethlinge des Tyrannen vom Apfelbaum,
Doch Christof sann die Mitternacht in der einsamen Halle;
Wie nickte so linde das Scepter des Drängers,
Wie eilten die Miethlinge so bang davon!

Mit Lykurgus Griffel zeichnet er izt
Dem schlichten Volke die lichtere Bahn.
Das Gesetz bot lächelnd die Hand der grauen Sitte,
Der Saaten Fülle theilte sein Vatersinn
Mit den Kindern darbender Folgezeit:
Jahrhunderten baut er Vorrathskammern,
Aus den Vätern des Volks berief er sie,
Die gerecht, wie Tell, ergrimmten über den Feind
Des Vaterlands —: Auf euch gestützt sei Suevia's Recht
Und eisern Gebiß, so sprach er, sei dies Band.
Dem Enkel Christof's, welcher Menschenrecht entweiht,
Und wehe, wehe! wenn sein Zahn es malmt!

Mit Bruderarm umschlang er der Jugend Gespiel,
Denn Christofs Herz verwelkt' auf Thronen nicht!
Im Labyrinth der Entwürfe leuchtete Lieb' ihm vor.

Und auf des Kaiserthrones Stufe
Stand Maximilian.
Auf scharfer Wage wog er deutsche Freiheit.
An Manas Thronen war entscheidend Schwert
Des Weisen Rede. Friede gebot sein Mund,
Wo des Haders Gift Diademe schwärzte.

Stürmt empor, höher empor! ihr gewalt'gen
Geister des Sangs, überholet die Gestirne
In dem Jubel von ihm, dem letzten
Heißesten Jubel von ihm!

An die Vollendung.

(Nr. 29 b. Quartdoppelblatt, vermuthlich aus Tübinger Zeit.)

Vollendung! Vollendung!
O Du, der Geister heiliges Ziel!
Wann werd' ich siegestrunken
Dich umfah'n und ewig ruh'n?

Und frei und groß
Entgegenlaufen der Heerschar,
Die zahllos aus den Welten
In den Schoß Dir strömt?

Ach ferne, ferne von Dir!
Mein göttlich schönster Gedanke
War, wie der Welten
Fernstes Ende, ferne von Dir!

Und fliegt auf des Sturmes Flügeln
Aeonen lang die Liebe Dir zu,
Noch schmachtet sie ferne von Dir,
Ach ferne, ferne von Dir!

Voll hoher Einfalt,
Einfältig still und groß,
Rangen, des Sieges gewiß,
Rangen Dir zu die Väter.

Ihre Hülle verschlang die Zeit,
Verwest, zerstreut ist der Staub,
Doch rang, des Sieges gewiß,
Der Funke Gottes, ihr Geist Dir zu.

Sind sie emporgegangen zu Dir,
Die da lebten von Anbeginn?
Ruhen, ruhen sie nun,
Die frommen Väter?

Vollendung! o Vollendung!
Der Geister heiliges Ziel!
Wann werd' ich siegestrunken
Dich umfah'n und ewig ruh'n?

An Herkules.

(Nr. 32. Quartheft, zehn Doppelblätter, enth. weiter Uebers. aus Ovid, Virgil, Euripides und ein Fragment aus „die Eichbäume“).

In der Kindheit Schlaf begraben
Lag ich, wie das Erz im Schacht;
Dank, mein Herkules! den Knaben
Hast zum Manne Du gemacht.
Reif bin ich zum Königssitze
Und mir brechen stark und groß
Thaten, wie Kronions Blitze,
Aus der Jugend Wolke los.

Wie der Adler seine Jungen,
Wenn der Funk' im Auge glimmt,
Auf die kühnen Wanderungen
In den freien Aether nimmt,
Nimmst Du aus der Kinderwiege,
Von der Mutter Tisch und Haus
In die Flammen Deiner Kriege,
Hoher Halbgott, mich hinaus.

Was Du Glücklicher geschaffen,
Als der Göttersohn vollbracht,
Führ' ich aus mit eignen Waffen,
Mit des Herzens Lust und Macht.

Wenn für Deines Schicksals Wogen
Hohe Götterkräfte Dich,
Kühner Schwimmer, auferzogen,
Was erzog dem Siege mich?
Was berief den Vaterlosen,
Der in dunkler Halle saß,
Zu dem Göttlichen und Großen,
Daß er kühn mit Dir sich maß?

Was ergriff und zog vom Schwarme
Der Gespielen mich hervor
Was . des . Arme
Mich des Aethers Tag empor?
(Höre, was ich nun beginne!
Wie der Pfeil im Köcher, liegt
Mir ein stolzer Rath im Sinne,
Der mich tödtet oder siegt.)*)

Wähntest Du, Dein Kämpferwagen
Rolle mir umsonst in's Ohr?
Jede Last, die Du getragen,
Hub die Seele mir empor.

Zwar der Schüler mußte zahlen!
Schmerzlich brannten, stolzes Licht,
Mir im Busen Deine Strahlen,
Aber sie verzehrten nicht.
Freundlich nahm des jungen Lebens
Keines Gottes Hand sich an,
Aber froh des eignen Strebens
Blickt und wuchs ich himmelan.

Sohn Kronions! an die Seite
Tret' ich nun erröthend Dir!
Der Olymp ist Deine Beute:
Komm und theile sie mit mir!
Sterblich bin ich zwar geboren,
Dennoch hat Unsterblichkeit
Meine Seele sich geschworen
Und sie hält, was sie gebeut!

Die Weisheit des Trauerns.

(Nr. 25. Quartdoppelblatt, nur dieses Gedicht enthaltend. Unter dem Titel die Jahreszahl der Entstehung 1789 angegeben.)

Hinweg, ihr Wünsche, Quäler des Unverstands!
Hinweg von dieser Stätte, Vergänglichkeit!
Ernst, wie das Grab, sei meine Seele,
Heilig mein Sang, wie die Todtenglocke!

Du stille Weisheit, öffne Dein Heiligthum,
Laß, wie den Greis am Grabe Ersilias,
Mich lauschen Deinen Göttersprüchen,
Ehe der Todten Gericht sie donnert.

Da, unbestochne Richterin, richtest Du
Tyrannenfeste, wo sich der Höflinge
Entmanntes Herz zu Trug begeistert,
Wo des geschändeten Römers Kehle

*) Diese vier Zeilen sind im Konzept durchgestrichen.

Die schweißerrungne Gabe des Pflügers stiehlt,
Wo tolle Lust in güld'nen Pokalen schäumt,
Und ha, des Gräuels! an gethürmten
Silbergefäßen des Landes Mark klebt.

Halt ein, Tyrann! es fähret des Würgers Pfeil
Daher! halt ein! es nahet der Rache Tag,
Daß er, wie Blitz die gift'ge Staude,
Nieder den taumelnden Schädel schmett're.

Doch ach! am grimmen, richtenden Saitenspiel
Hinunter wankt die zitternde Rechte mir;
In lichtren Hallen, gute Göttin!
Wandle der Sturm sich in Haingeflüster!

Da schlingst Du liebevoll um die Jammernde
Am Grab des Erwählten die Mutterarme,
Vor Menschentrost Dein Kind zu schützen,
Schenkest ihr Thränen und lächelst leise.

Der bleiche Jüngling, der, in des Herzens Durst
Nach Ehre, rastlos klomm auf der Felsenbahn
Und ach! umsonst; wie wandelt er so
Ruhig umher in der stillen Halle!

Mit Brudersinn zu heilen den Kummerblick,
Der Kleinen Herz zu leiten am Gängelband,
Sein Haus zu bau'n, sein Feld zu pflügen,
Wird ihm Beruf und die Wünsche schweigen.

Verzeih der bangen Thräne, Du Göttliche!
Auch ich vielleicht — zwar glühet im Busen mir
Die Flamme rein und klar und ewig,
Aber zurück aus den Lorbeerhainen

Stieß unerweicht die Ehre den Trauernden,
So lang entfloh'n dem lachenden Knabenspiel,
Verhöhnend all die [Müh', mit welcher]
Treu und [ergeben] mein Herz ihr huldigt.

Drum öffne Du die Arme dem Trauernden,
Laß Deines Labebechers mich oft und viel
Und einzig kosten, nenne Sohn mich,
Gürte mit Stolz mich und Kraft und Wahrheit!

Denn viel der Stürme harren des Jünglings noch,
Der falschen Gruben viele des Wanderers;
Sie alle wird Dein Sohn besiegen,
So Du mit stützendem Arm ihn leitest.

An Lida.

(Nr. 19. Foliodoppelblatt enth. den Entwurf einer Hymne an den Genius Griechenlands und dieses Gedicht, das nach Hölderlin's Fortgang von Tübingen entstand.)

Trunken, wie im hellen Morgenstrahle
Der Pilote seinen Ozean,
Wie die Seligen Elysens Thale,
Staunt' ich meiner Liebe Freuden an:
Thal und Haine lachten neugeboren,
Wo ich wallte, trank ich Göttlichkeit,
Ha! von ihr zum Liebling auserkoren,
Höhnt' ich stolzen Muths Geschick und Zeit.

Stolzer ward und edler das Verlangen,
Als mein Geist der Liebe Kraft erschwang,
Myriaden wähnt' ich zu umfangen,
Wenn ich Liebe, trunkne Liebe sang.
Wie der Frühlingshimmel, weit und helle,
Wie die Seele, schön und ungetrübt,
Rein und stille, wie der Weisheit Quelle,
War das Herz, von ihr, von ihr geliebt!

Sieh, im Stolze hatt' ich oft geschworen,
Unvergänglich dieser Herzverein,
Lida mir, zum Heile mir geboren,
Lida mein, wie meine Seele mein!
Aber neidisch trat die Scheidestunde,
Theures Mädchen, zwischen mich und Dich,
Nimmer, nimmer auf dem Erdenrunde
Lida, nah'n die trauten Arme sich!

Stille wallst Du nun am Rebenhügel,
Wo ich Dich und Deinen Himmel fand,
Wo Dein Auge, Deiner Worte Spiegel,
Mich allmächtig, ewig an Dich band;
Schnell ist unser Frühling hingeflogen
O Du Einzige! vergieb, vergieb!
Deinen Frieden hat sie Dir entzogen,
Meine Liebe, kummervoll und trüb.

Nach dieser Strophe folgen im Konzept noch die folgenden, in die Strophenform sich nicht einfügenden Verse:

Als ich Deinem Zauber hingegeben
Erd' und Himmel über Dir vergaß,
Ach, so selig in der Liebe Leben!
Lida, meine Lida, dacht' ich das?

Brot und Wein.

An Heinse.

(Nr. V. Drei zusammengeheftete Folioblätter. Auf die Elegie „Die Heimkunft" folgt die nachstehende. Der ursp. Titel „Der Weingott" ist durchgestrichen und der obige daneben gesetzt. Abschnitt 1 ist unter dem Titel „Die Nacht, Fragment" in den bisherigen Ausgaben gedruckt, Abschnitte 2—9 ungedruckt.)

1) Ringsum ruhet die Stadt, still wird die erleuchtete Gasse,
Und mit Fackeln geschmückt rauschen die Wagen hinweg.
Satt geh'n heim, von Freuden des Tags zu ruhen, die Menschen
Und Gewinn und Verlust wäget ein sinniges Haupt
Wohl zufrieden zu Haus; leer steht von Trauben und Blumen
Und von Werken der Hand ruht der geschäftige Markt.
Aber das Saitenspiel tönt fern aus Gärten; vielleicht daß
Dort ein Liebender spielt oder ein einsamer Mann
Ferner Freunde gedenkt und der Jugendzeit; und die Brunnen
Immerquillend und frisch, rauschen an duftendem Beet.
Still in dämmriger Luft ertönen geläutete Glocken
Und der Stunden gedenk rufet ein Wächter die Zahl.
Jetzt auch kommet ein Wehn und reget die Wipfel des Hains auf,
Sieh! und das Ebenbild unserer Erde, der Mond,
Kommet geheim nun auch; die Schwärmerische, die Nacht, kommt.
Voll mit Sternen und wohl wenig bekümmert um uns
Glänzt die Erstaunende dort, die Fremdlingin unter den Menschen,
Ueber Gebirgeshöhe traurig und prächtig herauf.

2) Wunderbar ist die Kunst der Hocherhabnen und Niemand
Weiß, von wannen und was einem geschiehet von ihr,
So bewegt sie die Welt und die hoffende Seele der Menschen.
Selbst kein Weiser versteht, was sie bereitet, denn so
Will es der oberste Gott, der sehr Dich liebet, und darum
Ist noch lieber, wie sie, Dir der besonnene Tag.
Aber zuweilen liebt auch klares Auge den Schatten
Und versuchet zu Lust, eh' es die Noth ist, den Schlaf,
Oder es blicket auch gern ein treuer Mann in die Nacht hin.
Ja! es ziemet sich, ihr Kränze zu weih'n und Gesang,
Weil den Irrenden sie geheiliget ist und den Todten,
Selber aber besteht, ewig, im freiesten Geist.
Aber sie muß uns auch, daß in dem Dunkel ein Tagen,
Daß in der finsteren Zeit einiges Menschliche sei,
Uns die Vergessenheit und das Heiligtrunkene gönnen,
Gönnen das strömende Wort, das, wie die liebenden, sei
Schlummerlos, und vollern Pokal und kühneres Leben,
Heilig Gedächtniß auch, wachend zu bleiben bei Nacht.

3) Auch verbergen umsonst das Herz im Busen, umsonst nur
Fesseln die Seele wir, Männer und Schüler, noch jetzt.
Wer mag's hindern und wer mag uns die Freude verbieten?
Ja und die Himmlischen all treiben bei Tag und bei Nacht
Aufzubrechen — so komm, daß wir das Unsrige schauen,
Daß wir heiligen, was heilig den Unsrigen ist.
Fest bleibt eines: es sei am Mittag oder es gehe
Bis in die Mitternacht, immer bleibet ein Maß,
Allen gemein, doch jeglichem auch ist eignes beschieden,
Dahin gehet und kömmt jeder, wohin er es kann.
Drum! — und spotten des Spotts mag gern frohlockender Wahnsinn,
Wenn er in heiliger Nacht plötzlich die Sänger ergreift —
Drum an Isthmos komm! dorthin, wo das offene Meer rauscht
Am Parnaß und der Schnee delphische Felsen umglänzt,
Dort in's Land des Olymps, dort auf die Höhe Cithärons,
Unter die Fichten dort, unter die Trauben, von wo
Thebe drunten und Ismaros rauscht und die Quelle der Dirce!
Dort ist das Sehnen, o, dort schauen zufrieden wir auf.

4) Seliges Griechenland! Du Haus der Himmlischen alle!
Also ist wahr, was einst wir in der Jugend gehört?
Festlicher Saal! Der Boden ist Meer und Tische die Berge,
Wahrlich zu einzigem Brauche von Alters gebaut!
Aber die Thronen, wo? die Tempel und wo die Gefäße?
Wo, mit Nektar gefüllt, Göttern zur Lust der Gesang?
Wo, wo leuchten sie denn, die fernhintreffenden Sprüche?
Delphi schlummert und wo tönet das große Geschick?
Wo ist das schnelle? Wo bricht's, allgegenwärtigen Glücks voll,
Donnernd aus heiterer Luft über die Völker herein?
Vater Aether! so rief's und flog von Zunge zu Zunge,
Tausendfach, es ertrug keiner das Leben allein.
Ausgetheilet erfreut solch Gut und geerbet von Eltern,
Wird's ein Jubel, es wächst alternd des Wortes Gewalt.
Vater Aether! und hallt, so tief, so ewig die Nacht ist,
So vermessen die Noth, singend und schaffend hinab,
Denn so kehren die Himmlischen ein, so steiget in Nächten
Vorbereitet hinab unter die Menschen ihr Tag.

5) Unempfunden kommen sie erst, es streben entgegen
Ihnen die Kinder; zu hell kommet, zu blendend das Glück.
Und es scheut sie der Mensch, kaum weiß zu sagen ein Halbgott,
Wer mit Namen sie sind, die mit den Gaben ihm nah'n.
Aber der Muth von ihnen ist groß, es füllen das Herz ihm
Ihre Freuden und kaum weiß er zu brauchen das Gut,

Schafft, verschwendet und fast ward ihm unheiliges heilig,
Das er mit segnender Hand thöricht und gütig berührt.
Möglichst dulden die Himmlischen dies, dann aber in Wahrheit
Kommen sie selbst und gewohnt werden die Menschen des Glücks
Und des Tags und zu schau'n die Offenbaren, das Antlitz
Derer, welche schon längst eines und alles genannt,
Tief die verschwiegene Brust mit freier Genüge gefüllet,
Und zuerst und allein alles Verlangen beglückt —
So ist der Mensch; nicht anderes kann's; es fördert das andre
Freundlich und feindlich zuvor heilige Tiefen heraus,
Denn der Karge verbarg's, nun aber nennt er sein liebstes,
Nun, nun müssen dafür Worte, wie Blumen, entsteh'n.
6) Und nun denkt er zu ehren im Ernst die seligen Götter,
Wirklich und wahrhaft muß alles verkünden ihr Lob.
Nichts darf schauen das Licht, was nicht den Hohen gefalle,
Vor den Aether gebührt müßig versuchendes nicht.
Drum in der Gegenwart der Himmlischen würdig zu stehen,
Richten in herrlichen Ordnungen Völker sich auf
Untereinander und bau'n die schönen Tempel und Städte
Fest und edel, sie geh'n über Gestade empor.
Aber wo sind sie? wo blüh'n die bekannten, die Kronen des Festes?
Thebe welkt und Athen. Rauschen die Waffen nicht mehr
In Olympia, nicht die goldenen Wagen des Kampfspiels
Und bekränzen sich denn nimmer die Schiffe Korinths?
Warum schweigen auch sie, die alten, heil'gen Theater?
Warum freuet sich denn nicht der geweihete Tanz?
Warum zeichnet, wie sonst, die Stirne des Mannes ein Gott nicht,
Drückt den Stempel, wie sonst, nicht dem Betroffenen auf?
Oder er kam auch selbst und nahm des Menschen Gestalt an
Und vollendet und schloß tröstend das himmlische Fest.
7) Aber, Freund, wir kommen zu spät! zwar leben die Götter,
Aber über dem Haupt droben in anderer Welt.
Endlos wirken sie da und scheinen's wenig zu achten,
Ob wir leben, so sehr schonen die Himmlischen uns.
Denn nicht immer vermag ein schwaches Gefäß sie zu fassen,
Nur zu Zeiten erträgt göttliche Fülle der Mensch.
Traum von ihnen ist drauf das Leben, aber das Irrsal
Hilft, wie Schlummer, und stark machet die Noth und die Nacht,
Bis daß Helden genug in der ehernen Wiege gewachsen,
Herzen an Kraft, wie sonst, ähnlich den Himmlischen sind.
Donnernd kommen sie drauf, indessen dünket mir öfters
Besser zu schlafen, wie so ohne Genossen zu sein,

So zu harren, und was zu thun indeß und zu sagen,
Weiß ich nicht, und wozu Dichter in dürftiger Zeit?
Aber sie sind, sagst Du, wie des Weingotts heilige Priester,
Welche von Lande zu Land zogen in heiliger Nacht.

8) Nämlich als vor einiger Zeit — uns dünket sie lange —
Aufwärts stiegen sie all, welche das Leben beglückt,
Als der Vater gewandt sein Angesicht von den Menschen
Und das Trauern mit Recht über der Erde begann,
Als erschienen zuletzt ein stiller Genius, himmlisch
Tröstend, welcher des Tags Ende verkündet und schwand,
Ließ zum Zeichen, daß einst er dagewesen und wieder
Käme, der himmlische Chor einige Gaben zurück,
Deren menschlich, wie sonst, wir uns zu freuen vermöchten;
Denn zur Freude, mit Geist, wurde das Größre zu groß
Unter den Menschen und noch, noch fehlen die Starken zu höchsten
Freuden, aber es lebt stille noch einiger Dank.
Brot ist der Erde Frucht, doch ist's auch Gabe des Lichtes
Und vom donnernden Gott kommet die Freude des Weins.
Darum denken wir auch dabei der Himmlischen, die sonst
Dagewesen und die kehren in richtiger Zeit,
Darum singen sie auch mit Ernst, die Sänger, den Weingott
Und nicht eitel erdacht tönet dem Alten das Lob.

9) Ja, sie sagen mit Recht, er söhne den Tag mit der Nacht aus,
Führe des Himmels Gestirn ewig hinunter, hinauf,
Allzeit froh, wie das Laub der immergrünenden Fichte,
Das er liebt, und der Kranz, den er von Epheu gewählt,
Weil er bleibt und die Spur selbst, die Spur der entflohenen Götter
Götterlosen hinab unter das Finstere bringt.
Was der Alten Gesang von Kindern Gottes geweissagt,
Siehe, wir sind es, wir; Orkus, Hesperien ist's.
Wunderbar und genau ist's, als an Menschen, erfüllet;
Glaube, wer es geprüft! Aber so vieles geschieht,
Keines wirket, denn wir sind herzlos, Schatten, bis unser
Vater Aether erkennt jeden und allen gehört.
Aber indessen kommt als Fackelschwinger der höchste
Sohn der Syrier Geist unter die Schatten herab.
Selige Weise sehn's; ein Lächeln aus der gefangnen
Seele leuchtet, dem Licht thauet ihr Auge noch auf.
Sanfter träumet und schläft im Arme der Erde, der todten,
Selbst der neidische, selbst Cerberus trinket und schläft.